高职高专机电类专业系列教材

传感器技术及应用

（第二版）

主　编　陈艳红

副主编　曹红英　尹益燕　刘自范

参　编　孟志刚　李　欢　杨　虹

主　审　刘德平

西安电子科技大学出版社

内 容 简 介

本书依据高等职业教育"淡化理论，够用为度，培养技能，重在应用"的原则精选教学内容，突出应用型知识的学习和能力的培养。

本书以传感器的应用技术为主线安排内容。全书共 13 章，第 1 章介绍传感器的基础知识、基本概念，第 2 章至第 11 章分别介绍应变式传感器、电感式传感器、电容式传感器、压电式传感器、霍尔式传感器、光电式传感器、热电式传感器、数字式传感器、化学传感器和新型传感器的工作原理、特性、测量电路及典型应用，第 12 章介绍检测技术的综合应用，第 13 章介绍现代检测系统及抗干扰技术。本书还设有技能训练项目，可帮助学生在理论学习后进行操作技能训练。

本书可作为高职高专院校自动化、应用电子、通信、电气技术、机电一体化及相近专业的教材，也可作为相关专业工程技术人员的参考书。

★本书配有电子课件和思考题与习题参考答案，有需要的读者可登录出版社网站，免费下载。

图书在版编目(CIP)数据

传感器技术及应用/陈艳红主编. —2 版.
—西安：西安电子科技大学出版社，2018.1(2022.4 重印)
ISBN 978 - 7 - 5606 - 4790 - 6

Ⅰ. ①传…　Ⅱ. ①陈…　Ⅲ. ①传感器　Ⅳ. ①TP212

中国版本图书馆 CIP 数据核字(2017)第 300028 号

策划编辑　秦志峰
责任编辑　王　瑛
出版发行　西安电子科技大学出版社(西安市太白南路 2 号)
电　　话　(029)88202421　88201467　　　邮　编　710071
网　　址　www.xduph.com　　　　　　电子邮箱　xdupfxb001@163.com
经　　销　新华书店
印刷单位　陕西日报社
版　　次　2018 年 1 月第 2 版　2022 年 4 月第 7 次印刷
开　　本　787 毫米×1092 毫米　1/16　　印　张　16.5
字　　数　388 千字
印　　数　18 001～20 000 册
定　　价　39.00 元

ISBN 978 - 7 - 5606 - 4790 - 6/TP

XDUP 5092002 - 7
＊＊＊如有印装问题可调换＊＊＊

════ 前　言 ════

21世纪是迈向信息化社会的崭新阶段，信息的源头技术——传感器技术是现代信息技术的三大支柱之一，其地位和作用日益被人们所认识。发展现代传感器技术是贯彻落实《国家中长期科学和技术发展规划纲要（2006—2020年）》的需要和重要举措，已经成为抢占科技制高点的必然途径，是发展我国传感器及测量仪器民族工业的必然选择，是增强我国在国际贸易中话语权的重要手段，是增强我国综合国力的战略措施。

"传感器技术及应用"是高职高专院校自动化、应用电子、通信、电气技术、机电一体化及相近专业的一门职业能力主干课程，也是学生职业素质与职业能力培养最基本的理论实践一体化课程。借再版之机，作者对第一版的疏漏进行了核实、修正、补充与完善。此外，结合当前传感器原理、技术与应用的发展现状，对一些重点内容进行了增补和修改。特别反映在：着重说明传感器在实际行业，例如汽车、家用电器、防盗报警以及火灾预测等中的应用，以提高教材的实用性；增加传感器的识别、选择、安装、调整、使用等内容，并适当加入一些传感器的实物照片，以增强教材的实际操作性；增加现代新型传感器，如生物传感器、CCD图像传感器等内容。本书主要针对高职高专学生的特点和高职高专教育的特色，在充分考虑各工科专业的不同需求的基础上编写而成。本书的特点如下：

（1）根据高职高专教育的特点，以就业为导向，以职业技能培养为目标，精选教学内容。内容的选取充分考虑到我国目前工业生产中对检测与控制的要求以及传感器的最新应用情况，理论知识以必需、够用为度，突出简明性、实用性和先进性，以基本概念、实际应用为主。

（2）本着理论与实践相交融的思路展开，在介绍理论知识的同时，嵌入实际操作训练，以培养学生的工程应用能力。本书依据传感器出现的先后顺序，共设计了23个训练项目，其中11个为验证性基础训练，12个为自主设计性拓展训练，用以检验学生灵活运用所学理论知识的能力，使其能充分发挥自己的主观能动性和学习积极性。各章均配有思考题与习题，有助于学生进一步巩固所学理论知识，拓宽知识面。

（3）充分考虑教材的立体化配套，根据教材内容、特点和教学需要，为教材配备电子教案及课后练习参考答案（见西安电子科技大学出版社网站），便于教师进行电化教学和学生学习参考。

本书由开封大学陈艳红担任主编，开封大学曹红英、河北工程技术学院尹益燕、中原工学院刘自范担任副主编，开封大学孟志刚、杨虹以及西安科技大学高新学院李欢参加编写。编写分工如下：陈艳红编写第2章、第8章、第9章，曹红英编写第3章、第7章，尹益燕编写第10章、第11章，刘自范编写第5章、第12章，孟志刚编写第1章、第4章，李欢编写第6章，杨虹编写第13章、附录。全书由陈艳红统稿。郑州大学刘德平教授审阅了本书，并提出了许多宝贵意见，开封大学赵强参加了部分图形绘制及文稿整理等工作，在此表示感谢。

本书在编写过程中得到了有关专家及兄弟院校的大力支持和帮助，部分内容参考了书后所列的参考文献，在此谨向所有给予帮助的同志和所列参考文献的作者深表谢意。

由于编者水平有限，书中不足之处在所难免，敬请广大读者批评指正。

编　者

目　　录

第 1 章　检测与传感技术基础

☞ 学习目标

（1）了解检测技术的定义和内容，掌握测量的基本概念和测量方法，掌握测量误差的表示方法和分类。

（2）掌握传感器的定义、组成和分类，了解传感器的静态特性和选用原则。

1.1　检测技术基础

1.1.1　检测技术的概念与作用

检测技术是人们为了对被测对象所包含的信息进行定性了解和定量掌握所采取的一系列技术措施，它是产品检验和质量控制的重要手段。人们十分熟悉借助于检测工具对产品进行质量评价，这是检测技术最重要的应用领域。另外，新型检测技术的不断发展和成熟，使得它在大型设备的安全经济运行和检测中得到了越来越广泛的应用。例如，电力、石油、化工、机械等行业的一些大型设备，通常都在高温、高压、高速和大功率状态下运行，保证这些关键设备的运行具有十分重要的意义。因此，通常设置故障检测系统对温度、压力、流量、转速、振动和噪声等多种参数进行长期动态检测，以便及时发现异常情况，加强故障预防，达到早期诊断的目的。这样做可以避免突发严重的事故，保证设备和人员的安全，提高经济效益。随着计算机技术的发展，这类检测系统已经发展成故障自诊断系统，即采用计算机来处理检测信息，进行分析、判断，及时诊断出故障并自动报警或采取相应的对策。

检测技术也是自动化系统中不可缺少的组成部分。任何生产过程都可以看做是由物流和信息流组合而成的，反映物流的数量、状态和趋向的信息流则是管理和控制物流的依据。为了有目的地进行控制，首先必须通过检测获取有关信息，然后才能进行分析、判断，以便实现自动控制。因此，自动检测技术与转换是自动化技术中不可缺少的组成部分。

检测技术的发展和完善推动着现代科学技术的进步。人们在自然科学各个领域内从事的研究工作，一般是利用已知的规律对实验的结果进行概括、推理，从而对所研究的对象取得定量的概念，并发现它的规律性，然后上升到理论。因此，现代检测手段所达到的水平在很大程度上决定了科学研究的深度和广度。检测技术达到的水平越高，提供的信息越丰富、越可靠，科学研究取得突破性进展的可能性就越大。从另一方面看，现代化生产和科学技术的发展也不断地对检测技术提出新的要求和课题，成为促进检测技术向前发展的动力。科学技术的新发现和新成果不断应用于检测技术中，也有力地促进了检测技术自身的现代化。

  检测技术与现代化生产和科学技术的密切关系，使它成为一门十分活跃的技术学科，几乎渗透到了人类的一切活动领域，发挥着越来越重要的作用。表1-1为工业检测涉及的内容。

表 1-1　工业检测涉及的内容

被测量类型	被测量	被测量类型	被测量
热工量	温度、热量、比热容、热流、热分布、压力(压强)、压差、真空度、流量、流速、物位、液位、界面	物体的性质和成分量	气体、液体、固体的化学成分、浓度、黏度、湿度、密度、酸碱度、浊度、透明度、颜色
机械量	直线位移、角位移、速度、加速度、转速、应力、应变、力矩、振动、噪声、质量(重量)	状态量	工作机械的运动状态(启停等)、生产设备的异常状态(超温、过载、泄漏、变形、磨损、堵塞、断裂等)
几何量	长度、厚度、角度、直径、间距、形状、平行度、同轴度、粗糙度、硬度、材料缺陷	电工量	电压、电流、功率、电阻、阻抗、频率、脉宽、相位、波形、频谱、磁场强度、电场强度、材料的磁性能

1.1.2　检测系统的基本组成

  一个完整的检测系统或装置通常是由传感器、信号调理电路和显示器等几部分组成的，分别完成信息获取、转换、显示和处理等功能。当然，其中还包括电源和传输通道等不可缺少的部分。图1-1所示为检测系统组成框图。

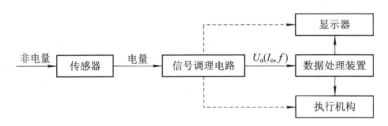

图 1-1　检测系统组成框图

  传感器是把被测量转换成电化学量的装置。显然，传感器是检测系统与被检测对象直接发生联系的部件，是检测系统最重要的环节。检测系统获取信息的质量往往是由传感器的性能决定的，因为检测系统的其他环节无法添加新的检测信息，并且不易消除传感器所引入的误差。传感器通常以电信号的形式输出，以便传输、转换、处理和显示。输出电量的形式多种多样，如电压、电流等。输出信号的形式一般由传感器的原理确定。

  信号调理电路包括放大(衰减)电路、滤波电路、隔离电路等。其中，放大电路的作用是把传感器输出的电量变成具有一定驱动和传输能力的电压、电流或频率信号等，以推动后级的显示器、数据处理装置及执行机构。

显示器是检测人员和监测系统联系的主要环节，其主要作用是使人们了解被测量的大小或变化的过程。目前常用的显示记录装置有四类：模拟显示、数字显示、图像显示及记录仪等。

数据处理装置用来对测试所得的实验数据进行处理、运算、逻辑判断、线性变换，对动态测试结果作频谱分析（幅值谱分析、功率谱分析）、相关分析等。完成这些工作必须采用计算机技术。

执行机构通常是指各种继电器、电磁铁、电磁阀门、电磁调节阀、伺服电动机等，它们在电路中是起通断、控制、调节、保护等作用的电器设备。许多检测系统能输出与被测量有关的电流或电压信号，作为自动控制系统的控制信号，去驱动这些执行机构。

1.1.3　检测技术的发展趋势

科学技术的迅猛发展，为检测技术的现代化创造了条件，具体表现在以下两个方面：

（1）人们研究新原理、新材料和新工艺所取得的成果，将产生更多品质优良的新型传感器，如光纤传感器、液晶传感器、以高分子有机材料为敏感元件的压敏传感器、微生物传感器等。

另外，代替视觉、嗅觉、味觉和听觉的各种仿生传感器及检测超高温、超高压、超低温和超高真空等极端参数的新型传感器将是今后传感器技术研究和发展的重要方向。新型传感器技术除了采用新原理、新材料和新工艺之外，还向着高精度、小型化和集成化的方向发展。传感器集成化的一个方向是具有同样功能的传感器集成化，从而使对一个点的测量变成对一个平面和空间的测量；另一个方向是不同功能的传感器集成化，从而使一个传感器可以同时测量不同种类的多个参数，如测量血液中各种成分的多功能传感器。除了传感器自身的集成化之外，还可以把传感器和后续电路集成化。传感器和集成电路的集成化可以减少干扰，提高灵敏度，方便使用。如果将传感器和数据处理电路集成在一起，则可以方便地实现实时数据处理。

（2）检测系统或检测装置目前正迅速地由模拟式、数字式向智能化方向发展。带有微处理器的各种智能化仪表已经出现，这类仪表选用微处理器作为控制单元，利用计算机可编程的特点，使仪表内的各个环节自动地协调工作，并且具有数据处理和故障诊断功能，形成新一代崭新仪表，把检测技术自动化推进到一个新的水平。

1.2　测　量　概　论

1.2.1　测量方法

测量是在有关理论的指导下，用专门的仪器或设备，通过实验和必要的数据处理，求得被测量的值的过程。在工业生产中，测量的目的是在限定的时间内，尽可能准确地收集被测对象的未知信息，以便掌握被测对象的参数，进而控制生产过程，例如电厂中对锅炉水位的检测，钢厂中对热风炉风温的检测等。

测量方法的分类多种多样。例如：按在测量过程中被测量是否随时间变化，可分为静态测量和动态测量;按测量手段的不同,可分为直接测量、间接测量和组合测量;按测量方式的不同,可分为偏差式测量、零位式测量和微差式测量等。除了上述分类外,还有另外一些分类方法。例如:按测量敏感元件是否与被测介质接触,可分为接触式测量和非接触式测量。

1. 直接测量、间接测量和组合测量

1) 直接测量

用按已知标准标定好的测量仪器,对某一未知量直接进行测量,得出未知量的值,这类测量称为直接测量。例如,用弹簧压力表测压力,用磁电式电表测量电压或电流等都属于直接测量。

直接测量并不意味着就是用直读式仪表进行测量,许多比较式仪器如电桥、电位差计等,虽然不一定能直接从仪器度盘上获得被测量的值,但因参与测量的对象就是被测量本身,所以仍属于直接测量。

直接测量的优点是测量过程简单且迅速,是工程技术中采用较为广泛的测量方法。

2) 间接测量

对几个与被测量有确切函数关系的物理量进行直接测量,然后通过已知函数关系的公式、曲线或表格,求出该未知量,这类测量称为间接测量。例如,在直流电路中测出负载的电流 I 和电压 U,根据功率 $P = IU$ 的函数关系,便可求得负载消耗的电功率,这属于间接测量。

间接测量方法操作较麻烦,花费时间也较多,一般在直接测量很不方便、误差较大及缺乏直接测量的仪器等情况下采用。这类方法多用在实验室,工程中有时也用。

3) 组合测量

在测量中,使各个未知量以不同的组合形式出现(或改变测量条件来获得这种不同的组合),根据直接测量和间接测量所得到的数据,通过解一组联立方程而求出未知量的数值,这类测量称为组合测量,又称联立测量。组合测量中,未知量与被测量存在已知的函数关系(表现为方程组)。

例如,为了测量电阻的温度系,可利用电阻值与温度间的关系公式,即

$$R_t = R_{20} + \alpha(t - 20) + \beta(t - 20)^2 \qquad (1-1)$$

式中:α、β——电阻温度系数;

R_{20}——电阻在 20℃ 时的阻值;

t——测试时的温度。

为了测出电阻的 α、β 和 R_{20} 的值,采用改变测试温度的方法,在 3 种温度 t_1、t_2 及 t_3 下,分别测出对应的电阻值 R_{t_1}、R_{t_2} 及 R_{t_3},代入式(1-1),得到一组联立方程,解此方程后便可求得 α、β 和 R_{20}。

组合测量的测量过程比较复杂,费时较多,但易达到较高的精度,因此被认为是一种特殊的精密测量方法,一般适用于科学实验和特殊场合。

2. 偏差式测量、零位式测量和微差式测量

1) 偏差式测量

在测量过程中,用仪表指针相对于刻度线的位移(偏差)来直接表示被测量,这类测量称为偏差式测量,如用弹簧压力表检测压力。它的测量过程比较简单、迅速,但测量精确度较低,被广泛应用于工程测量。

2）零位式测量

零位式测量（又称补偿式或平衡式测量）是在测量过程中，用指零仪表的零位指示来检测测量系统是否处于平衡状态，当测量系统达到平衡时，用已知的基准量决定被测未知量的量值。例如，用天平测量物体的质量。

3）微差式测量

微差式测量是综合了偏差式测量和零位式测量的优点而提出的一种测量方法，它将被测未知量与已知的标准量进行比较，并取出差值，然后用偏差式测量求出此偏差值。

微差式测量的优点是反应快，不需要进行反复的平衡操作和测量精度高，所以它在工程测量中已获得越来越广泛的应用。

1.2.2　测量系统的分类

1. 开环测量系统

开环测量系统的全部信息转换只沿着一个方向进行，如图 1－2 所示。其中 x 是输入量，y 是输出量，k_1、k_2、k_3 为各个环节的传递系数。输出关系表示为

$$y = k_1 k_2 k_3 x \tag{1－2}$$

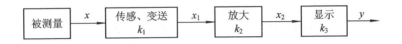

图 1－2　开环测量系统框图

因为开环测量系统是由多个环节串联而成的，因此系统的相对误差等于各环节相对误差之和，即

$$\delta = \delta_1 + \delta_2 + \cdots + \delta_n = \sum_{i=1}^{n} \delta_i \tag{1－3}$$

式中：δ——系统的相对误差；

　　　δ_i——各环节的相对误差。

采用开环方式构成的测量系统结构较简单，但各环节特性的变化都会造成测量误差。

2. 闭环测量系统

闭环测量系统有两个通道，一个正向通道，一个反馈通道，其结构如图 1－3 所示。其中 Δx 为正向通道的输入量，β 为反馈环节的传递系数，正向通道的总传递系数 $k = k_2 k_3$。由图 1－3 得

$$\Delta x = x_1 - x_f$$

$$x_f = \beta y$$

$$y = k \Delta x = k(x_1 - x_f) = k x_1 - k \beta y$$

即

$$y = \frac{k}{1+k\beta} x_1 = \frac{1}{\dfrac{1}{k} + \beta} x_1$$

当 $k \gg 1$ 时，有

$$y \approx \frac{1}{\beta}x_1 \tag{1-4}$$

系统的输入、输出关系为

$$y = \frac{kk_1}{1+k\beta}x \approx \frac{k_1}{\beta}x \tag{1-5}$$

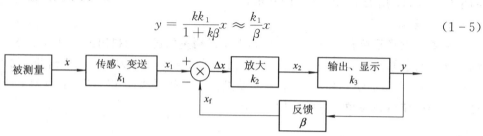

图 1-3　闭环测量系统框图

显然，这时整个系统的输入、输出关系由反馈环节的特性决定，放大器等环节特性的变化不会造成测量误差，或者造成的测量误差很小。

据以上分析可知，在构成测量系统时，应将开环系统与闭环系统巧妙地组合在一起加以应用，才能达到所期望的目的。

1.2.3　测量误差

测量误差是测得值与被测量的真值的差。由于真值往往不知道，因此测量的目的是希望通过测量获取被测量的真值。但由于种种原因，如传感器本身性能不十分优良、测量方法不完善、外界干扰的影响等，造成被测量的测得值与真值不一致，因而测量中总是存在误差。由于真值未知，所以在实际中，有时用约定真值代替真值，常用某量的多次测量结果来确定约定真值，或用精度高的仪器示值来代替约定真值。

在工程技术及科学研究中，对被测量进行测量时，测量的可靠性至关重要，不同的场合对测量结果的可靠性要求也不同。例如：在量值传递、经济核算、产品检验场合应保证测量结果有足够的准确度。当测量值用作控制信号时，则要注意测量的稳定性和可靠性。因此，测量结果的准确度应与测量的目的和要求相联系、相适应，那种不惜工本、不顾场合、一味追求越准越好的做法是不可取的，要有技术和经济兼顾的意识。

按不同的方法，测量误差可分为不同的类。

1. 按误差的表示方法分

测量误差按误差表示方法的不同，可分为绝对误差、实际相对误差、引用误差、基本误差和附加误差。

1）绝对误差

绝对误差可定义为

$$\Delta = x - L \tag{1-6}$$

式中：Δ——绝对误差；

　　　x——测量值；

　　　L——真值。

绝对误差可正、可负，并有量纲。

在实际测量中有时要用到修正值。修正值是与绝对误差大小相等、符号相反的值，即

$$c = -\Delta \tag{1-7}$$

式中：c——修正值，通常用高一等级的测量标准或标准仪器获得。

利用修正值可对测量值进行修正，从而得到准确的实际值修正后的实际测量值 x'，即

$$x' = x + c \tag{1-8}$$

修正值给出的方式，可以是具体的数值，也可以是一条曲线或公式。

采用绝对误差表示测量误差，不能很好地说明测量质量的好坏。例如，在温度测量时，绝对误差 $\Delta = 1℃$，对体温测量是不允许的，而对钢水温度测量来说却是极好的测量结果。所以，用相对误差可以客观地反映测量的准确性。

2）相对误差

绝对误差与真值的百分比，可表示为

$$\delta = \frac{\Delta}{L} \times 100\% \tag{1-9}$$

式中：δ——相对误差，一般用百分数表示；

Δ——绝对误差；

L——真值。

由于被测量的真值 L 无法知道，实际测量时用测量值 x 代替真值 L 来计算相对误差，即

$$\delta = \frac{\Delta}{x} \times 100\% \tag{1-10}$$

3）引用误差

引用误差是仪表中通用的一种误差表示方法。它是相对于仪表满量程的一种误差，又称满量程相对误差，一般用百分数表示，即

$$\gamma = \frac{\Delta}{测量范围的上限 - 测量范围的下限} \times 100\% \tag{1-11}$$

式中：γ——引用误差；

Δ——绝对误差。

仪表的精度等级是根据最大引用误差来决定的。我国的模拟仪表有七种精度等级（见表 1-2），精度等级的数值越小，仪表就越昂贵。例如，在正常情况下，用精度等级为 0.5 级、量程为 100℃ 的温度表来测量温度时，可能产生的最大绝对误差为

$$\Delta_m = (\pm 0.5\%) \times A_m = \pm (0.5\% \times 100)℃ = \pm 0.5℃$$

表 1-2　仪表的精度等级和基本误差

精度等级	0.1	0.2	0.5	1.0	1.5	2.5	5.0
基本误差	±0.1%	±0.2%	±0.5%	±1.0%	±1.5%	±2.5%	±5.0%

例 1-1　现有精度等级为 0.5 级的 0℃～300℃ 和精度等级为 1.0 级的 0℃～100℃ 的两个温度计，要测量 80℃ 的温度，试问采用哪一个温度计好。

解　由题意知

$$\Delta_{m1} = (\pm 0.5\%) \times A_{m1} = \pm (0.5\% \times 300)℃ = \pm 1.5℃$$

$$\Delta_{m2} = (\pm 1.0\%) \times A_{m2} = \pm (1.0\% \times 100)℃ = \pm 1.0℃$$

$$\delta_1 = \frac{\Delta_{m1}}{x} \times 100\% = \pm \frac{1.5}{80} \times 100\% = \pm 1.875\%$$

$$\delta_2 = \frac{\Delta_{m2}}{x} \times 100\% = \pm \frac{1.0}{80} \times 100\% = \pm 1.25\%$$

计算结果表明,用 0.5 级表以及 1.0 级表测量时,可能出现的最大示值相对误差分别为 ±1.875% 和 ±1.25%,即用 1.0 级表比用 0.5 级表的标称相对误差的绝对值反而小,所以更合适。

4)基本误差

基本误差是指传感器或仪表在规定的条件下所具有的误差。例如,某传感器是在电源电压(220±5)V、电网频率(50±2)Hz、环境温度(20±5)℃、湿度 65%±5% 的条件下标定的,如果传感器在这个条件下工作,则传感器所具有的误差为基本误差。仪表的精度等级就是由基本误差决定的。

5)附加误差

附加误差是指传感器或仪表的使用条件偏离额定条件下出现的误差,如温度附加误差、频率附加误差、电源电压波动附加误差等。

2. 按误差的性质分

根据测量数据中的误差所呈现的规律及产生的原因可将测量误差分为随机误差、系统误差和粗大误差。

1)随机误差

在同一测量条件下,多次测量被测量时,其绝对值和符号以不可预定方式变化着的误差称为随机误差。

在我国制定的国家计量技术规范 JJF 1001—1998《通用计量术语及定义》中,对随机误差的定义是根据国际标准化组织(ISO)等 7 个国际组织制定的《测量不确定度表示指南》定义的,即随机误差是测量结果与在重复性条件下对同一被测量进行无限多次测量所得结果的平均值之差。重复性条件包括:相同的测量程序,相同的观测者,在相同的条件下使用相同的测量仪器,相同的地点,在短时间内重复测量。

随机误差表示为

$$随机误差 = x_i - \bar{x}_\infty \qquad (1-12)$$

式中:x_i——被测量的某一个测量值;

$\bar{x}_\infty$——重复性条件下无限多次的测量值的平均值,即

$$\bar{x}_\infty = \frac{x_1 + x_2 + \cdots + x_n}{n} \qquad (n \to \infty)$$

由于重复测量实际上只能测量有限次,因此实用中的随机误差只是一个近似估计值。

对于随机误差不能用简单的修正值来修正,当测量次数足够多时,随机误差就整体而言,服从一定的统计规律,通过对测量数据的统计处理可以计算随机误差出现的可能性的大小。

随机误差是由很多不便掌握或暂时未能掌握的微小因素(如电磁场的微变,零件的摩擦、间隙,热起伏,空气扰动,气压及湿度的变化,测量人员感觉器官的生理变化等)对测量值的综合影响所造成的。

2）系统误差

在同一测量条件下，多次测量被测量时，其绝对值和符号保持不变，或在条件改变时，按一定规律（如线性、多项式、周期性等函数规律）变化的误差称为系统误差。前者为恒值系统误差，后者为变值系统误差。

在我国制定的国家计量技术规范 JJF 1001—1998《通用计量术语及定义》中，对系统误差的定义是，在重复性条件下对同一被测量进行无限多次测量所得结果的平均值与被测量的真值之差。

系统误差表示为

$$\text{系统误差} = \bar{x}_\infty - L \tag{1-13}$$

式中：$\bar{x}_\infty$——重复性条件下无限多次的测量值的平均值；

　　　L——真值。

因为真值不能通过测量获知，所以通过有限次测量的平均值 $\bar{x}$ 与 L 的约定真值近似地得出系统误差，称之为系统误差的估计，利用得出的系统误差可对测量结果进行修正，但由于系统误差不能完全获知，因此通过修正值对系统误差只能有程度地补偿。

引起系统误差的原因较复杂，如测量方法不完善、零点未调整、采用近似的计算公式、测量者的经验不足等。对于系统误差，首先要查找误差根源，并设法减小和消除；而对于无法消除的恒值系统误差，可以在测量结果中加以修正。

3）粗大误差

超出在规定条件下预期的误差称为粗大误差。粗大误差又称为疏忽误差。

粗大误差的发生是由于测量者疏忽大意，测错、读错或环境条件的突然变化等引起的。含有粗大误差的测量值明显地歪曲了客观现象，故含有粗大误差的测量值称为坏值或异常值。

在数据处理时，要采用的测量值不应该包含粗大误差，即所有的坏值都应当剔除。所以进行误差分析时，要估计的误差只有系统误差和随机误差两类。

1.3　传感器技术基础

1.3.1　传感器的组成

传感器是一种以一定的精确度把被测量转换为与之有确定对应关系的、便于应用的某种物理量的测量装置。

在有些学科领域，传感器又称为敏感元件、检测器、转换器等。这些不同提法，反映了在不同的技术领域中，使用者只是根据器件用途对同一类型的器件给出了不同的技术术语而已。如在电子技术领域，常把能感受信号的电子元件称为敏感元件，如热敏元件、磁敏元件、光敏元件及气敏元件等，在超声波技术中则强调的是能量的转换，如压电式换能器等。这些提法在含义上有些狭窄，因此传感器一词是使用最为广泛而概括的用语。

传感器的输出信号通常是电量，它便于传输、转换、处理、显示等。电量有很多形式，如电压、电流、电容、电阻等,输出信号的形式由传感器的原理确定。

通常,传感器由敏感元件和转换元件组成,如图1-4所示。其中,敏感元件是指传感器中能直接感受或响应被测量的部分;转换元件是指传感器中能将敏感元件感受或响应的被测量转换成适于传输或测量的电信号的部分。由于传感器的输出信号一般都很微弱,需要信号调理与转换电路进行放大、运算调制等,此外信号调理与转换电路以及传感器的工作必须有辅助电源,因此信号调理与转换电路以及所需的电源都应作为传感器组成的一部分。随着半导体器件与集成技术在传感器中的应用,传感器的信号调理与转换电路和敏感元件集成在同一芯片上,安装在传感器的壳体里。

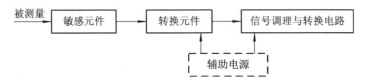

图1-4 传感器组成方框图

传感器技术是一门知识密集型技术。传感器种类繁多,目前一般采用两种分类方法:一种是按被测参数分类,如温度、压力、位移、速度等;另一种是按传感器的工作原理分类,如应变式、电容式、压电式、磁电式等。本书是按后一种分类方法来介绍各种传感器的,而传感器的工程应用则是根据工程参数进行叙述的。对于初学者和应用传感器的工程技术人员来说,先从工作原理出发,了解各种各样的传感器,而对工程技术的被测参数应着重于如何合理选择和使用传感器。

1.3.2 传感器的分类

传感器种类繁多,功能各异。由于同一被测量可用不同转换原理实现探测,利用同一种物理法则、化学反应或生物效应可设计制作出检测不同被测量的传感器,而功能大同小异的同一类传感器可用于不同的技术领域,故传感器有不同的分类方法。传感器的分类方法很多,了解传感器的分类,旨在加深理解,便于应用。

1. 按外界输入的信号变换为电信号采用的效应分类

按外界输入的信号变换为电信号采用的效应分类,传感器可分为物理型传感器、化学型传感器和生物型传感器三大类,如图1-5所示。

图1-5 传感器的分类

1) 物理型传感器

利用物理效应进行信号变换的传感器称为物理型传感器。它利用某些敏感元件的物理性质或某些功能材料的特殊物理性能进行被测非电量的变换,如利用金属材料在被测量作用下引起的电阻值变化的应变效应的应变式传感器,利用压电材料在被测力作用下产生的压电效应制成的压电式传感器等。本书将重点讨论物理型传感器。

物理型传感器又可以分为结构型传感器和物性型传感器。结构型传感器是以结构（如形状、尺寸等）为基础，利用某些物理规律来感受（敏感）被测量，并将其转换为电信号实现测量的。例如电容式压力传感器，必须有按规定参数设计制成的电容式敏感元件，当被测压力作用在电容式敏感元件的动极板上时，引起电容间隙变化，导致电容值变化，从而实现对压力的测量。物性型传感器就是利用某些功能材料本身所具有的内在特性及效应感受（敏感）被测量，并转换成可用电信号的传感器。例如利用具有压电特性的石英晶体材料制成的压电式压力传感器，就是利用石英晶体材料本身具有的正压电效应而实现对压力测量的。

2）化学型传感器

化学型传感器是利用电化学反应原理，把无机或有机化学的物质成分、浓度等转换为电信号的传感器，如气敏传感器、湿敏传感器。化学型传感器广泛应用于化学分析、化学工业的在线检测及环保检测中。

3）生物型传感器

生物型传感器是近年来发展很快的一类传感器。它是一种利用生物活性物质的选择性来识别和测定生物化学物质的传感器。生物活性物质对某种物质具有选择性亲和力，可利用这种单一的识别能力来判定某种物质是否存在，其浓度是多少，进而利用电化学的方法进行电信号的转换。功能识别物有酶、抗原、抗体、微生物及细胞等。生物型传感器近年来发展很快，不仅在化学工业的监测上，而且在医学诊断、环保监测等方面都有着广泛的应用前景。

表 1-3 给出了与五官对应的传感器。

表 1 - 3　与五官对应的传感器

感觉	传感器	效应
视觉	光敏传感器	物理效应
听觉	声敏传感器	物理效应
触觉	热敏传感器	物理效应
嗅觉	气敏传感器	化学效应、生物效应
味觉	味敏传感器	化学效应、生物效应

2. 按工作原理分类

按工作原理分类是以传感器对信号转换的作用原理命名的，如应变式传感器、电容式传感器、压电式传感器、热电式传感器、电感式传感器、霍尔传感器等。这种分类方法较清楚地反映出了传感器的工作原理，有利于对传感器进行深入分析。本书后面各章就是按传感器的工作原理分类编写的。

3. 按被测量对象分类

按传感器的被测量对象——输入信号分类，能够很方便地表示传感器的功能，也便于用户选用。按这种分类方法，传感器可以分为温度、压力、流量、物位、加速度、速度、位移、转速、力矩、湿度、浓度等传感器。生产厂家和用户都习惯于这种分类方法。同时，这种方法还将种类繁多的物理量分为两大类,即基本量和派生量。例如,将"力"视为基本物理量,可派生出压力、重量、应力、力矩等派生物理量,当我们需要测量这些派生物理量时,只要采用基本物理量传感器就可以了。表 1 - 4 所示为常用的基本物理量和派生物理量。

表 1 - 4 基本物理量和派生物理量

基本物理量		派生物理量
位移	线位移	长度、厚度、应变、振幅等
	角位移	旋转角、偏振角、角振幅等
速度	线速度	速度、动量、振动等
	角速度	速度、角振动等
加速度	线加速度	振动、冲击、质量等
	角加速度	角振动、扭矩、转动惯量等
力	压力	重量、应力、力矩等
时间	频率	计数、统计分布等
温度		热容量、气体速度等
光		光通量与密度、光谱分布等

由于敏感材料和传感器的数量特别多,类别十分繁复,相互之间又有着交叉和重叠,故这里不再赘述。

1.3.3 传感器的主要性能指标

在生产过程和科学实验中,要对各种各样的参数进行检测和控制,就要求传感器能感受被测非电量的变化并不失真地变换成相应的电量,这取决于传感器的基本特性,即输出输入特性。传感器的基本特性通常可以分为静态特性和动态特性。

传感器的静态特性是指被测量的值处于稳定状态时的输入与输出的关系。如果被测量是一个不随时间变化或随时间变化缓慢的量,则可以只考虑其静态特性,这时传感器的输入量与输出量之间在数值上具有一定的对应关系,关系式中不含时间变量。

传感器的静态特性可用一组性能指标来描述,如灵敏度、线性度、迟滞、重复性、漂移和精度等。

传感器要检测的输入信号是随时间而变化的,传感器的特性应能跟踪输入信号的变化,这样才可以获得准确的输出信号。如果输入信号变化太快,传感器就可能跟踪不上。这种跟踪输入信号变化的特性就是响应特性,即动态特性,动态特性是传感器的重要特性之一。本节主要介绍传感器的静态特性。

1. 灵敏度

灵敏度是传感器静态特性的一个重要指标。灵敏度是指传感器在稳态下的输出变化量 Δy 与引起此变化的输入变化量 Δx 之比,用 S 表示,即

$$S = \frac{\Delta y}{\Delta x} \tag{1-14}$$

显然,灵敏度值越大,传感器越灵敏。

线性传感器的灵敏度就是它的静态特性的斜率,其灵敏度在整个测量范围内为常量,如图 1-6(a)所示;而非线性传感器的灵敏度为变量,用 $S = dy/dx$ 表示,实际上就是输入输出特性曲线上某点的斜率,且灵敏度随输入量的变化而变化,如图 1-6(b) 所示。

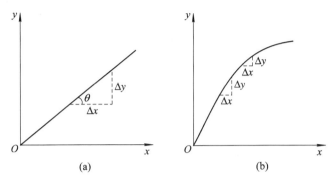

图 1-6 传感器的灵敏度曲线

(a) 线性;(b) 非线性

从灵敏度的定义可知,传感器的灵敏度通常是一个有因次的量,因此表述某传感器灵敏度时,必须说明它的因次。

2. 线性度

人们总是希望传感器的输入与输出的关系成正比,即线性关系。这样可使显示仪表的刻度均匀,在整个测量范围内具有相同的灵敏度,并且不必采用线性化措施。但大多数传感器的输入、输出特性总是具有不同程度的非线性,可用下列多项式代数方程表示

$$y = a_0 + a_1 x + a_2 x^2 + a_3 x^3 + \cdots + a_n x^n \tag{1-15}$$

式中:y 为输出量;x 为输入量;a_0 为零点输出;a_1 为理论灵敏度;a_2,a_3,$\cdots$,a_n 为非线性项系数。各项系数决定了传感器的线性度的大小。如果 $a_2 = a_3 = \cdots = a_n = 0$,则该系统为线性系统。

传感器的线性度是指传感器的输出与输入之间数量关系的线性程度。输出与输入关系可分为线性特性和非线性特性。从传感器的性能看,希望具有线性关系,即理想的输入、输出关系,但实际遇到的传感器大多为非线性,如图 1-7 所示。

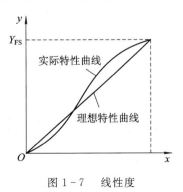

图 1-7 线性度

在实际使用中,为了标定和数据处理的方便,希望得到线性关系,因此引入各种非线性补偿环节,如采用非线性补偿电路或计算机软件进行线性化处理,从而使传感器的输出与输入关系为线性或接近线性。当传感器非线性的方次不高,输入量的变化较小时,可用一条直线(切线或割线)近似地代表实际曲线的一段,使传感器输入、输出特性呈线性变化,所采用的直线称为拟合直线。

传感器的线性度可表示为在全程测量范围内实际特性曲线与拟合直线之间的最大偏差值 $\Delta L_{\max}$ 与满量程输出值 Y_{FS} 之比。线性度也称为非线性误差,用 γ_L 表示,即

$$\gamma_L = \pm \frac{\Delta L_{\max}}{Y_{FS}} \times 100\% \qquad (1-16)$$

式中:$\Delta L_{\max}$——最大非线性绝对误差;

$\quad Y_{FS}$——满量程输出值。

选取拟合直线的方法很多。图1-8所示为几种直线的拟合方法。即使是同类传感器,拟合直线不同,其线性度也是不同的。通常用最小二乘法求取拟合直线,应用此方法拟合的直线与实际曲线的所有点的平方和为最小,其线性误差较小。

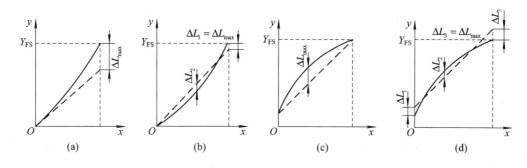

图1-8 几种直线拟合方法

(a)理论拟合;(b)过零旋转拟合;(c)端点连线拟合;(d)端点平移拟合

3. 迟滞

传感器在输入量由小到大(正行程)及输入量由大到小(反行程)变化期间其输入、输出特性曲线不重合的现象称为迟滞,如图1-9所示。也就是说,对于同大小的输入信号,传感器的正反行程输出信号大小不等,这个差值称为迟滞差值。传感器在全量程范围内最大迟滞差值与满量程输出值之比称为迟滞误差,用 γ_H 表示,即

$$\gamma_H = \frac{\Delta H_{\max}}{Y_{FS}} \times 100\% \qquad (1-17)$$

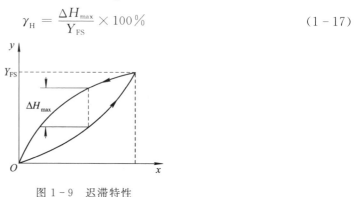

图1-9 迟滞特性

这种现象主要是由于传感器敏感元件材料的物理性质和机械零部件的缺陷所造成的,例如弹性敏感元件弹性滞后、运动部件摩擦、传动机构有间隙、紧固件松动等。

4. 重复性

重复性是指传感器在输入量按同一方向作全量程连续多次变化时,所得特性曲线不一致的程度,如图 1-10 所示。重复性误差属于随机误差,常用标准差计算,也可用正反行程中最大重复差值计算,即

$$\gamma_{R} = \pm \frac{(2 \sim 3)\delta}{Y_{FS}} \times 100\% \quad\quad (1-18)$$

或

$$\gamma_{R} = \pm \frac{\Delta R_{max}}{Y_{FS}} \times 100\% \quad\quad (1-19)$$

图 1-10　重复性

5. 漂移

传感器的漂移是指在输入量不变的情况下,传感器输出量随时间变化的现象。产生漂移的原因有两个方面:一是传感器的自身结构参数不稳定;二是周围环境(如温度、湿度等)发生变化。最常见的漂移是温度漂移,即周围环境温度变化引起输出的变化。温度漂移主要表现为温度零点漂移和温度灵敏度漂移。

温度漂移通常用传感器工作环境温度偏离标准环境温度(一般为 20℃)时的输出值变化量与温度变化量之比(ξ)来表示,即

$$\xi = \frac{y_t - y_{20}}{\Delta t} \quad\quad (1-20)$$

式中:Δt——工作环境温度 t 与标准环境温度 t_{20} 之差,即 $\Delta t = t - t_{20}$;

$\quad\quad y_t$——传感器在环境温度 t 时的输出量;

$\quad\quad y_{20}$——传感器在环境温度 t_{20} 时的输出量。

1.3.4　传感器和仪表的精度

精度用来评价系统的优良程度。精度分为精密度、准确度和精确度。

精密度表示一组测量值的偏离程度。或者说,多次测量时,表示测得值重复性的高低。如果多次测量的值都互相很接近,即随机误差小,则为精密度高。可见,精密度与随机误差相联系。

准确度表示一组测量值对于真值的偏离程度,测量值与真值越接近,或者说系统误差越小,其准确度越高。所以,准确度与系统误差相联系。

精确度反应系统误差与随机误差合成大小的程度。在实验测量中,精密度高的,准确度不一定高;准确度高的,精密度不一定高;但准确度高的,精密度和准确度都高。

精度是传感器的一个重要的性能指标,它是关系到整个测量系统测量精度的一个重要环节。图1-11所示为用射击弹点表示精度。传感器的精度越高,其价格越昂贵。因此,传感器的精度只要满足整个测量系统的精度要求就可以,不必选得过高。这样就可以在满足同一测量目的的诸多传感器中选择比较便宜和简单的传感器。

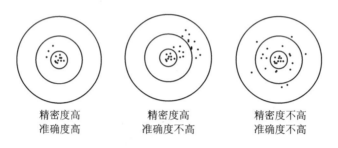

精密度高　　　　精密度高　　　　精密度不高
准确度高　　　　准确度不高　　　　准确度不高

图1-11　用射击弹点表示精度

本 章 小 结

检测就是对系统中各被测对象的信息进行提取、转换以及处理,即利用各种物理效应将物质世界的有关信息通过检查与测量的方法赋予定性或定量结果的过程。一个完整的检测控制系统通常由传感器、信号调理电路、显示器等几部分组成。

测量系统包括开环测量系统和闭环测量系统。测量方法有直接测量、间接测量和组合测量以及偏差式测量、零位式测量和微差式测量。测量误差按照误差的表示方法分为绝对误差、实际相对误差、引用误差、基本误差和附加误差;按照误差的性质分为随机误差、系统误差和粗大误差。

传感器是指能感受规定的被测量并按照一定的规律转换成可用输出信号的器件或装置,一般处于研究对象或检测控制系统的最前端,是感知、获取与检测信息的窗口。传感器由敏感元件、转换元件和信号调理电路等几部分组成。传感器的静态特性是指检测系统的输入为不随时间变化的恒定信号时,系统的输出与输入之间的关系,主要包括线性度、灵敏度、迟滞、重复性、漂移等。

思考题与习题

1-1　什么叫传感器?它由哪几部分组成?它们的相互作用及相互关系如何?

1-2　什么是传感器的静态特性?它有哪些性能指标?分别说明这些指标的含义。

1-3　某线性位移测量仪,当被测位移x由3.0 mm变到4.0 mm时,位移测量仪的输出电压U_o由3.0 V减至2.0 V,求该仪器的灵敏度。

1-4　用测量范围为-50 kPa$\sim$150 kPa的压力传感器测量140 kPa压力时,传感器测得的示值为142 kPa,求该示值的绝对误差、实际相对误差、标称相对误差和引用误差。

1-5　某传感器的给定精度为 2%F·S，满度值为 50 mV，零位值为 10 mV，求可能出现的最大误差 δ（以 mV 计）。当传感器使用满量程的 1/2 和 1/8 时，计算可能产生的测量相对误差。由计算结果能得出什么结论？

1-6　什么是随机误差？产生随机误差的原因是什么？如何减小随机误差对测量结果的影响？

1-7　什么是系统误差？系统误差可分为哪几类？系统误差有哪些检验方法？如何减小和消除系统误差？

1-8　什么是粗大误差？如何判断测量数据中存在的粗大误差？

拓展训练　观察传感器在生活中的应用

留意观察自己身边带有传感器的设备或电器，试举出至少两个传感器应用的例子，并指出这些传感器在其中的作用和它们的特点。

第2章　应变式传感器

☞ **学习目标**

(1) 了解电阻应变效应的原理及应变片的类型、结构。

(2) 了解应变片的温度误差及补偿方法。

(3) 掌握应变式传感器的测量电路及应变式传感器在工程中的应用。

2.1　应变片的工作原理

电阻应变式传感器是利用电阻应变片将应变转换为电阻变化的传感器。将电阻应变片粘贴在各种弹性敏感元件上,加上相应的测量电路后就可以检测位移、加速度、力、力矩等参数的变化。电阻应变片是电阻应变式传感器的核心部件。这种传感器具有结构简单、使用方便、性能稳定可靠、易于自动化等特点,无论静态测量还是动态测量都很适用,因此广泛应用于机械、电力、化工、建筑、医疗、航空等领域。

电阻应变片的工作原理基于应变效应,即导体或半导体材料在外界力的作用下产生机械变形时,其电阻值相应发生变化。

如图 2-1 所示,一根金属电阻丝,在其未受力时,原始电阻值为

$$R = \rho \frac{l}{A} \tag{2-1}$$

式中:ρ——电阻丝的电阻率;

l——电阻丝的长度;

A——电阻丝的截面积。

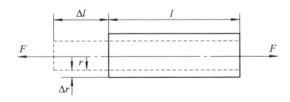

图 2-1　金属电阻丝的应变效应

当电阻丝受到拉力 F 作用时,将伸长 Δl,截面积相应减小 ΔA,电阻率因材料晶格发生变形等因素影响而改变了 $\mathrm{d}\rho$,从而引起的电阻值相对变化量为

$$\frac{\mathrm{d}R}{R} = \frac{\mathrm{d}l}{l} - \frac{\mathrm{d}A}{A} + \frac{\mathrm{d}\rho}{\rho} \tag{2-2}$$

式中：$\mathrm{d}l/l$——长度相对变化量，用应变 ε 表示为

$$\varepsilon = \frac{\mathrm{d}l}{l} \qquad\qquad (2-3)$$

　　$\mathrm{d}A/A$——圆形电阻丝的截面积相对变化量。设 r 为电阻丝的半径，微分后可得 $\mathrm{d}A = 2\pi r\,\mathrm{d}r$，则

$$\frac{\mathrm{d}A}{A} = 2\frac{\mathrm{d}r}{r} \qquad\qquad (2-4)$$

　　由材料力学知识可知，在弹性范围内，金属丝受拉力时，沿轴向伸长，沿径向缩短。$\mathrm{d}l/l = \varepsilon$ 为金属电阻丝的轴向应变，那么轴向应变和径向应变的关系可表示为

$$\frac{\mathrm{d}r}{r} = -\mu\frac{\mathrm{d}l}{l} = -\mu\varepsilon \qquad\qquad (2-5)$$

式中：μ——电阻丝材料的泊松比，负号表示应变方向相反。

　　将式(2-3)、式(2-5)代入式(2-2)，可得

$$\frac{\mathrm{d}R}{R} = (1+2\mu)\varepsilon + \frac{\mathrm{d}\rho}{\rho} \qquad\qquad (2-6)$$

或

$$\frac{\dfrac{\mathrm{d}R}{R}}{\varepsilon} = 1 + 2\mu + \frac{\dfrac{\mathrm{d}\rho}{\rho}}{\varepsilon} \qquad\qquad (2-7)$$

　　通常，把单位应变所引起的电阻相对变化量称为电阻丝的灵敏系数，用 K 表示，即

$$K = \frac{\dfrac{\mathrm{d}R}{R}}{\varepsilon} = 1 + 2\mu + \frac{\dfrac{\mathrm{d}\rho}{\rho}}{\varepsilon} \qquad\qquad (2-8)$$

　　灵敏系数 K 受两个因素影响：一个是应变片受力后材料几何尺寸的变化，即 $1+2\mu$；另一个是应变片受力后材料的电阻率发生的变化，即 $(\mathrm{d}\rho/\rho)/\varepsilon$。对金属材料来说，电阻丝灵敏系数表达式中 $1+2\mu$ 的值要比 $(\mathrm{d}\rho/\rho)/\varepsilon$ 大得多，而半导体材料中 $(\mathrm{d}\rho/\rho)/\varepsilon$ 的值要比 $1+2\mu$ 的值大得多。大量实验证明，在电阻丝拉伸极限内，电阻的相对变化与应变成正比，即 K 为常数。

　　半导体应变片是用半导体材料制成的，其工作原理基于半导体材料的压阻效应。压阻效应是指当半导体材料的某一轴向受外力作用时，其电阻率 ρ 发生变化的现象。

　　当半导体应变片受轴向力作用时，其电阻相对变化为

$$\frac{\dfrac{\mathrm{d}R}{R}}{\varepsilon} = 1 + 2\mu + \frac{\dfrac{\mathrm{d}\rho}{\rho}}{\varepsilon} \qquad\qquad (2-9)$$

式中：$\mathrm{d}\rho/\rho$——半导体应变片的电阻率相对变化量。$\mathrm{d}\rho/\rho$ 的值与半导体敏感元件在轴向所受的应变力有关，其关系为

$$\frac{\mathrm{d}\rho}{\rho} = \pi\sigma = \pi E\varepsilon \qquad\qquad (2-10)$$

式中：π——半导体材料的压阻系数；

　　　σ——半导体材料所受应变力；

　　　E——半导体材料的弹性模量；

　　　ε——半导体材料的应变。

将式(2-10)代入式(2-9)可得

$$\frac{\mathrm{d}R}{R} = (1 + 2\mu + \pi E)\varepsilon \qquad (2-11)$$

实验证明，πE 比 $1+2\mu$ 大上百倍，所以 $1+2\mu$ 可以忽略，因而半导体应变片的灵敏系数为

$$K = \frac{\dfrac{\mathrm{d}R}{R}}{\varepsilon} \approx \pi E \qquad (2-12)$$

半导体应变片的灵敏系数比金属丝式高 $50\sim80$ 倍，但半导体材料的温度系数大，应变时非线性比较严重，使其应用范围受到一定限制。

用应变片测量应变或应力时，根据上述特点，在外力作用下，被测对象产生微小的机械变形，应变片随着发生相同的变化，同时应变片电阻值也发生相应变化。当测得应变片电阻值变化量为 ΔR 时，便可得到被测对象的应变值，再根据应力与应变的关系，可得应力值 σ 为

$$\sigma = E\varepsilon \qquad (2-13)$$

由此可知，应力值 σ 正比于应变 ε，而试件应变 ε 正比于电阻值的变化，所以应力 σ 正比于电阻值的变化，这就是利用应变片测量应变的基本原理。

2.2 应变片的种类、材料及粘贴

2.2.1 金属电阻应变片的种类

金属电阻应变片由敏感栅、基片、覆盖层和引线等部分组成，如图 2-2 所示。

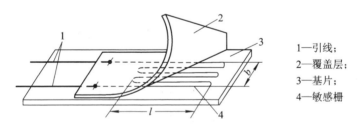

1—引线；
2—覆盖层；
3—基片；
4—敏感栅

图 2-2 金属电阻应变片的结构

敏感栅是应变片的核心部分，它粘贴在绝缘的基片上，其上再粘贴起保护作用的覆盖层，两端焊接引出导线。金属电阻应变片的敏感栅有丝式和箔式两种形式，如图 2-3 所示，故金属电阻应变片常见的有丝式电阻应变片和箔式电阻应变片。丝式电阻应变片的敏感栅由直径 $0.01\,\mathrm{mm}\sim0.05\,\mathrm{mm}$ 的电阻丝平行排列而成。箔式电阻应变片是利用光刻、腐蚀等工艺制成的一种很薄的金属箔栅，其厚度一般为 $0.003\,\mathrm{mm}\sim0.01\,\mathrm{mm}$，其优点是表面积和截面积比较大，散热性能好，允许通过的电流较大，可制成各种形状的敏感栅(即应变花)，便于批量生产。覆盖层与基片将敏感栅紧密地粘贴在中间，对敏感栅起几何形状固定和绝缘、保护作用。基片要将被测体的应变准确地传递到敏感栅上，因此它很薄，一般为 $0.03\,\mathrm{mm}\sim0.06\,\mathrm{mm}$，以便其与被测体及敏感栅能牢固地粘贴在一起。此外，基片还应有

良好的绝缘性能、抗潮性能和耐热性能。基片和覆盖层的材料有胶膜、纸、玻璃纤维布等。

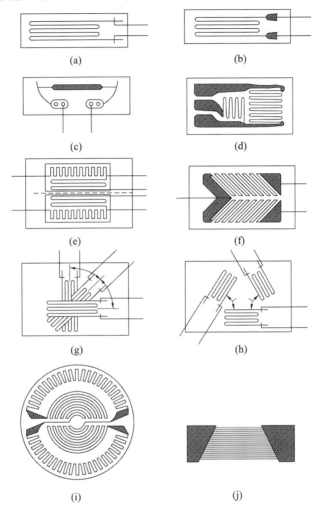

（a）、（b）丝式单轴型；（c）半导体式；（d）箔式二轴 90° 应变花；
（e）丝式二轴 90° 应变花；（f）箔式测扭矩用型；（g）丝式三轴 45° 应变花；
（h）丝式三轴 60° 应变花；（i）箔式测压力用型；（j）箔式单轴型

图 2-3　常用应变片的形式

2.2.2　金属电阻应变片的材料

对电阻丝材料应有如下要求：

（1）灵敏系数大，且在相当大的应变范围内保持常数。

（2）ρ 值大，即在同样长度、同样截面积的电阻丝中具有较大的电阻值。

（3）电阻温度系数小，即因环境温度变化引起的阻值变化小。

（4）与铜线的焊接性能好，与其他金属的接触电势小。

（5）机械强度高，具有优良的机械加工性能。

表 2-1 列出了常用金属电阻丝材料的性能数据。

表 2 - 1   常用金属电阻丝材料的性能数据

材料	成分		灵敏系数 K_0	电阻率 /μΩ·mm (20℃)	电阻温度系数 ×10^-6 /℃ (0~100℃)	最高使用温度 /℃	对铜的热电势 /(μV/℃)	线膨胀系数 ×10^-6 /℃
	元素	%						
康铜	Ni	45	1.9~2.1	0.45~0.25	±20	300(静态)	43	15
	Cu	55				400(动态)		
镍铬合金	Ni	80	2.1~2.3	0.9~1.1	110~130	450(静态)	3.8	14
	Cr	20				800(动态)		
镍铬铝合金(6J22,卡马合金)	Ni	74	2.4~2.6	1.24~1.42	±20	450(静态)	3	13.3
	Cr	20				—		
	Al	3						
	Fe	3				800(动态)		
镍铬铝合金(6J23)	Ni	75	2.4~2.6	1.24~1.42		450(静态)	3	
	Cr	20						
	Al	3						
	Cu	2				800(动态)		
铁镍铝合金	Fe	70	2.8	1.3~1.5	30~40	700(静态)	2~3	14
	Cr	25				—		
	Al	5				1000(动态)		
铂	Pt	100	4~6	0.09~0.11	3900	800(静态)	7.6	8.9
铂钨合金	Pt	92	3.5	0.68	227	100(动态)	6.1	8.3~9.2
	W	8						

　　康铜是目前应用最广泛的应变丝材料,这是由于它有很多优点:灵敏系数稳定性好,不但在弹性变形范围内能保持为常数,进入塑性变形范围内也基本上能保持为常数;康铜的电阻温度系数较小且稳定,当采用合适的热处理工艺时,可使电阻温度系数在$\pm 50 \times 10^{-6}$/℃范围内;康铜的加工性能好,易于焊接。

2.2.3　金属电阻应变片的粘贴

　　应变片是用黏结剂粘贴到被测件上的。黏结剂形成的胶层必须准确、迅速地将被测件应变传递到敏感栅上。选择黏结剂时除必须考虑应变片材料和被测件材料性能(不仅要求黏结力强,黏结后机械性能可靠,而且黏合层要有足够大的剪切弹性模量、良好的电绝缘性、蠕变和滞后小、耐湿、耐油、耐老化、动态应力测量时耐疲劳等)外,还要考虑到应变片的工作条件,如温度、相对湿度、稳定性要求以及贴片固化时加热加压的可能性等。

　　常用的黏结剂类型有硝化纤维素型、氰基丙烯酸型、聚酯树脂型、环氧树脂型和酚醛树脂型等。

黏结工艺包括被测件粘贴表面处理、贴片位置确定、涂底胶、贴片、干燥固化、贴片质量检查、引线的焊接与固定以及防护与屏蔽等。黏结剂的性能及应变片的粘贴质量直接影响应变片的工作特性，如零漂、蠕变、滞后、灵敏系数、线性以及它们受温度变化影响的程度。可见，选择黏结剂和正确的黏结工艺与应变片的测量精度有着极其重要的关系。

2.2.4　应变片的温度误差及补偿

1. 应变片的温度误差

由测量现场环境温度的改变而给测量带来的附加误差，称为应变片的温度误差。产生应变片温度误差的主要因素有下述两个方面。

（1）电阻温度系数的影响。敏感栅的电阻丝阻值随温度变化的关系可表示为

$$R_t = R_0(1 + \alpha_0 \Delta t) \tag{2-14}$$

式中：R_t——温度为 t 时的电阻值；

R_0——温度为 t_0 时的电阻值；

α_0——温度为 t_0 时金属丝的电阻温度系数；

Δt——温度变化值，$\Delta t = t - t_0$。

当温度变化 Δt 时，电阻丝电阻的变化值为

$$\Delta R_a = R_t - R_0 = R_0 \alpha_0 \Delta t \tag{2-15}$$

（2）试件材料和电阻丝材料的线膨胀系数的影响。当试件与电阻丝材料的线膨胀系数相同时，不论环境温度如何变化，电阻丝的变形仍和自由状态一样，不会产生附加变形。

当试件与电阻丝材料的线膨胀系数不同时，由于环境温度的变化，电阻丝会产生附加变形，从而产生附加电阻变化。

设电阻丝和试件在温度为 $0℃$ 时的长度均为 l_0，它们的线膨胀系数分别为 β_s 和 β_g，若两者不粘贴，则它们的长度分别为

$$l_s = l_0(1 + \beta_s \Delta t) \tag{2-16}$$

$$l_g = l_0(1 + \beta_g \Delta t) \tag{2-17}$$

当两者粘贴在一起时，电阻丝产生的附加变形 Δl、附加应变 ε_β 和附加电阻变化 ΔR_β 分别为

$$\Delta l = l_g - l_s = (\beta_g - \beta_s) l_0 \Delta t \tag{2-18}$$

$$\varepsilon_\beta = \frac{\Delta l}{l_0} = (\beta_g - \beta_s) \Delta t \tag{2-19}$$

$$\Delta R_\beta = K_0 R_0 \varepsilon_\beta = K_0 R_0 (\beta_g - \beta_s) \Delta t \tag{2-20}$$

由式（2-15）和式（2-20）可知由于温度变化而引起的应变片总电阻相对变化量为

$$\begin{aligned} \frac{\Delta R_t}{R_0} &= \frac{\Delta R_a + \Delta R_\beta}{R_0} \\ &= \alpha_0 \Delta t + K_0(\beta_g - \beta_s) \Delta t \\ &= [\alpha_0 + K_0(\beta_g - \beta_s)] \Delta t \end{aligned} \tag{2-21}$$

折合成附加应变量或虚假的应变 ε_t，则

$$\varepsilon_t = \frac{\dfrac{\Delta R_0}{R_0}}{K_0} = \left[\frac{\alpha_0}{K_0} + (\beta_g - \beta_s) \right] \Delta t \tag{2-22}$$

由式(2-21)和式(2-22)可知,因环境温度变化而引起的附加电阻的相对变化量,除了与环境温度有关外,还与应变片自身的性能参数(K_0,α_0,β_0)以及被测试件线膨胀系数β_g有关。

2. 电阻应变片的温度补偿方法

电阻应变片的温度补偿方法通常有线路补偿法和应变片自补偿法两种。

(1) 线路补偿法。电桥补偿法是最常用且效果较好的线路补偿法。图2-4(a)所示为电桥补偿法的原理图。电桥输出电压U_o与桥臂参数的关系为

$$U_o = A(R_1 R_4 - R_B R_3) \tag{2-23}$$

式中:A——由桥臂电阻和电源电压决定的常数。

由式(2-23)可知,当R_3和R_4为常数时,R_1和R_B对电桥输出电压U_o的作用方向相反。利用这一基本关系可实现对温度的补偿。

测量应变时,工作应变片电阻R_1粘贴在被测试件表面上,补偿应变片电阻R_B粘贴在与被测试件材料完全相同的补偿块上,且仅工作应变片承受应变,如图2-4(b)所示。当被测试件不承受应变,且R_1和R_B又处于同一环境温度为t的温度场中时,调整电桥参数使之达到平衡,此时有

$$U_o = A(R_1 R_4 - R_B R_3) = 0 \tag{2-24}$$

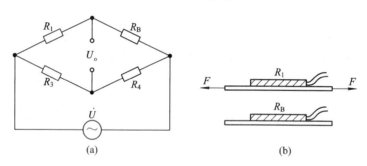

图2-4 电桥补偿法

(a)原理图;(b)应变片粘贴图

工程上,一般按$R_1 = R_B = R_3 = R_4$选取桥臂电阻。

当温度升高或降低$\Delta t = t - t_0$时,两个应变片因温度相同而引起的电阻变化量相等,电桥仍处于平衡状态,即

$$U_o = A[(R_1 + \Delta R_{1_t})R_4 - (R_B + \Delta R_{B_t})R_3] = 0 \tag{2-25}$$

若此时被测试件有应变ε的作用,则工作应变片电阻R_1有新的增量$\Delta R_1 = R_1 K \varepsilon$,而补偿应变片电阻$R_B$因不承受应变,故不产生新的增量,此时电桥输出电压为

$$U_o = A R_1 R_4 K \varepsilon \tag{2-26}$$

由式(2-26)可知,电桥的输出电压U_o仅与被测试件的应变ε有关,而与环境温度无关。

应当指出,若要实现完全补偿,上述分析过程必须满足以下4个条件。

① 在应变片工作过程中,保证$R_3 = R_4$。

② R_1和R_B两个应变片应具有相同的电阻温度系数α、线膨胀系数β、应变灵敏系数K和初始电阻值R_0。

③ 粘贴补偿片的补偿块材料和粘贴工作片的被测试件材料必须一样，两者线膨胀系数相同。

④ 两个应变片应处于同一温度场。

（2）应变片自补偿法。这种温度补偿法是利用自身具有温度补偿作用的应变片（称之为温度自补偿应变片）来补偿的。温度自补偿应变片的工作原理可由式（2-21）得出。要实现温度自补偿，必须有

$$\alpha_0 = -K_0(\beta_g - \beta_s) \tag{2-27}$$

式（2-27）表明，当被测试件的线膨胀系数 β_g 已知时，如果合理选择敏感栅材料，即其电阻温度系数 α_0、灵敏系数 K_0 以及线膨胀系数 β_s 满足式（2-27），则不论温度如何变化，均有 $\Delta R_t / \Delta R_0 = 0$，从而达到温度自补偿的目的。

2.3　电阻应变片的测量电路

由于机械应变一般都很小，要把微小应变引起的微小电阻变化测量出来，同时要把电阻相对变化 $\Delta R/R$ 转换为电压或电流的变化，需要有专用的由测量应变变化而引起电阻变化的测量电路。工程中通常采用的测量电路包括直流电桥和交流电桥。

2.3.1　直流电桥

1. 直流电桥的平衡条件

直流电桥如图 2-5 所示，其中 E 为电源电压，R_1、R_2、R_3 及 R_4 为桥臂电阻，R_L 为负载电阻。

当 $R \to \infty$ 时，电桥输出电压为

$$U_o = E\left(\frac{R_1}{R_1 + R_2} - \frac{R_3}{R_3 + R_4}\right) \tag{2-28}$$

当电桥平衡时，$U_o = 0$，则

$$R_1 R_4 = R_2 R_3$$

或

$$\frac{R_1}{R_2} = \frac{R_3}{R_4} \tag{2-29}$$

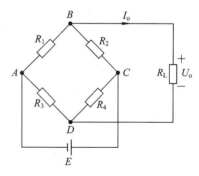

图 2-5　直流电桥

式（2-29）为电桥平衡条件。这说明欲使电桥平衡，其相邻两臂电阻的比值应相等，或相对两臂电阻的乘积应相等。

2. 电压灵敏度

若 ΔR_1 为电阻应变片，R_2、R_3、R_4 为电桥固定电阻，则构成了单臂电桥。应变片工作时，其电阻值变化很小，电桥相应输出电压也很小，一般需要加入放大器进行放大。由于放大器的输入阻抗比桥路输出阻抗高很多，所以此时仍视电桥为开路情况。当受应变时，若应变片电阻变化为 ΔR，其他桥臂固定不变，电桥输出电压 $U_o \neq 0$，则电桥不平衡，输出电压为

$$U_o = E\left(\frac{R_1 + \Delta R_1}{R_1 + \Delta R_1 + R_2} - \frac{R_3}{R_3 + R_4}\right)$$

$$= E\frac{\Delta R_1 R_4}{(R_1 + \Delta R_1 + R_2)(R_3 + R_4)}$$

$$= E\frac{\dfrac{R_4}{R_3}\dfrac{\Delta R_1}{R_1}}{\left(1 + \dfrac{\Delta R_1}{R_1} + \dfrac{R_2}{R_1}\right)\left(1 + \dfrac{R_4}{R_3}\right)} \tag{2-30}$$

设桥臂比 $n = R_2/R_1$，由于 $\Delta R_1 \ll R_1$，所以分母中 $\Delta R_1/R_1$ 可忽略，并考虑到平衡条件 $R_2/R_1 = R_4/R_3$，则式(2-30)可写为

$$U_o = \frac{n}{(1+n)^2}\frac{\Delta R_1}{R_1}E \tag{2-31}$$

电桥电压灵敏度定义为

$$K_U = \frac{U_o}{\dfrac{\Delta R_1}{R_1}} = \frac{n}{(1+n)^2}E \tag{2-32}$$

分析式(2-32)可得如下结论：

(1) 电桥电压灵敏度正比于电桥供电电压，供电电压越高，电桥电压灵敏度越高，但供电电压的提高受到应变片允许功耗的限制，所以要作适当选择。

(2) 电桥电压灵敏度是桥臂电阻比值 n 的函数，恰当地选择 n 的值，可保证电桥具有较高的电压灵敏度。

那么，当 E 值确定后，n 取何值时才能使 K_U 最高呢？

由 dK_U/dn 求 K_U 的最大值，即

$$\frac{dK_U}{dn} = \frac{1-n^2}{(1+n)^4} = 0 \tag{2-33}$$

解得当 $n=1$ 时，K_U 为最大值。也就是说，在供桥电压确定后，当 $R_1 = R_2 = R_3 = R_4$ 时，电桥电压灵敏度最高，此时有

$$U_o = \frac{E}{4}\frac{\Delta R_1}{R_1} \tag{2-34}$$

$$K_U = \frac{E}{4} \tag{2-35}$$

综上可得，当电源电压 E 和电阻相对变化量 $\Delta R/R$ 一定时，电桥的输出电压及其灵敏度也是定值，且与各桥臂电阻阻值大小无关。

3. 非线性误差及其补偿方法

式(2-31)是在略去分母中的 $\Delta R_1/R_1$ 项，电桥输出电压与电阻相对变化成正比的理想情况下得到的，实际情况则应按下式计算，即

$$U_o' = E\frac{n\dfrac{\Delta R_1}{R_1}}{\left(1 + n + \dfrac{\Delta R_1}{R_1}\right)(1+n)} \tag{2-36}$$

U_o' 与 $\Delta R_1/R_1$ 的关系是非线性的，非线性误差为

$$\gamma_{\mathrm{L}} = \frac{U_{\circ} - U_{\circ}'}{U_{\circ}} \times 100\% = \frac{\dfrac{\Delta R_1}{R_1}}{1 + n + \dfrac{\Delta R_1}{R_1}} \times 100\% \tag{2-37}$$

如果是四等臂电桥，$R_1 = R_2 = R_3 = R_4$，即 $n=1$，则

$$\gamma_{\mathrm{L}} = \frac{\dfrac{\Delta R_1}{2R_1}}{1 + \dfrac{\Delta R_1}{2R_1}} \times 100\% \tag{2-38}$$

对于一般应变片来说，所受应变 ε 通常在 5000×10^{-6} 以下，若取 $K=2$，则 $\Delta R_1 / R_1 = K\varepsilon = 0.01$，代入式（2-38）计算得非线性误差为 0.5%；若 $K=130$，$\varepsilon = 1000 \times 10^{-6}$，$\Delta R_1 / R_1 = 0.130$，则得到非线性误差为 6%。故当非线性误差不能满足测量要求时，必须予以消除。

为了减小和克服非线性误差，常采用差动电桥，如图 2-6 所示。在试件上安装两个工作应变片，一个受拉应变，一个受压应变，接入电桥相邻桥臂，称为半桥差动电路，如图 2-6(a) 所示。该电桥输出电压为

$$U_{\circ} = E\left(\frac{\Delta R_1 + R_1}{\Delta R_1 + R_1 + R_2 - \Delta R_2} - \frac{R_3}{R_3 + R_4} \right) \tag{2-39}$$

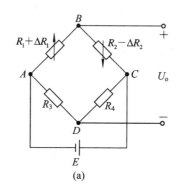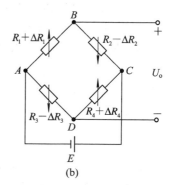

图 2-6　差动电桥

(a) 半桥；(b) 全桥

若 $\Delta R_1 = \Delta R_2$，$R_1 = R_2$，$R_3 = R_4$，则得

$$U_{\circ} = \frac{E}{2} \frac{\Delta R_1}{R_1} \tag{2-40}$$

由式（2-40）可知，$U_{\circ}$ 与 $\Delta R_1 / R_1$ 呈线性关系，差动电路无非线性误差，而且电桥电压灵敏度 $K_U = E/2$，是单臂工作时的两倍，同时还具有温度补偿作用。

若将电桥四臂接入 4 片应变片，如图 2-6(b) 所示，即两个受拉应变，两个受压应变，将两个应变符号相同的接入相对桥臂上，构成全桥差动电路。若 $\Delta R_1 = \Delta R_2 = \Delta R_3 = \Delta R_4$，且 $R_1 = R_2 = R_3 = R_4$，则

$$U_{\circ} = E \frac{\Delta R_1}{R_1} \tag{2-41}$$

$$K_U = E \tag{2-42}$$

此时全桥差动电路不仅没有非线性误差，而且电压灵敏度为单片工作时的 4 倍，同时仍具

有温度补偿作用。

2.3.2 交流电桥

由直流电桥分析可知，由于应变电桥输出电压很小，一般都要加放大器，而直流放大器易于产生零漂，因此应变电桥多采用交流电桥，如图 2-7 所示。

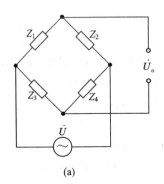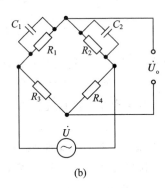

(a)   (b)

图 2-7 交流电桥

(a) 半桥差动交流电桥；(b) 半桥差动交流电桥引线分布电容

图 2-7(a)所示为半桥差动交流电桥的一般形式，其中 $\dot{U}$ 为交流电压源。由于供桥电源为交流电源，所以引线分布电容使得二桥臂应变片呈现复阻抗特性，即相当于两只应变片各并联了一个电容(见图 2-7(b))，则每一桥臂上的复阻抗分别为

$$\left.\begin{array}{l} Z_1 = \dfrac{R_1}{1 + j\omega R_1 C_1} \\[2mm] Z_2 = \dfrac{R_2}{1 + j\omega R_2 C_2} \\[2mm] Z_3 = R_3 \\[2mm] Z_4 = R_4 \end{array}\right\} \qquad (2-43)$$

式中：C_1、C_2——应变片引线分布电容。

由交流电路分析可得

$$\dot{U}_o = \dot{U}\frac{Z_1 Z_4 - Z_2 Z_3}{(Z_1 + Z_2)(Z_3 + Z_4)} \qquad (2-44)$$

要满足电桥平衡条件，即 $U_o = 0$，则

$$Z_1 Z_4 = Z_2 Z_3 \qquad (2-45)$$

将式(2-43)代入式(2-45)，可得

$$\frac{R_1}{1 + j\omega R_1 C_1}R_4 = \frac{R_2}{1 + j\omega R_2 C_2}R_3 \qquad (2-46)$$

整理式(2-46)，得

$$\frac{R_3}{R_1} + j\omega R_3 C_1 = \frac{R_4}{R_2} + j\omega R_4 C_2 \qquad (2-47)$$

其实部、虚部分别相等，整理可得交流电桥的平衡条件为

$$\frac{R_2}{R_1} = \frac{R_4}{R_3}$$

及
$$\frac{R_2}{R_1} = \frac{C_1}{C_2} \tag{2-48}$$

这种交流电容电桥除要满足电阻平衡条件外，还必须满足电容平衡条件。为此，在桥路上除设有电阻平衡调节外，还设有电容平衡调节。电桥平衡调节电路如图 2-8 所示。

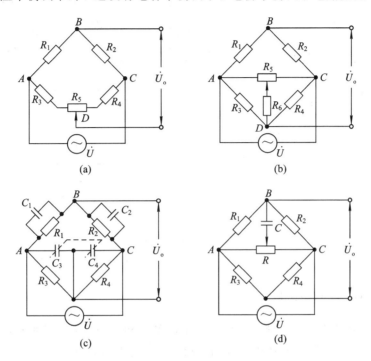

图 2-8　交流电桥平衡调节电路

(a)、(b) 电阻平衡调节；(c)、(d) 电容平衡调节

当被测应力变化引起 $Z_1 = Z_{10} + \Delta Z$，$Z_2 = Z_{20} - \Delta Z$ 变化时（且 $Z_{10} = Z_{20} = Z_0$），电桥输出为

$$\dot{U}_\circ = \dot{U} \left(\frac{Z_0 + \Delta Z}{2Z_0} - \frac{1}{2} \right) = \frac{1}{2} \dot{U} \frac{\Delta Z}{Z_0} \tag{2-49}$$

2.4　应变式传感器的应用

2.4.1　柱(筒)式力传感器

被测物理量为荷重或力的应变式传感器，统称为应变式力传感器。其主要用途是作为各种电子秤与材料试验机的测力元件、发动机的推力测试元件、水坝坝体承载状况监测元件等。

应变式力传感器要求有较高的灵敏度和稳定性，当传感器在受到侧向作用力或力的作用点少量变化时，不应对输出有明显的影响。

图 2-9(a)、(b)所示分别为柱式、筒式力传感器，应变片粘贴在弹性体外壁应力分布均匀的中间部分，对称地粘贴多片。电桥连线时，考虑尽量减小载荷偏心和弯矩影响。贴

片在圆柱面上的展开位置及其在桥路中的连接如图 2-9(c)、(d)所示。R_1 和 R_3 串接，R_2 和 R_4 串接，并置于桥路对臂上，以减小弯矩影响；横向贴片 R_5 和 R_7 串接，R_6 和 R_8 串接，作温度补偿时，接于另两个桥臂上。

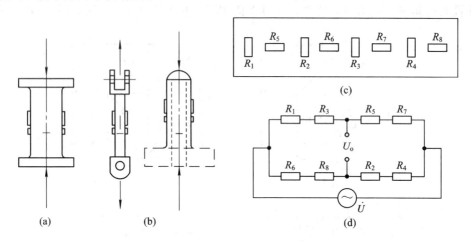

图 2-9　柱(筒)式力传感器

(a) 柱式；(b) 筒式；(c) 圆柱面展开图；(d) 桥路连接图

2.4.2　应变式压力传感器

应变式压力传感器主要用来测量流动介质的动态和静态压力，如动力管道设备的进出口气体或液体的压力、发动机内部的压力、枪管及炮管内部的压力、内燃机管道的压力等。

应变式压力传感器大多采用膜片式或筒式弹性元件。

图 2-10 所示为膜片式压力传感器，应变片贴在膜片内壁，在压力 p 作用下，膜片产生径向应变 ε_r 和切向应变 ε_t，其表达式分别为

$$\varepsilon_r = \frac{3p(1-\mu^2)(R^2-3x^2)}{8h^2E} \qquad (2-50)$$

$$\varepsilon_t = \frac{3p(1-\mu^2)(R^2-x^2)}{8h^2E} \qquad (2-51)$$

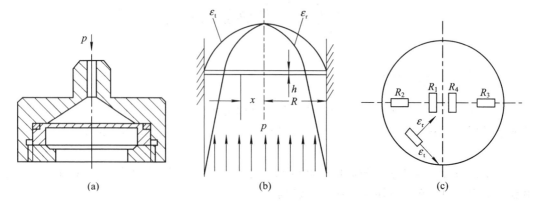

图 2-10　膜片式压力传感器

(a) 结构图；(b) 应力分布图；(c) 应变片粘贴图

式中：p——膜片上均匀分布的压强；

　　　R、h——膜片的半径和厚度；

　　　x——离圆心的径向距离；

　　　E——材料的弹性模量。

由应力分布图可知，膜片弹性元件承受压力 p 时，其应变变化曲线的特点为：当 $x=0$ 时，$\varepsilon_{rmax}=\varepsilon_{tmax}$；当 $x=R$ 时，$\varepsilon_t=0$，$\varepsilon_r=-2\varepsilon_{rmax}$。

根据以上特点，一般在平膜片圆心处切向粘贴 R_1、R_4 两个应变片，在边缘处沿径向粘贴 R_2、R_3 两个应变片，然后接成全桥测量电路。

2.4.3　应变式容器内液体重量传感器

图 2-11 所示为插入式测量容器内液体重量的传感器示意图。该传感器有一根传压杆，上端安装微压传感器。为了提高灵敏度，共安装了两只微压传感器。下端安装的感压膜用于感受上面液体的压力。当容器中溶液增多时，感压膜感受的压力就增大。将其上两个传感器 R_t 的电桥接成正向串接的双电桥电路，此时输出电压为

$$U_o = U_1 - U_2 = (K_1 - K_2)h\rho g \qquad (2-52)$$

式中：K_1、K_2——传感器传输系数。

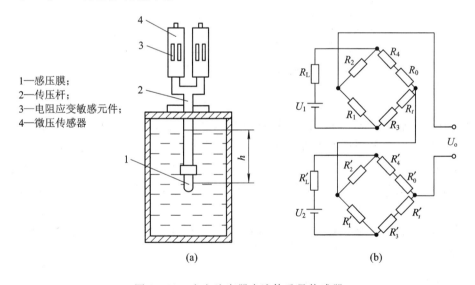

1—感压膜；
2—传压杆；
3—电阻应变敏感元件；
4—微压传感器

(a)　　　　　　　　　　(b)

图 2-11　应变片容器内液体重量传感器

(a) 结构原理图；(b) 桥路连接图

由于 $h\rho g$ 表征着感压膜上面液体的重量，对于等截面的柱式容器，有

$$h\rho g = \frac{Q}{A} \qquad (2-53)$$

式中：Q——容器内感压膜上面溶液的重量；

　　　A——柱形容器的截面积。

将式(2-52)和式(2-53)联立，可得容器内感压膜上面溶液重量与电桥输出电压之间的关系式，即

$$U_。= \frac{(K_1 - K_2)Q}{A} \qquad (2-54)$$

式(2-54)表明,电桥输出电压与柱式容器内感压膜上面溶液的重量呈线性关系,因此用此方法可以测量容器内储存的溶液重量。

2.4.4 应变式加速度传感器

应变式加速度传感器主要用于物体加速度的测量。其基本工作原理是:物体运动的加速度与作用在它上面的力成正比,与物体的质量成反比,即 $a = F/m$。

图 2-12 所示的是应变式加速度传感器结构图,图中 2 是等强度梁,自由端安装质量块 1,另一端固定在壳体 4 上。等强度梁上粘贴 4 个电阻应变敏感元件 3。为了调节振动系统阻尼系数,在壳体内充满硅油。

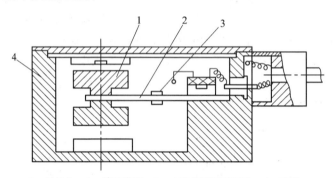

1—质量块;2—等强度梁;3—电阻应变敏感元件;4—壳体

图 2-12 应变式加速度传感器结构图

测量时,将传感器壳体与被测对象刚性连接,当被测物体以加速度 a 运动时,质量块受到一个与加速度方向相反的惯性力作用,使等强度梁变形,该变形被粘贴在等强度梁上的应变片(电阻应变敏感元件)感受到并随之产生应变,从而使应变片的电阻发生变化。电阻的变化引起应变片组成的桥路出现不平衡,从而输出电压,即可得出加速度 a 值的大小。

应变式加速度传感器不适用于频率较高的振动和冲击场合,一般适用的频率范围为10 Hz~60 Hz。

2.4.5 半导体力敏应变片在电子皮带秤上的应用

荷重传感器是皮带秤的关键组成部件,采用半导体力敏应变片作为敏感元件。在同样压力下,荷重传感器的弹性形变较金属箔式应变片小,但其灵敏度却要高得多。荷重传感器的灵敏度可达 7 mV/kg~10 mV/kg。额定压力为 5 kg 的荷重传感器可输出电压 50 mV左右。电子皮带秤工作原理示意图如图 2-13 所示。

当未给料时,整个皮带秤重量通过调节秤架上的平衡锤使之自重基本作用在支点 6上,仅留很小一部分压力作为传感器预压力。当电磁振动机开始给料时,通过皮带运动,使物料平铺在皮带上。此时皮带上物料重量一部分通过支点传到基座,另一部分作用于传感器上。设每米物料重量为 P,则传感器受力 $F = CP$(C 为系数,取决于传感器距支点的距

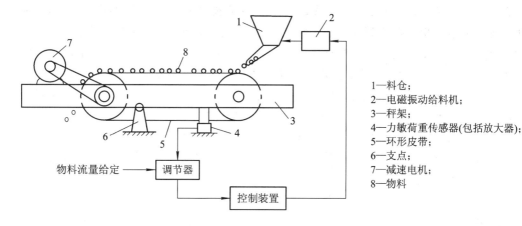

1—料仓;
2—电磁振动给料机;
3—秤架;
4—力敏荷重传感器(包括放大器);
5—环形皮带;
6—支点;
7—减速电机;
8—物料

图 2-13　电子皮带秤工作原理示意图

离)。当传感器受力后,传感器中的弹性元件将产生变形,因此,粘贴于弹性元件上的力敏应变电桥就有电压信号 ΔU 输出,其值为

$$\Delta U = \frac{\Delta R}{R}U \tag{2-55}$$

式中: U——应变电桥的电源电压;

　　　$\Delta R/R$——应变片的相对变化。

当 U 和 R 恒定时, ΔU 与受力成正比,因此 ΔU 与 P 成正比。在皮带速度 V 不变时,单位时间内皮带上物料流量为 $Q=PV$,即 Q 与 P 成正比。所以,测量 ΔU 的大小就能间接地测量 Q 的大小。

通过放大器将测得的毫伏信号放大,再送入调节器,与物料流量给定值进行比较后,通过控制装置去自动调节给料机的给料量。当实测流量低时,调节器使给料机增加给料量,直至实际流量与给定流量相等,调节器就保持不变,反之亦然。依次循环,达到了物料连续计量与自动调节给料量的目的。

本 章 小 结

应变式传感器是目前用于测量力、力矩、压力、加速度、质量等参数最广泛的传感器之一。它是基于电阻应变效应制造的一种测量微小机械变量的传感器。

电阻应变式传感器由电阻应变片和弹性敏感元件组成。电阻应变片可分为金属应变片和半导体应变片两大类。温度误差主要是由电阻材料阻值随温度变化而引起的。另外,应变片与试件不能随温度同步变形,也会产生附加变形。在实际应用中,可采用自补偿法或桥路补偿法来补偿温度误差。电阻应变片常用的测量电路有直流电桥和交流电桥。

思考题与习题

2-1　什么是应变效应?试说明金属应变片与半导体应变片的相同和不同之处。

2-2　应变片产生温度误差的原因及减小或补偿温度误差的方法是什么?

2-3　采用阻值为 120 Ω、灵敏系数 K 为 2.0 的金属电阻应变片和阻值为 120 Ω 的固定电阻组成电桥,供桥电压 U 为 5 V,假定负载电阻无穷大。当应变片上的应变 ε 分别为 10^{-6} 和 10^{-3} 时,试求单臂、双臂和全桥工作时的输出电压,并比较三种情况下的灵敏度。

2-4　采用阻值 $R=120$ Ω、灵敏系数 $K=2.0$ 的金属电阻应变片与阻值 $R=120$ Ω 的固定电阻组成电桥,供桥电压为 8 V。当应变片应变为 10^{-3} 时,若要使输出电压大于 10 mV,则可采用哪种工作方式(设输出阻抗为无穷大)?

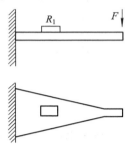

2-5　图 2-14 为等强度梁测力系统,R_1 为电阻应变片,应变片灵敏系数 $K=2.05$,未受应变时,$R_1=120$ Ω。当试件受力 F 时,应变片承受平均应变 $\varepsilon=8\times10^{-4}$。试求:

(1) 应变片电阻变化量 ΔR_1 及电阻相对变化量 $\Delta R_1/R_1$;

(2) 将电阻应变片 R_1 置于单臂测量电桥,电桥电源电压为直流 3 V,求电桥输出电压及电桥非线性误差;

(3) 若要减小非线性误差,应采取何种措施? 分析其电桥输出电压及非线性误差大小。

图 2-14　等强度梁测力系统

2-6　在题 2-5 条件下,如果试件材质为合金钢,线膨胀系数 $\beta_g=11\times10^{-6}/℃$,应变片敏感栅材质为康铜,其电阻温度系数 $\alpha=15\times10^{-6}/℃$,线膨胀系数 $\beta_s=14.9\times10^{-6}/℃$。当传感器的环境温度从 10℃ 变化到 50℃ 时,所引起的附加电阻相对变化量 $(\Delta R/R)_t$ 为多少? 折合成附加应变 ε_t 为多少?

2-7　如图 2-15 所示,在材料为钢的实心圆柱试件上,沿轴线和圆周方向各贴一片电阻为 120 Ω 的金属应变片 R_1 和 R_2,把这两个应变片接入差动电桥。若钢的泊松比 $\mu=0.285$,应变片的灵敏系数 $K=2$,电桥的电源电压 $U_i=2$ V,当试件受轴向拉伸时,测得应变片 R_1 的电阻变化值 $\Delta R_1=0.48$ Ω,试求电桥的输出电压 U_o;若柱体直径 $d=10$ mm,材料的弹性模量 $E=2\times10^{11}$ N/m²,求其所受拉力大小。

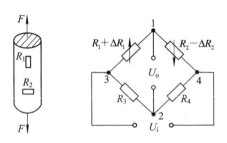

图 2-15　差动电桥电路

基础训练　箔式应变片的性能和三种电桥电路比较

一、实训目的

(1) 了解箔式应变片的结构及粘贴方式。

(2) 测试应变梁变形的应变输出。

（3）比较各桥路间的输出关系。

（4）比较三种电桥（单臂、半桥和全桥）电路的不同及各自的优缺点。

二、实训原理

本实训说明箔式应变片及单臂、半桥和全桥直流电桥的原理及工作情况。

应变片是最常用的测力传感元件。当测件受力发生形变时，应变片的敏感栅随同变形，其电阻值也随之发生相应的变化，并通过测量电路转换成电信号输出显示。

电桥电路是最常用的非电量测量电路中的一种，当电桥平衡时，桥路对臂电阻乘积相等，电桥输出为零，在桥臂四个电阻 R_1、R_2、R_3、R_4 中，电阻的相对变化率分别为 $\Delta R_1/R_1$、$\Delta R_2/R_2$、$\Delta R_3/R_3$、$\Delta R_4/R_4$，当使用一个应变片时，$\sum R = \Delta R/R$；当两个应变片组成差动状态工作时，则有 $\sum R = 2\Delta R/R$；当四个应变片组成两个差动对工作，且 $R_1 = R_2 = R_3 = R_4 = R$ 时，$\sum R = 4\Delta R/R$。由此可知，单臂、半桥、全桥电路的灵敏度依次增大，电压灵敏度分别为 $E/4$、$E/2$ 和 E。由此可知，当 E 和电阻的相对变化一定时，电桥及电压灵敏度与各桥臂阻值的大小无关。

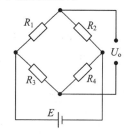

图 2 - 16　测量电桥原理

三、实训设备和器材

实训设备和器材包括直流稳压电源（±4 V 挡）、电桥、差动放大器、箔式应变片、测微头（或称重砝码）、双孔悬臂梁和电压表等。

四、实训内容和步骤

1. 单臂电桥验证箔式应变片性能

步骤如下：

（1）调零。开启仪器电源，差动放大器增益置 100 倍（顺时针方向旋到底），"＋、－"输入端用实验线对地短路。输出端接数字电压表，用"调零"电位器调整差动放大器输出电压为零，然后拔掉实验线。调零后，电位器位置不要变化。

如需使用毫伏表，则将毫伏表输入端对地短路，调整"调零"电位器，使指针居"零"位。拔掉短路线，指针有偏转是指针式电压表输入端悬空时的正常情况。调零后，关闭仪器电源。

（2）按图 2 - 17 将实验部件用实验线连接成测试桥路。桥路中 R_1、R_2、R_3 和 R_W 为电桥中的固定电阻和直流调平衡电位器，R 为应变片（可任选上、下梁中的一片工作片）。直流激励电源为 ±4 V。测微头装于悬臂梁前端的永久磁钢上，并调节使应变梁处于基本水平状态。

（3）确认接线无误后，开启仪器电源，并预热数分钟。调整电桥电位器 R_W，使测试系统输出为零。

（4）旋动测微头，带动悬臂梁分别作向上和向下的运动，以悬臂梁水平状态下电路输出电压为零为起点，向上和向下移动各 5 mm，测微头每移动 0.5 mm 记录一个差动放大器输出电压值，并列表。(或在双孔悬臂梁称重平台上依次放上砝码，进行上述实验。)

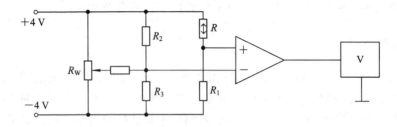

图 2-17 单臂电桥测试桥路

记录数据，并填入表 2-2 中，根据表中所测数据计算灵敏度 S，$S=\Delta U/\Delta x$，并在坐标图上画出 $U-x$ 关系曲线。

表 2-2 单臂电桥验证箔式应变片性能数据记录表

位移 x/mm								
电压 U/V								

2. 三种电桥桥路性能比较

步骤如下：

(1) 在完成实训 1(单臂电桥验证箔式应变片性能)的基础上，不变动差动放大器增益和调零电位器，依次将图 2-17 中电桥固定电阻 R_1、R_2、R_3 换成箔式应变片，分别接成半桥和全桥测试系统。

(2) 重复实训 1 中步骤(3)和步骤(4)，测出半桥和全桥输出电压并列表(见表 2-3)，计算灵敏度。

表 2-3 半桥和全桥输出电压数据记录表

位移 x/mm									
电压 U/V	半桥								
	全桥								

(3) 在同一坐标图上画出 $U-x$ 关系曲线，比较三种桥路的灵敏度，并做出定性结论。

五、注意事项

(1) 正式实训前，一定要熟悉所用设备、仪器的使用方法。

(2) 应变片接入电桥时注意其受力方向，一定要接成差动形式。

(3) 直流激励电压不能过大，以免造成应变片自热损坏。

(4) 由于进行位移测量时测微头要从零到正的最大值，又回复到零，再到负的最大值，因此容易造成零点偏移。所以，计算灵敏度时，可将正的 Δx 的灵敏度与负的 Δx 的灵敏度分开计算，再求平均值。

拓展训练　简易电子秤的设计

　　在我们生活中经常需要测量物体的重量，于是就用到秤。但是随着社会的进步、科技的发展，我们对其要求操作方便、易于识别。随着计量技术和电子技术的发展，传统纯机械结构的杆秤、台秤、磅秤等称量装置逐步被淘汰，电子称量装置电子秤、电子天平等以其准确、快速、方便、显示直观等诸多优点而受到人们的青睐。

　　基于应变式传感器的电子秤具有测量范围广、精度高、误差小和线性特性好等优点，且能在恶劣环境下工作，在力和重力测试中有非常广泛的应用。请利用所学的知识设计一台小型电子秤，量程为 0～1 kg，用于测量实验室小件物体的重量。其原理是基于应变式传感器在外力作用下发生弹性形变，通过数显将力的大小显示出来。要求自行设计应变式传感器的桥式电路和电子秤显示模块，并对设计好的电子秤进行各种精度（非线性误差、灵敏度等）的测试。

第3章 电感式传感器

（1）了解三类电感式传感器（自感式传感器、差动变压器式传感器、电涡流式传感器）的结构、工作原理和测量电路。

（2）掌握三类电感式传感器的各自特点、应用范围和典型应用。

3.1 自感式传感器

3.1.1 自感式传感器的工作原理

自感式传感器的结构如图 3-1 所示。它由线圈、铁心和衔铁三部分组成。铁心和衔铁由导磁材料（如硅钢片或坡莫合金）制成。铁心和衔铁之间有气隙，气隙厚度为 δ。传感器的运动部分与衔铁相连。当衔铁移动时，气隙厚度 δ 发生改变，其变化量为 $\Delta\delta$，引起磁路中磁阻变化，从而导致电感线圈的电感值变化，因此只要能测出这种电感量的变化，就能确定衔铁位移量的大小和方向。

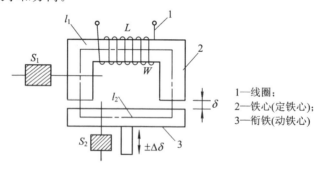

1—线圈；
2—铁心（定铁心）；
3—衔铁（动铁心）

图 3-1 自感式传感器的结构

根据电感的定义，线圈中的电感量可由下式确定，即

$$L = \frac{\psi}{I} = \frac{W\phi}{I} \tag{3-1}$$

式中：ψ——线圈总磁链；

I——通过线圈的电流；

W——线圈的匝数；

ϕ——穿过线圈的磁通。

由磁路欧姆定律得

$$\phi = \frac{IW}{R_{\mathrm{m}}} \tag{3-2}$$

式中：R_{m}——磁路总磁阻。

对于变隙式传感器，因为气隙很小，所以可以认为气隙中的磁场是均匀的。若忽略磁路磁损，则磁路总磁阻为

$$R_{\mathrm{m}} = \frac{l_1}{\mu_1 S_1} + \frac{l_2}{\mu_2 S_2} + \frac{2\delta}{\mu_0 S_0} \tag{3-3}$$

式中：μ_1——铁心材料的磁导率；

μ_2——衔铁材料的磁导率；

l_1——磁通通过铁心的长度；

l_2——磁通通过衔铁的长度；

S_1——铁心的截面积；

S_2——衔铁的截面积；

μ_0——空气的磁导率；

S_0——气隙的截面积；

δ——气隙厚度。

通常气隙磁阻远大于铁心和衔铁的磁阻，即

$$\left. \begin{array}{l} \dfrac{2\delta}{\mu_0 S_0} \gg \dfrac{l_1}{\mu_1 S_1} \\[2mm] \dfrac{2\delta}{\mu_0 S_0} \gg \dfrac{l_2}{\mu_2 S_2} \end{array} \right\} \tag{3-4}$$

则式(3-3)可写为

$$R_{\mathrm{m}} = \frac{2\delta}{\mu_0 S_0} \tag{3-5}$$

因此，线圈的电感值可近似地表示为

$$L = \frac{W^2}{R_{\mathrm{m}}} = \frac{W^2 \mu_0 S_0}{2\delta} \tag{3-6}$$

式(3-6)表明，当线圈匝数为常数时，电感 L 仅仅是磁路中磁阻 R_{m} 的函数，只要改变 δ 或 S_0 均可导致电感变化。若气隙 δ 保持不变，当被测量变化带动衔铁位移 x 时，由气隙的截面积（即磁通截面）变化而使电感量发生变化，这种类型的传感器称为变面积型电感式传感器，其结构示意图如图 3-2 所示。在测量精度要求不太高的场合，还可以使用螺管型电感式传感器，其结构示意图如图 3-3 所示，螺管线圈的半径为 r、长度为 l，当被测量变化带动衔铁位移 x 时，衔铁插入深度发生变化，线圈磁力线泄漏路径上的磁阻也随之改变，从而使电感量发生变化。

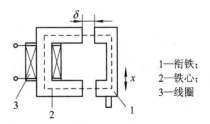

1—衔铁；
2—铁心；
3—线圈

图 3-2　变面积型电感式传感器

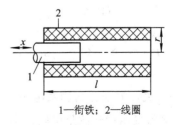

1—衔铁；2—线圈

图 3-3　螺管型电感式传感器

在实际使用中，常采用两个相同的传感器线圈共用一个衔铁，构成差动电感式传感器。图 3-4 所示为差动电感式传感器的原理结构图。由图 3-4(a)可知，差动变气隙型电感式传感器由两个相同的电感线圈和磁路组成，测量时，衔铁通过导杆与被测位移量 x 相连，当被测体上下移动时，导杆带动衔铁也以相同的位移上下移动，使两个磁回路中的磁阻发生大小相等、方向相反的变化，从而使一个线圈的电感量增加，另一个线圈的电感量减小，形成差动形式。

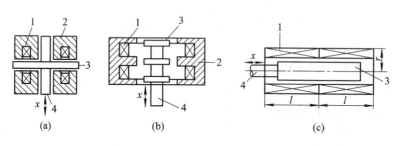

1—线圈；2—铁心；3—衔铁；4—导杆

图 3-4　差动电感式传感器

(a) 变气隙型；(b) 变面积型；(c) 螺管型

差动电感式传感器的结构要求两个导磁体的几何尺寸和材料完全相同，两个线圈的电气参数和几何尺寸等均应完全一致。差动电感式传感器除了可以改善线性、提高灵敏度外，对温度变化、电源频率变化等影响也可以进行补偿，从而减小了外界影响造成的误差。

3.1.2　自感式传感器的测量电路

自感式传感器的测量电路有交流电桥式、交流变压器式等几种形式。

1. 交流电桥式测量电路

图 3-5 所示为交流电桥式测量电路，电桥的两个桥臂 Z_1 和 Z_2 为传感器线圈阻抗，另外两个相邻的桥臂用纯电阻代替，设 $Z_1 = Z + \Delta Z_1$，$Z_2 = Z - \Delta Z_2$，Z 是衔铁在中间位置时单个线圈的复阻抗，ΔZ_1、ΔZ_2 分别是衔铁偏离中心位置时两线圈阻抗的变化量。对于高 Q 值($Q = \omega L / R$)的差动电感式传感器，有 $\Delta Z_1 + \Delta Z_2 \approx \mathrm{j}\omega(\Delta L_1 + \Delta L_2)$，其桥路输出电压 U_o 为

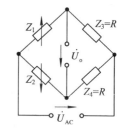

图 3-5　交流电桥式测量电路

$$\dot{U}_o = \frac{\dot{U}_{AC}}{2} \frac{\Delta Z_1}{Z_1} = \frac{\dot{U}_{AC}}{2} \frac{\mathrm{j}\omega \Delta L}{R_0 + \mathrm{j}\omega L_0} \approx \frac{\dot{U}_{AC}}{2} \frac{\Delta L}{L_0} \qquad (3-7)$$

式中：L_0——衔铁在中间位置时单个线圈的电感；

　　　ΔL——单个线圈电感的变化量；

　　　R_0——单个线圈的电阻；

　　　$\dot{U}_{AC}$——供桥电源。

2. 交流变压器式测量电路

交流变压器式测量电路如图 3-6 所示，电桥的两个桥臂 Z_1、Z_2 为传感器线圈阻抗，另外两个桥臂为交流变压器次级线圈的 1/2 阻抗。当负载阻抗为无穷大时，桥路输出电压

U_o 为

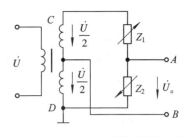

$$\dot{U}_o = \frac{Z_1 \dot{U}}{Z_1 + Z_2} - \frac{\dot{U}}{2} = \frac{Z_1 - Z_2}{Z_1 + Z_2} \frac{\dot{U}}{2} \qquad (3-8)$$

当传感器的衔铁处于中间位置，即 $Z_1 = Z_2 = Z$ 时，有 $U_o = 0$，电桥平衡。

当传感器的衔铁上移，即 $Z_1 = Z + \Delta Z$，$Z_2 = Z - \Delta Z$ 时，有

图 3-6　交流变压器式测量电路

$$\dot{U}_o = \frac{\dot{U}}{2} \frac{\Delta Z}{Z} = \frac{\dot{U}}{2} \frac{\Delta L}{L} \qquad (3-9)$$

当传感器的衔铁下移，即 $Z_1 = Z - \Delta Z$，$Z_2 = Z + \Delta Z$ 时，有

$$\dot{U}_o = -\frac{\dot{U}}{2} \frac{\Delta Z}{Z} = -\frac{\dot{U}}{2} \frac{\Delta L}{L} \qquad (3-10)$$

由式(3-9)及式(3-10)可知，衔铁上下移动相同距离时，输出电压的大小相等，但方向相反，由于 U_o 是交流电压，输出指示无法判断位移方向，因此必须配合相敏检波电路来解决。

3.1.3　自感式传感器的应用

滚柱直径的误差是影响轴承质量的关键因素。在实际生产中测量滚柱尺寸时，因为数量较大，人工检测和分选比较困难，因此采用电感测微器，通过机械输送、电测的方式完成滚柱的自动检测及分选，从而实现自动高效筛选。

滚柱直径自动分选装置的结构和工作原理示意图如图 3-7 所示。从振动料斗送来的滚柱按顺序进入落料管 5。电感测微器 6 的测杆在电磁铁(图中未画出)的控制下，先提升

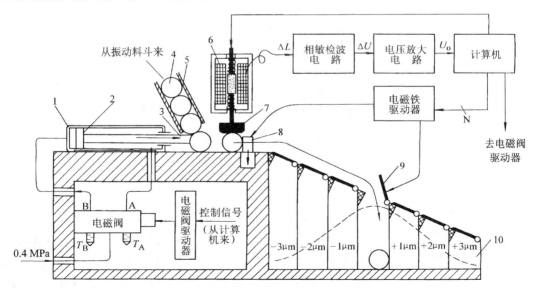

1—汽缸；2—活塞；3—推杆；4—被测滚柱；5—落料管；6—电感测微器；
7—钨钢测头；8—限位挡板；9—电磁翻板；10—容器(料斗)

图 3-7　滚柱直径自动分选装置的结构和工作原理示意图

到一固定高度，汽缸推杆 3 将滚柱推入电感测微器测头正下方（电磁限位挡板 8 决定滚柱的前后位置），电磁铁释放，钨钢测头 7 向下压住滚柱。滚珠直径的微小尺寸变化经电感测微器 6 的测头带动两线圈内衔铁移动，使两线圈内的电感量发生相对的变化。当衔铁处于两线圈的中间位置时，两线圈的电感量相等，电桥平衡。当测头带动衔铁上下移动时，若上线圈的电感量增加，则下线圈的电感量减少；若上线圈的电感量减少，则下线圈的电感量增加。电感测微器的输出信号经相敏检波电路和电压放大电路处理后送入计算机，计算出直径的偏差值。测量完成后，电磁铁再将测杆提升，限位挡板 8 在其电磁铁的控制下移开，测量好的滚柱在推杆 3 的再次推动下离开测量区域。这时相应的电磁翻板 9 打开，滚柱落入与其直径偏差值相对应的容器 10 中。同时，推杆 3 和限位挡板 8 复位。

3.2　差动变压器式传感器

3.2.1　差动变压器式传感器的工作原理

差动变压器式传感器是根据变压器的基本原理制成的，它把被测的非电量变化转换成绕组互感量的变化，并且次级绕组用差动的形式连接。

差动变压器式传感器的结构形式较多，有变气隙型、变面积型和螺管型等。在非电量测量中，应用最多的是螺管型差动变压器式传感器，它可以测量 1 mm～100 mm 的机械位移，并具有测量精度高、灵敏度高、结构简单、性能可靠等优点。

差动变压器式传感器的结构如图 3-8 所示，它主要由一个初级绕组、两个次级绕组和插入绕组中央的圆柱形铁心等组成。

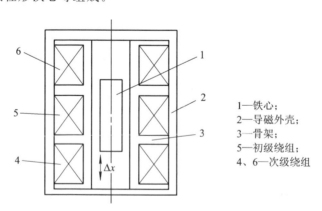

1—铁心；
2—导磁外壳；
3—骨架；
5—初级绕组；
4、6—次级绕组

图 3-8　差动变压器式传感器的结构

差动变压器式传感器中的两个次级绕组反相串联，在忽略铁损、导磁体磁阻和绕组分布电容的理想条件下，其等效电路如图 3-9 所示。当初级绕组加以激励电压 U 时，根据变压器的工作原理，在两个次级绕组 W_{2a} 和 W_{2b} 中便会产生感应电势 e_{2a} 和 e_{2b}。如果工艺上保证变压器结构完全对称，则当活动衔铁处于初始平衡位置时，必然会使两互感系数 $M_1 = M_2$。根据电磁感应原理，将有 $e_{2a} = e_{2b}$。由于变压器两次级绕组反相串联，因而有 $U_o = e_{2a} - e_{2b} = 0$，即差动变压器式传感器的输出电压为零。

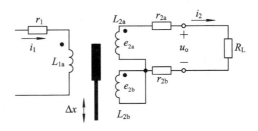

图 3-9 差动变压器式传感器的等效电路

当活动衔铁向上移动时，由于磁阻的影响，W_{2a} 中的磁通将大于 W_{2b}，使 $M_1 > M_2$，因而 e_{2a} 增加，e_{2b} 减小。反之，e_{2b} 增加，e_{2a} 减小。因为 $U_o = e_{2a} - e_{2b}$，所以当 e_{2a}、e_{2b} 随着衔铁位移 Δx 变化时，U_o 也必将随 Δx 而变化。

图 3-10 给出了差动变压器式传感器的输出电压 U_o 与活动衔铁位移 Δx 的关系曲线。

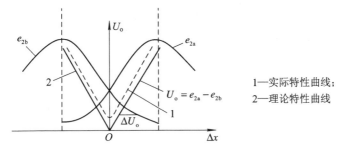

1—实际特性曲线；
2—理论特性曲线

图 3-10 差动变压器式传感器的输出电压特性曲线

由图 3-10 可以看出，理想情况下，当衔铁位于中心位置时，两个次级绕组的感应电压大小相等、方向相反，差动输出电压为零，但实际情况是差动变压器式传感器的输出电压往往并不等于零。差动变压器式传感器在零位移时的输出电压称为零点残余电压，记为 ΔU_o，它的存在使传感器的输出特性不经过零点，造成实际特性与理论特性不完全一致。

3.2.2 差动变压器式传感器的测量电路

1. 差动整流电路

图 3-11 所示是常用差动整流电路。其中：图 3-11(a)、(c)适用于低阻抗负载场合，是电流输出型；图 3-11(b)、(d)适用于高阻抗负载场合，是电压输出型。图中可变电阻用于调整零点残余电压。

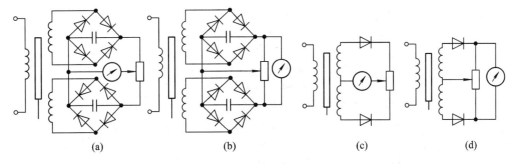

图 3-11 差动整流电路
(a) 全波电流输出；(b) 全波电压输出；(c) 半波电流输出；(d) 半波电压输出

差动整流电路具有结构简单(根据差动输出电压的大小和方向就可以判断出被测量(如位移)的大小和方向,不需要考虑相位调整和零点残余电压的影响),分布电容影响小,便于远距离传输等特点,因而得到广泛应用。

2. 相敏检波电路

相敏检波电路要求比较电压与差动变压器二次输出电压频率相同,相位相同或相反。为了保证这一点,通常在电路中接入移相电路。另外,由于比较电压在检波电路中起开关作用,因此其幅值应尽可能大,一般应为信号电压的 3～5 倍。相敏检波电路如图 3 - 12 所示,其中 R_{W1} 为电桥调零电位器。对于小位移测量,由于输出信号小,在电路中还要接入放大器。

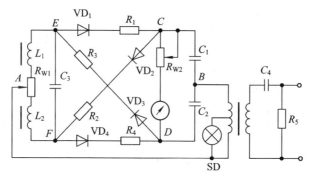

图 3 - 12　相敏检波电路

3.2.3　差动变压器式传感器的应用

差动变压器式传感器可以直接用于位移测量,也可以测量与位移有关的任何机械量,如振动、加速度、应变、比重、张力和厚度等。

图 3 - 13 所示为差动变压器式加速度传感器的原理结构示意图。它由悬臂梁和差动变压器构成。测量时,将悬臂梁底座及差动变压器的绕组骨架固定,而将衔铁的 A 端与被测振动体相连,此时传感器作为加速度测量中的惯性元件,它的位移与被测加速度成正比,使加速度测量转变为位移的测量。当被测体带动衔铁以 $\Delta x(t)$ 振动时,差动变压器的输出电压也按相同规律变化。

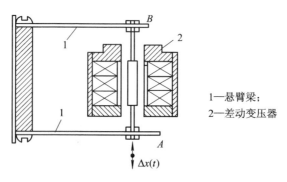

1—悬臂梁;
2—差动变压器

图 3 - 13　差动变压器式加速度传感器的原理结构示意图

3.3　电涡流式传感器

3.3.1　电涡流式传感器的工作原理

根据法拉第电磁感应定律，块状金属导体置于变化磁场中或在磁场中作切割磁力线运动时，金属导体内将会产生旋涡状的感应电流，该旋涡状的感应电流称为电涡流，简称涡流。

根据电涡流效应原理制成的传感器称为电涡流式传感器。利用电涡流式传感器可以实现对位移、材料厚度、金属表面温度、应力、速度以及材料损伤等的非接触式连续测量，并且这种测量方法具有灵敏度高、频率响应范围宽、体积小等一系列优点。

按照电涡流在导体内贯穿的情况，可以把电涡流式传感器分为高频反射式和低频透射式两类。二者的工作原理相似。

图 3-14 所示的是电涡流式传感器的原理图。

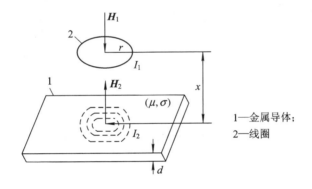

1—金属导体；
2—线圈

图 3-14　电涡流式传感器的原理图

将一个通以正弦交变电流 I_1、频率为 f、外半径为 r 的扁平线圈置于金属导体附近，则线圈周围空间将产生一个正弦交变磁场 H_1，使金属导体中产生感应电涡流 I_2，I_2 又产生一个与 H_1 方向相反的交变磁场 H_2。根据楞次定律，H_2 的反作用必然削弱线圈的磁场 H_1。由于磁场 H_2 的作用，涡流要消耗一部分能量，从而使传感器线圈的等效阻抗发生变化。线圈阻抗的变化取决于被测金属导体的电涡流效应。而电涡流效应既与被测体的电阻率 ρ、磁导率 μ 以及几何形状有关，还与线圈的几何参数、线圈中的激磁电流频率 f 有关，同时还与线圈和导体间的距离 x 有关。

因此，传感器线圈受电涡流影响时的等效阻抗 Z 的函数关系式为

$$Z = F(\rho, \mu, r, f, x) \tag{3-11}$$

式中：r ——线圈与被测体的尺寸因子。

如果保持式(3-11)中其他参数不变，而只使其中一个参数发生变化，则传感器线圈的阻抗 Z 就仅仅是这个参数的单值函数。通过与传感器配用的测量电路测出阻抗 Z 的变化量，即可实现对该参数的测量。

3.3.2　电涡流式传感器的结构

电涡流式传感器的结构主要是一个绕制在框架上的绕组,目前使用比较普遍的是矩形截面的扁平绕组。绕组的导线应选用电阻率小的材料,一般采用高强度漆包铜线,如果要求高一些,可用银线或银合金线,在高温条件下使用时可用铼钨合金线。绕组框架要求用损耗小、电性能好、热膨胀系数小的材料,一般可选用聚四氟乙烯、高频陶瓷、环氧玻璃纤维等。

图 3 - 15 所示为 CZF1 型电涡流式传感器的结构图。电涡流是通过把导线绕制在框架上形成的,框架采用聚四氟乙烯。CZF1 型电涡流式传感器的性能如表 3 - 1 所示。

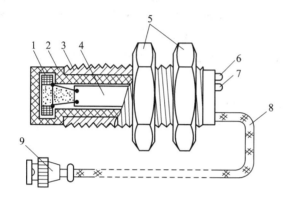

1—电涡流线圈;
2—探头壳体;
3—壳体上的位置调节螺纹;
4—印制电路板;
5—夹持螺母;
6—电源指示灯;
7—阈值指示灯;
8—输出屏蔽电缆线;
9—电缆插头

图 3 - 15　CZF1 型电涡流式传感器的结构图

表 3 - 1　CZF1 型电涡流式传感器的性能

型　　号	线性范围 /μm	线圈外径 /mm	分辨率 /μm	线性误差 /(%)	使用温度范围 /℃
CZF1—1000	1000	$\Phi 7$	1	<3	−15～+80
CZF1—3000	3000	$\Phi 15$	3	<3	−15～+80
CZF1—5000	5000	$\Phi 28$	5	<3	−15～+80

CZF1 型电涡流式传感器的线圈与被测金属之间是磁性耦合的,并利用这种耦合程度的变化作为测量值,无论是被测体的物理性质,还是它的尺寸和形状都与测量装置的特性有关。传感器的线圈装置仅为实际传感器的一半,而另一半是被测体,所以,在电涡流式传感器的设计和使用中,必须同时考虑被测体的物理性质和几何形状及尺寸。

3.3.3　电涡流式传感器的测量电路

用于电涡流式传感器的测量电路主要有调频式和调幅式两种。

1. 调频式测量电路

传感器线圈接入 LC 振荡回路,当传感器与被测导体间的距离 x 改变时,在涡流影响下,传感器的电感变化将导致振荡频率的变化,该变化的频率是距离 x 的函数,即

$f = L(x)$，该频率可由数字频率计直接测量，或者通过 $f\text{-}U$ 变换，用数字电压表测量对应的电压来间接得到。振荡器测量电路如图 3-16(a)所示。图 3-16(b)所示是振荡电路，它由克拉泼电容三点式振荡器（C_2、C_3、L、C 和 VT_1）以及射极输出电路两部分组成。振荡频率为

$$f = \frac{1}{2\pi \sqrt{LC}} \qquad (3-12)$$

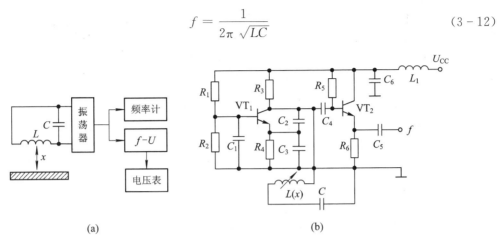

(a)　　　　　　　　　　　　　　(b)

图 3-16　调频式测量电路

(a) 测量电路框图；(b) 振荡电路

为了避免输出电缆的分布电容的影响，通常将 L、C 装在传感器内。此时电缆分布电容并联在大电容 C_2、C_3 上，因而对振荡频率 f 的影响将大大减小。

2. 调幅式测量电路

由传感器线圈 L、电容器 C 和石英晶体组成的石英晶体振荡电路（即调幅式测量电路）如图 3-17 所示。石英晶体振荡器起恒流源的作用，给谐振回路提供一个频率（f_0）稳定的激励电流 i_0，LC 回路的输出电压为

$$U_{\circ} = i_0 f(Z) \qquad (3-13)$$

式中：Z——LC 回路的阻抗。

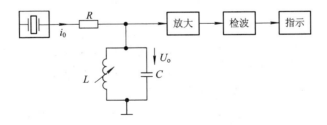

图 3-17　调幅式测量电路

当金属导体远离或去掉时，LC 并联谐振回路的谐振频率即为石英振荡频率 f_0，回路呈现的阻抗最大，谐振回路上的输出电压也最大；当金属导体靠近传感器线圈时，线圈的等效电感 L 发生变化，导致回路失谐，从而使输出电压降低。L 的数值随距离 x 的变化而变化，输出电压也随 x 而变化。输出电压经放大、检波后，由指示仪表直接显示出 x 的大小。

3.3.4　电涡流式传感器的应用

1. 低频透射式电涡流厚度传感器

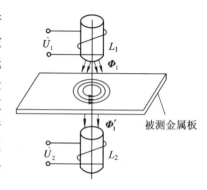

透射式电涡流厚度传感器的原理图如图 3-18 所示。在被测金属板的上方设有发射传感器线圈 L_1，在被测金属板下方设有接收传感器线圈 L_2。当在 L_1 上加低频电压 U_1 时，L_1 上产生交变磁通 Φ_1，若两线圈间无金属板，则交变磁通直接耦合至 L_2 中，L_2 产生感应电压 U_2。如果将被测金属板放入两线圈之间，则 L_1 线圈产生的磁场将导致在金属板中产生电涡流，并贯穿金属板，此时磁场能量受到损耗，使到达 L_2 的磁通减弱为 Φ_1'，从而使 L_2 产生的感应电压 U_2 下降。金属板越厚，涡流损失就越大，电压 U_2 就越小。因此，可根据 U_2 电压的大小得知被测金属板的厚度。透射式电涡流厚度传

图 3-18　透射式电涡流厚度传感器的原理图

感器的检测范围为 1 mm～100 mm，分辨率为 0.1 μm，线性度为 1%。

2. 电涡流式转速传感器

电涡流式转速传感器的原理图如图 3-19 所示。在软磁材料制成的输入轴上加工一键槽，在距输入表面 d_0 处设置电涡流传感器，输入轴与被测旋转轴相连。

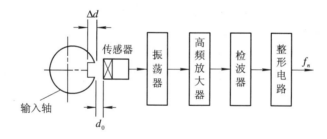

图 3-19　电涡流式转速传感器的原理图

当被测旋转轴转动时，电涡流传感器与输出轴的距离变为 $d_0 + \Delta d$。由于电涡流效应，传感器线圈阻抗随 Δd 的变化而变化，这种变化将导致谐振回路的品质因数发生变化，从而直接影响振荡器的电压幅值和振荡频率。因此，随着输入轴的旋转，从振荡器输出的信号中包含有与转速成正比的脉冲频率信号。该信号由检波器检出电压幅值的变化量，然后经整形电路输出频率为 f_n 的脉冲信号。该信号经电路处理便可得到被测转速。

利用电涡流式转速传感器可实现非接触式测量。电涡流式转速传感器抗污染能力很强，可安装在旋转轴近旁，长期对被测转速进行监视，最高测量转速可达 600 000 r/min。

3. 高频反射式电涡流厚度传感器

图 3-20 所示的是高频反射式电涡流厚度传感器的原理图。为了克服带材不够平整或运行过程中上下波动的影响，在带材的上、下两侧对称地设置了两个特性完全相同的涡流传感器 S_1 和 S_2。S_1 和 S_2 与被测带材表面之间的距离分别为 x_1 和 x_2。若带材厚度不变，则被测带材上、下表面之间的距离总有"$x_1 + x_2 =$ 常数"的关系存在，两个传感器的输出电压

之和为 $2U_o$，数值不变。如果被测带材厚度改变量为 $\Delta\delta$，则两个传感器与带材之间的距离也改变一个 $\Delta\delta$，此时两个传感器输出电压为 $2U_o\pm\Delta U$，ΔU 经放大器放大后，通过指示仪表即可指示出带材的厚度变化值。带材厚度给定值与偏差指示值的代数和就是被测带材的厚度。

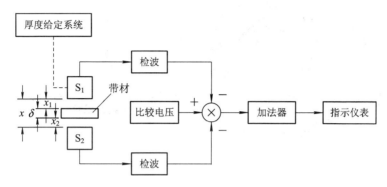

图 3 - 20 高频反射式电涡流厚度传感器的原理图

4. 高频反射式电涡流位移传感器

高频反射式电涡流位移传感器是根据高频反射式电涡流传感器的基本原理制作的。利用高频反射式电涡流位移传感器可测量各种形状试件的位移量，具体使用如图 3 - 21 所示。

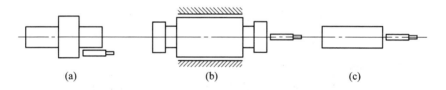

图 3 - 21 高频反射式电涡流位移传感器测量位移举例

(a) 汽轮机主轴的轴向位移；(b) 磨床换向阀、先导阀的位移；(c) 金属试件的热膨胀系数

高频反射式电涡流位移传感器测量位移的范围为 0 mm～30 mm，个别产品已达 80 mm；一般的分辨率为满量程的 0.1%，也有达到 0.5 μm 的(其全量程为 0 μm～5 μm)。例如：CZF1－1000 型传感器与 BZF－1、ZZF－5310 型配套时，有 0 mm～1 mm、0 mm～3 mm、0 mm～5 mm 等几种主要类型传感器，其分辨率为 0.1%。另外，凡是可变成位移量的参数，都可以用高频反射式电涡流位移传感器来测量，如钢水液位、纱线张力和液体压力等。

3.3.5 电感式接近开关

接近开关又称无触点行程开关。它能在一定的距离(几毫米至几十毫米)内检测有无物体靠近。当物体进入其设定距离范围内时，就发出"动作"信号，该信号属于开关信号(高电平或低电平)。常用的接近开关有电涡流式、电容式、磁性干簧开关、霍尔式、光电式、微波式、超声波式等。接近开关的应用已远超出行程开关的行程控制和限位保护范畴。它可以用于高速计数、测速，确定金属物体的存在和位置，测量物位等。

电涡流式接近开关俗称电感式接近开关，如图 3 - 22(a)所示。电感式接近开关不与被测物体接触，依靠电磁场变化来检测，大大提高了检测的可靠性，也保证了电感式接近开关的使用寿命，所以，该类型的接近开关在制造工业中，比如机床、汽车等行业使用广泛。电感式接近开关应用示意图如图 3-22(b)所示。

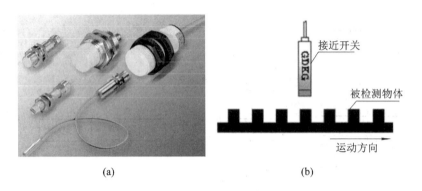

(a)   (b)

图 3-22 电感式接近开关
(a) 电感式接近开关外形；(b) 电感式接近开关应用示意图

1. 电感式接近开关的工作原理

电感式接近开关的工作原理如图 3-23 所示。电感式接近开关由 LC 高频振荡器和放大处理电路组成，金属物体在接近辩头时，表面产生涡流。这个涡流反作用于接近开关，使接近开关振荡能力衰减，内部电路的参数发生变化，由此识别出有无金属物体接近，进而控制开关的通或断。这种接近开关所能检测的物体必须是导电性能良好的金属物体。

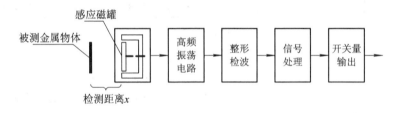

图 3-23 电感式接近开关原理框图

2. 接近开关的型号

常见接近开关的型号说明如图 3-24 所示，第一部分文字分别表示接近开关的类型、外形和尺寸，短线后面的第二部分文字表示接线图号和输出类别。

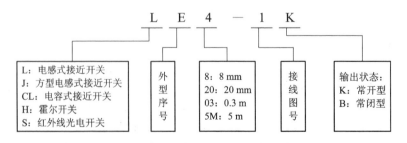

图 3-24 常见接近开关的型号说明

3. 电感式接近开关的有关术语

动作(检测)距离：被测体按一定方式移动时，从基准位置(接近开关的感应表面)到开关动作时测得的基准位置到检测面的空间距离的标称值。不同材料的金属检测物对电感式接近开关动作距离的影响见表 3-2。

表 3-2 不同材料的金属检测物对电感式接近开关动作距离的影响

(以 Fe 为参考金属)

材料	铁(Fe37)	镍铬合金	不锈钢	黄铜	铝	铜
动作距离	100%	90%	85%	30%～45%	20%～35%	15%～30%

设定距离：指整定距离，一般为额定动作距离的 0.8 倍，以保证工作可靠。

复位距离：接近开关动作后，又再次复位时的与被测物的距离，它略大于动作距离。两者的关系如图 3-25 所示。

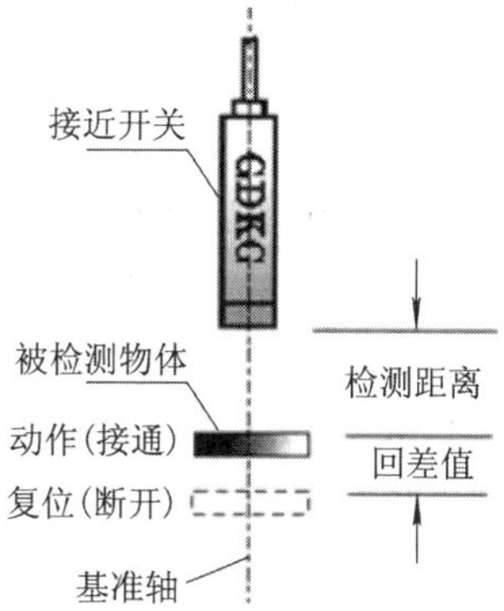

回差值：动作距离与复位距离之间的绝对值。回差值越大，对外界的干扰以及被测物的抖动等的抗干扰能力就越强。

标准检测体：可与现场被检金属作比较的标准金属检测体。标准检测体通常为正方形的 A3 钢，厚度为 1 mm，所采用的边长是接近开关检测面直径的 2.5 倍。

图 3-25 动作距离和复位距离的关系

对于非磁性材料，被测体的电导率越高，则灵敏度越高；被测体是磁性材料时，其磁导率将影响电涡流线圈的感抗，其磁滞损耗还将影响电涡流线圈的 Q 值。磁滞损耗大时，其灵敏度通常较高。

响应频率：在一秒内，接近开关频繁动作的次数。

响应时间：指接近开关检测到物体，到接近开关出现电平状态翻转所经过的时间。

导通压降：接近开关在导通状态时，开关内输出晶体管上的电压降。

本 章 小 结

电感式传感器是利用线圈电感或互感的改变来实现非电量检测的。它可以把输入的各种机械物理量(如位移、振动、压力、应变、流量、相对密度等参数)转换成电能量输出，以满足信息的远距离传输、记录、显示和控制等方面的要求。电感式传感器种类很多，本章主要介绍自感式传感器、差动变压器式传感器和电涡流式传感器。

自感式传感器利用线圈电感的改变实现非电量测量。自感式传感器的应用广泛，它不仅可直接用于测量位移，还可用于测量振动、应变、厚度、压力、流量、液位等非电量。

差动变压器式传感器是把被测的非电量变化转换成绕组互感量的变化。差动变压器式传感器的结构形式较多，在非电量测量中，应用最多的是螺管型差动变压器式传感器，它可以测量 1 mm～100 mm 的机械位移，并具有测量精度高、灵敏度高、结构简单、性能可靠等优点。

电涡流式传感器是根据电涡流效应制成的。当块状金属导体置于交变磁场中,或在磁场中做切割磁力线运动时,导体内产生电涡流,电涡流磁场反抗原磁场,引起绕组等效阻抗 Z 及等效品质因数 Q 值的变化。凡是能引起电涡流变化的非电量,例如金属的电导率、磁导率、几何形状、绕组与导体的距离等,均可通过测量绕组的等效电阻 R、等效电感 L、等效阻抗 Z 及等效品质因数 Q 转换得到。

接近开关是利用位移传感器对接近物体的敏感性,控制开关通断的一种装置。当被测对象是导电物体或是可以固定在一块金属物上的物体时,一般都选用电感式接近开关,它响应频率高,抗环境干扰性能好,应用范围广泛,价格低。

思考题与习题

3-1 说明差动变气隙型电感式传感器的主要组成、工作原理和基本特性。

3-2 已知变气隙型电感式传感器的铁心截面积 $S = 1.5 \text{ cm}^2$,磁路长度 $l = 20 \text{ cm}$,相对磁导率 $\mu_1 = 5000$,气隙 $\delta_0 = 0.5 \text{ cm}$,$\Delta\delta = \pm 0.1 \text{ mm}$,真空磁导率 $\mu_0 = 4\pi \times 10^{-7} \text{ H/m}$,线圈匝数 $W = 3000$,求单端式传感器的灵敏度 $\Delta L / \Delta\delta$。若将其做成差动结构形式,灵敏度将如何变化?

3-3 差动变压器式传感器的零点残余电压产生的原因是什么?怎样减小和消除它的影响?

3-4 根据螺管型差动变压器式传感器的基本特性,说明其灵敏度和线性度的主要特点。

3-5 简述差动变压器式传感器的应用范围,并说明用差动变压器式传感器检测振动的基本原理。

3-6 什么叫电涡流效应?怎样利用电涡流效应进行位移测量?

3-7 简述电涡流式传感器的工作原理、特性和基本结构。

3-8 电涡流式传感器测厚度的原理是什么?具有哪些特点?

基础训练 差动变压器式传感器的性能测试与标定

一、实训目的

(1) 了解差动变压器式传感器的基本结构及工作原理。
(2) 掌握差动变压器式传感器同名端的确定方法。
(3) 掌握差动变压器式传感器测试系统的组成及标定方法。
(4) 掌握振动测量的基本原理。

二、实训原理

差动变压器式传感器的基本元件有衔铁、一次绕组、二次绕组、绕组骨架等。一次绕组作为差动变压器式传感器的激励，而二次绕组由两个结构尺寸和材料相同的绕组反相串接而成。差动变压器式传感器为开磁路，其工作原理建立在互感变化的基础上。

差动变压器式传感器标定的含义是：通过实训建立传感器输出量和输入量之间的关系，同时，确定出不同条件下的误差关系。

三、实训设备和器材

实训设备和器材包括差动变压器、音频振荡器、差动放大器、移相器、相敏检波器、低通滤波器、螺旋测微器（测微头）、振动台、电压/频率表和双踪示波器等。

四、实训内容和步骤

1. 差动变压器式传感器二次绕组同名端的确定

按图 3－26 所示接线（先任意假定绕组同名端），松开测微头，从示波器的第二通道观察输出波形，转换接线头再观察输出波形，波形幅值较小的一端应为同名端。按正确的接法调整测微头，从示波器上观察输出波形使输出电压幅值最小。这个最小输出电压即为差动变压器式传感器的零点残余电压，该位置即为衔铁的正中位置。可以看出，零点残余电压的相位差约为 $\pi/2$，是正交分量。

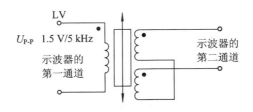

图 3－26　确定差动变压器式传感器二次绕组同名端接线图

2. 差动变压器式传感器的标定

（1）测微头不动，按图 3－27 所示接线，差动放大器增益为 100 倍。

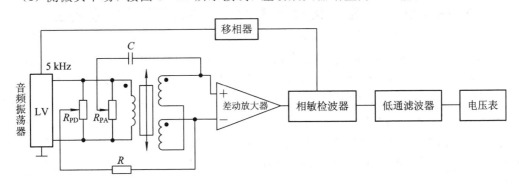

图 3－27　差动变压器式传感器标定系统图

（2）调节 R_{PD}、R_{PA} 使系统输出为零。

（3）用测微头调节振动台 ±2.5 mm 左右，并调整移相器，使输出达最大值。若不对称，可再调节平衡电位器、移相器使输出基本对称。

（4）旋动测微头，每旋一周(0.5 mm)记录实训数据，并填入表 3-3 中，总范围是 −2.5 mm～+2.5 mm；作出 $U-x$ 曲线，求出灵敏度。

表 3-3 测 量 数 据 1

x/mm	−2.5	−2.0	−1.5	−1.0	−0.5	0	0.5	1.0	1.5	2.0	2.5
U/V											

3. 振动测量

（1）将测微头退出振动台。

（2）利用位移测量线路，调整好有关信号参数。

（3）音频振荡器输出电压峰-峰值为 1.5 V。

（4）将音频振荡器输出接到激振器上，给振动梁加一个频率为 f 的交变力，使振动梁上下振动。

（5）保持音频振荡器的输出幅值不变，改变激振频率，用示波器观察低通滤波器的输出，读出电压峰-峰值，记录实训数据，并填入表 3-4 中。

表 3-4 测 量 数 据 2

f/Hz	3	5	7	9	11	13	15	20	30
$U_{\text{P-P}}$/V									

根据实训结果，作出振动梁的幅频特性曲线，并分析振动频率的大致范围。

五、注意事项

（1）正式实训前，一定要熟悉所用设备、仪器的使用方法。

（2）在用振动台做差动变压器式传感器性能测试及标定时，一定要把测微头拿掉（或移开），防止振动时发生意外。

拓展训练　电感式接近开关用于金属工件的定位加工

位置检测在航空航天技术、机床及其他工业过程生产中都有广泛的应用。在机械加工自动生产线上，常常使用电感式接近开关进行金属工件的加工定位。当传送机构将待加工的金属工件运送到靠近减速接近开关的位置时，该接近开关发出减速信号，传送机构减速，以提高定位精度。当金属工件到达定位接近开关面前时，定位接近开关发出"动作"信号，使传送机构停止运行。紧接着，加工刀具对工件进行机械加工。请依据所学的有关知识设计一个生产线上的金属工件定位加工装置，给出相应的测量电路，并说明其工作原理。

第 4 章　电容式传感器

☞ **学习目标**

（1）了解变极距型、变面积型和变介电常数型电容传感器的工作原理、分类和测量电路。

（2）掌握电容传感器的基本使用方法和典型应用。

（3）掌握电容式接近开关的基本原理和使用方法。

4.1　电容式传感器的工作原理和结构

由绝缘介质分开的两个平行金属板组成的平板电容器，如果不考虑边缘效应，其电容量为

$$C = \frac{\varepsilon A}{d} \tag{4-1}$$

式中：ε——电容极板间介质的介电常数，$\varepsilon = \varepsilon_0 \varepsilon_r$，其中 ε_0 为真空介电常数，ε_r 为极板间介质的相对介电常数；

　　　A——两平行板正对面积；

　　　d——两平行板之间的距离。

当被测参数变化使得式（4-1）中的 A、d 或 ε 发生变化时，电容量 C 也随之变化。如果保持其中两个参数不变，而仅改变其中一个参数，就可把该参数的变化转换为电容量的变化，再通过测量电路即可将其转换为电量输出。因此，电容式传感器可分为变极距型、变面积型和变介电常数型三种。图 4-1 所示为常用电容式传感器的结构形式，其中图（b）、（c）、（d）、（f）、（g）和（h）为变面积型，图（a）和（e）为变极距型，而图（i）～（l）则为变介电常数型。

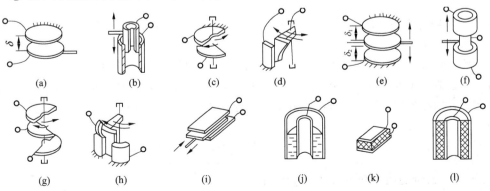

图 4-1　常用电容式传感器的结构形式

4.1.1 变极距型电容式传感器

图 4-2 所示为变极距型电容式传感器的原理图。当传感器的 ε_r 和 A 为常数,初始极距为 d_0 时,由式(4-1)可知其初始电容量 C_0 为

$$C_0 = \frac{\varepsilon_0 \varepsilon_r A}{d_0} \qquad (4-2)$$

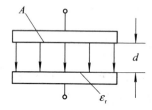

图 4-2 变极距型电容式传感器

若电容器极板间距离由初始值 d_0 缩小了 Δd,电容量增大了 ΔC,则有

$$C = C_0 + \Delta C = \frac{\varepsilon_0 \varepsilon_r A}{d_0 - \Delta d} = \frac{C_0}{1 - \dfrac{\Delta d}{d_0}} = \frac{C_0 \left(1 + \dfrac{\Delta d}{d_0}\right)}{1 - \left(\dfrac{\Delta d}{d_0}\right)^2} \qquad (4-3)$$

由式(4-3)可知,传感器的输出特性不是线性关系,而是如图 4-3 所示的曲线关系。

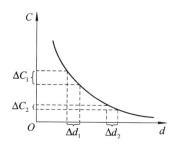

图 4-3 电容量与极板间距的关系

在式(4-3)中,当 $\Delta d/d_0 \ll 1$ 时,$1 - (\Delta d/d_0)^2 \approx 1$,则式(4-3)可以简化为

$$C = C_0 + C_0 \frac{\Delta d}{d_0} \qquad (4-4)$$

此时,C 与 Δd 近似呈线性关系,所以变极距型电容式传感器只有在 $\Delta d/d_0$ 很小时,才有近似的线性关系。

另外,由式(4-4)可以看出,在 d_0 较小时,对于同样的 Δd 变化所起的 ΔC 可以增大,从而使传感器灵敏度提高。但 d_0 过小,容易引起电容器击穿或短路。为此,极板间可采用高介电常数的材料(云母、塑料膜等)作介质,如图 4-4 所示。此时电容 C 变为

$$C = \frac{A}{\dfrac{d_g}{\varepsilon_0 \varepsilon_g} + \dfrac{d_0}{\varepsilon_0}} \qquad (4-5)$$

式中:ε_g——云母的相对介电常数,$\varepsilon_g = 7$;

ε_0——空气的介电常数,$\varepsilon_0 = 1$;

d_0——空气隙厚度；

d_g——云母片的厚度。

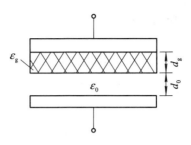

图 4 - 4 放置云母片的电容器

云母片的相对介电常数是空气的 7 倍，其击穿电压不小于 1000 kV/mm，而空气仅为 3 kV/mm，因此有了云母片，极板间起始距离可大大减小。同时，式（4 - 5）中的 $d_g/(\varepsilon_0\varepsilon_g)$ 是恒定值，它能使传感器的输出特性的线性度得到改善。

一般变极板间距离电容式传感器的起始电容在 20 pF～100 pF 之间，极板间距离在 25 μm～200μm 的范围内，最大位移应小于间距的 1/10，故在微位移测量中应用最广。

4.1.2 变面积型电容式传感器

图 4 - 5 所示为变面积型电容式传感器的原理图。被测量通过动极板移动引起两极板有效覆盖面积 A 的改变，从而得到电容量的变化。当动极板相对于定极板沿长度方向平移 Δx 时，电容变化量为

$$\Delta C = C - C_0 = -\frac{\varepsilon_0\varepsilon_r\Delta x}{d} \tag{4 - 6}$$

式中：$C_0 = \varepsilon_0\varepsilon_r ba/d$ 为初始电容。电容相对变化量为

$$\frac{\Delta C}{C_0} = -\frac{\Delta x}{a} \tag{4 - 7}$$

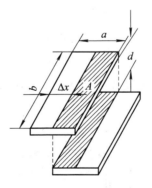

图 4 - 5 变面积型电容式传感器的原理图

很明显，变面积型电容式传感器的电容 C 与水平位移 Δx 呈线性关系。

图 4 - 6 所示是电容式角位移传感器的原理图。当动极板有一个角位移 θ 时，动极板与定极板间的有效覆盖面积就会发生改变，从而改变了两极板间的电容量。当 $\theta = 0$ 时，有

$$C_0 = \frac{\varepsilon_0\varepsilon_r A_0}{d_0} \tag{4 - 8}$$

式中：ε_r——介质相对介电常数；

d_0——两极板间的距离；

A_0——两极板间的初始覆盖面积。

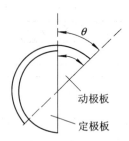

图 4-6　电容式角位移传感器的原理图

当 $\theta \neq 0$ 时，有

$$C = \frac{\varepsilon_0 \varepsilon_r A_0 \left(1 - \dfrac{\theta}{\pi}\right)}{d_0} = C_0 - C_0 \frac{\theta}{\pi} \qquad (4-9)$$

从式(4-9)可以看出，电容式角位移传感器的电容 C 与角位移 θ 呈线性关系。

4.1.3　变介质型电容式传感器

图 4-7 所示为一种变极板间介质的电容式传感器用于测量液位高低(即电容式液位变换器)的结构原理图。设被测介质的介电常数为 ε_1，液面高度为 h，变换器总高度为 H，内筒外径为 d，外筒内径为 D，则此时变换器的电容为

$$C = \frac{2\pi\varepsilon_1 h}{\ln\dfrac{D}{d}} + \frac{2\pi\varepsilon(H-h)}{\ln\dfrac{D}{d}} = \frac{2\pi\varepsilon H}{\ln\dfrac{D}{d}} + \frac{2\pi h(\varepsilon_1 - \varepsilon)}{\ln\dfrac{D}{d}} = C_0 + \frac{2\pi h(\varepsilon_1 - \varepsilon)}{\ln\dfrac{D}{d}} \qquad (4-10)$$

式中：ε——空气的介电常数；

C_0——由变换器的基本尺寸决定的初始电容值，即

$$C_0 = \frac{2\pi\varepsilon H}{\ln\dfrac{D}{d}} \qquad (4-11)$$

由式(4-10)可见，此变换器的电容增量正比于被测液位高度 h。

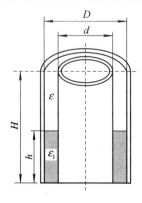

图 4-7　电容式液位变换器的结构原理图

　　变介质型电容式传感器有多种结构形式，可以用来测量纸张、绝缘薄膜等的厚度，也可用来测量粮食、纺织品、木材或煤等非导电固体介质的湿度。图 4 - 8 所示为变介质型电容式传感器的一种常用结构形式。图中两平行电极固定不动，极距为 d_0，相对介电常数为 ε_{r2} 的电介质以不同深度插入电容器中，从而改变了两种介质的极板覆盖面积。传感器总容量 C 为

$$C = C_1 + C_2 = \varepsilon_0 b_0 \frac{\varepsilon_{r1}(L_0 - L) + \varepsilon_{r2}L}{d_0} \qquad (4-12)$$

式中：L_0 和 b_0——极板的长度和宽度；

　　　　L——第二种介质进入极板间的长度。

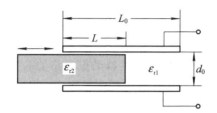

图 4 - 8　变介质型电容式传感器

　　若电介质 $\varepsilon_{r1} = 1$，当 $L = 0$ 时，传感器的初始电容 $C_0 = \varepsilon_0 \varepsilon_{r1} L_0 b_0 / d_0$。当被测介质 ε_{r2} 进入极板间 L 深度后，引起电容的相对变化量为

$$\frac{\Delta C}{C_0} = \frac{C - C_0}{C_0} = \frac{(\varepsilon_{r2} - 1)L}{L_0} \qquad (4-13)$$

表 4 - 1 列出了几种常用的电介质材料的相对介电常数 ε_r。

表 4 - 1　电介质材料的相对介电常数

材　料	相对介电常数 ε_r	材　料	相对介电常数 ε_r
真空	1.000 00	纸	2.0
其他气体	1～1.2	聚四氟乙烯	2.1
石油	2.2	玻璃	5.3～7.5
聚乙烯	2.3	陶瓷	5.5～7.0
硅油	2.7	盐	6
米及谷类	3～5	云母	6～8.5
环氧树脂	3.3	三氧化二铝	8.5
石英玻璃	3.5	乙醇	20～25
二氧化硅	3.8	乙二醇	35～40
纤维素	3.9	甲醇	37
聚氯乙烯	4.0	甘油（丙三醇）	47
硬橡胶	4.3	水	80
石英	4.5	钛酸钡	1000～10 000

4.2　电容式传感器的测量电路

电容式传感器中电容值以及电容变化值都十分微小,这样微小的电容量还不能直接为目前的显示仪表所显示,也很难为记录仪所接收。这就必须借助于测量电路检测出这一微小电容增量,并将其转换成与其成单值函数关系的电压、电流或者频率。电容转换电路有调频电路、运算放大器式电路、二极管双 T 形交流电桥电路、环形二极管充放电法电容测量电路、脉冲宽度调制电路等。

4.2.1　调频电路

调频测量电路把电容式传感器作为振荡器谐振回路的一部分,当输入量导致电容量发生变化时,振荡器的振荡频率就发生变化。虽然可将频率作为测量系统的输出量,用以判断被测非电量的大小,但此时系统是非线性的,不易校正,因此必须加入鉴频器,将频率的变化转换为电压振幅的变化,经过放大即可用仪器指示或记录仪记录下来。调频测量电路原理框图如图 4-9 所示。

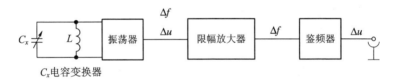

图 4-9　调频测量电路原理框图

图中调频振荡器的振荡频率为

$$f = \frac{1}{2\pi\sqrt{LC}} \tag{4-14}$$

式中：L——振荡回路的电感;

　　　C——振荡回路的总电容,$C = C_1 + C_2 + C_x$,其中 C_1 为振荡回路固有电容,C_2 为传感器引线分布电容,$C_x = C_0 \pm \Delta C$ 为传感器的电容。

当被测信号为 0 时,$\Delta C = 0$,则 $C = C_1 + C_2 + C_0$,所以振荡器有一个固有频率 f_0,其表示式为

$$f_0 = \frac{1}{2\pi\sqrt{(C_1 + C_2 + C_0)L}} \tag{4-15}$$

当被测信号不为 0 时,$\Delta C \neq 0$,振荡器频率有相应变化,此时频率为

$$f = \frac{1}{2\pi\sqrt{(C_1 + C_2 + C_0 \mp \Delta C)L}} = f_0 \pm \Delta f \tag{4-16}$$

调频测量电路具有较高的灵敏度,可以测量高至 $0.01\ \mu m$ 级位移变化量。信号的输出频率易于用数字仪器测量,并与计算机通信,抗干扰能力强,可以发送、接收,以达到遥测遥控的目的。

4.2.2 运算放大器式电路

运算放大器的放大倍数非常大，而且输入阻抗 Z_i 很高。运算放大器的这一特点可以作为电容式传感器的比较理想的测量电路。图 4-10 所示为运算放大器式电路原理图。图中 C_x 为电容式传感器电容；$\dot{U}_i$ 为交流电源电压；$\dot{U}_o$ 为输出信号电压；Σ 为虚地点。由运算放大器的工作原理可得

$$\dot{U}_o = -\frac{C}{C_x}\dot{U}_i \tag{4-17}$$

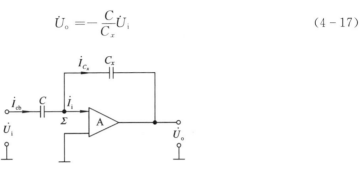

图 4-10 运算放大器式电路原理图

如果传感器是一只平板电容，则 $C_x = \varepsilon S/d$，将其代入式(4-17)，可得

$$\dot{U}_o = -\dot{U}_i\frac{C}{\varepsilon S}d \tag{4-18}$$

式中："一"号表示输出电压 $\dot{U}_o$ 的相位与电源电压反相。

式(4-18)说明运算放大器的输出电压与极板间距离 d 呈线性关系。运算放大器式电路虽解决了单个变极板间距离型电容式传感器的非线性问题，但要求 Z_i 及放大倍数足够大。为保证仪器精度，还要求电源电压 $\dot{U}_i$ 的幅值和固定电容 C 值稳定。

4.2.3 二极管双 T 形交流电桥电路

图 4-11 所示为二极管双 T 形交流电桥电路原理图。图 4-11(a)中：e 为高频电源，它提供了幅值为 U 的对称方波；VD_1、VD_2 为特性完全相同的两只二极管；固定电阻 $R_1 = R_2 = R$；C_1、C_2 为传感器的两个差动电容。

当传感器没有输入时，$C_1 = C_2$。其电路工作原理如下：当 e 为正半周时，二极管 VD_1 导通、VD_2 截止，则电容 C_1 充电，电源 U 经电阻 R_1 以电流 I_1 向负载 R_L 供电，与此同时电容 C_2 经 R_2 和负载 R_L 放电，电流为 I_2，流经负载的电流为 I_1 和 I_2 之和，它们的极性如图 4-11(b)所示；在随后负半周出现时，二极管 VD_2 导通、VD_1 截止，则电容 C_2 充电，电源 U 经电阻 R_2 以电流 I'_2 向负载 R_L 供电，与此同时电容 C_1 经 R_1 和负载 R_L 放电，电流为 I'_1，流经负载的电流为 I'_1 和 I'_2 之和，它们的极性如图 4-11(c)所示。根据上面所给的条件，$C_1 = C_2$ 时，电源正半周和负半周流过负载的电流的平均值大小相等，且方向相反，在一个周期内流过 R_L 的平均电流为零。

若传感器输入不为 0，则 $C_1 \neq C_2$，$I_1 \neq I_2$，$I'_1 \neq I'_2$，此时在一个周期内通过 R_L 上的平均电流不为零，因此产生输出电压。输出电压在一个周期内的平均值为

$$U_o = I_L R_L = \frac{1}{T} \int_0^T [I_1(t) - I_2(t)] \mathrm{d}t R_L$$

$$\approx \frac{R(R + 2R_L)}{(R + R_L)^2} \cdot R_L U f(C_1 - C_2) \qquad (4-19)$$

式中：f——电源频率。

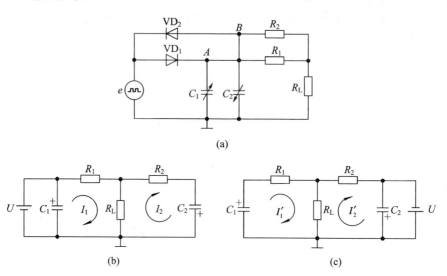

图 4-11　二极管双 T 形交流电桥

（a）电路原理图；（b）高频电源正半周等效电路图；（c）高频电源负半周等效电路图

当 R_L 已知时，式(4-19)中

$$\left[\frac{R(R + 2R_L)}{(R + R_L)^2} \right] \cdot R_L = M \qquad (4-20)$$

则式(4-19)可改写为

$$U_o = U f M(C_1 - C_2) \qquad (4-21)$$

由式(4-21)可知，输出电压 U_o 不仅与电源电压幅值和频率有关，而且与 T 形网络中电容 C_1 和 C_2 的差值有关。当电源电压确定后，输出电压 U_o 是电容 C_1 和 C_2 的函数。该电路输出电压较高，当电源频率为 1.3 MHz，电源电压 $U=46$ V 时，电容在 -7 pF$\sim$7 pF 之间变化，可以在 1 MΩ 负载上得到 -5 V$\sim$5 V 的直流输出电压。电路的灵敏度与电源电压幅值和频率有关，故要求输入电源稳定。当 U 幅值较高，使二极管 VD_1、VD_2 工作在线性区域时，测量的非线性误差很小。电路的输出阻抗与电容 C_1、C_2 无关，而仅与 R_1、R_2 及 R_L 有关，约为 1 k$\Omega$$\sim$100 k$\Omega$。输出信号的上升沿时间取决于负载电阻。对于 1 kΩ 的负载，电阻上升时间为 20 μs 左右，故可用二极管双 T 形交流电桥电路测量高速的机械运动。

4.2.4　环形二极管充放电法电容测量电路

环形二极管充放电法电容测量电路原理图如图 4-12 所示，其基本原理是以一高频方波为信号源，通过一环形二极管电桥，对被测电容进行充放电，环形二极管电桥输出一个与被测电容成正比的微安级电流。如图 4-12 所示，输入方波加在电桥的 A 点和地之间，C_x 为被测电容，C_d 为平衡电容传感器初始电容的调零电容，C 为滤波电容，Ⓐ为直流电流

表。在设计时，由于方波脉冲宽度足以使电容器 C_x 和 C_d 充、放电过程在方波平顶部分结束，因此，电桥将发生如下变化。

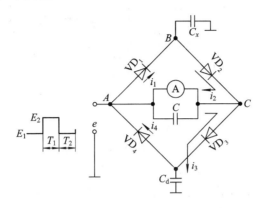

图 4 - 12　环形二极管充放电法电容测量电路原理图

当输入的方波由 E_1 跃变到 E_2 时，电容 C_x、C_d 两端的电压皆由 E_1 充电到 E_2。对电容 C_x 充电的电流，如图 4 - 12 中 i_1 所示的方向；对 C_d 充电的电流，如图 4 - 12 中 i_3 所示的方向。在充电过程中（T_1 时间内），VD_2、VD_4 一直处于截止状态。在 T_1 这段时间内由 A 点向 C 点流动的电荷量为 $q_1 = C_d(E_2 - E_1)$。

当输入的方波由 E_2 返回到 E_1 时，C_x 和 C_d 放电，它们两端的电压由 E_2 下降到 E_1，放电电流所经过的路径分别为图 4 - 12 中 i_2、i_4 所示的方向。在放电过程中（T_2 时间内），VD_1、VD_3 截止。在 T_2 这段时间内由 C 点向 A 点流过的电荷量为 $q_2 = C_x(E_2 - E_1)$。

设方波的频率 $f = 1/T_0$（即每秒钟要发生的充放电过程的次数），则由 C 点流向 A 点的平均电流为 $I_2 = C_x f(E_2 - E_1)$，而从 A 点流向 C 点的平均电流为 $I_3 = C_d f(E_2 - E_1)$，流过此支路的瞬时电流的平均值为

$$I = C_x f(E_2 - E_1) - C_d f(E_2 - E_1) = f\Delta E(C_x - C_d) \qquad (4-22)$$

式中：ΔE 为方波的幅值，$\Delta E = E_2 - E_1$。

令 C_x 的初始值为 C_0，ΔC_x 为 C_x 的增量，则 $C_x = C_0 + \Delta C_x$，调节 $C_d = C_0$，有

$$I = f\Delta E(C_x - C_d) = f\Delta E \Delta C_x \qquad (4-23)$$

由式（4-23）可以看出，I 正比于 ΔC_x。

4.2.5　脉冲宽度调制电路

脉冲宽度调制电路如图 4 - 13 所示。图中 C_{x1}、C_{x2} 为差动式电容传感器，电阻 $R_1 = R_2$，A_1、A_2 为比较器。当双稳态触发器处于某一状态时，$Q = 1$，$\overline{Q} = 0$，A 点高电位通过 R_1 对 C_{x1} 充电，时间常数 $\tau_1 = R_1 C_{x1}$，直至 F 点电位高于参考电位 U_r，比较器 A_1 输出正跳变信号。与此同时，因 $\overline{Q} = 0$，C_{x2} 上已充电流通过 VD_2 迅速放电至零电平。A_1 正跳变信号激励触发器翻转，使 $Q = 0$，$\overline{Q} = 1$，于是 A 点为低电位，C_{x1} 通过 VD_1 迅速放电，而 B 点高电位通过 R_2 对 C_{x2} 充电，时间常数为 $\tau_2 = R_2 C_{x2}$，直至 G 点电位高于参考电位 U_r。比较器 A_2 输出正跳变信号，使触发器发生翻转。

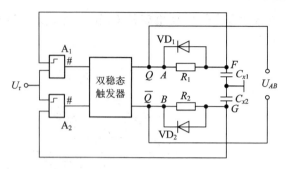

图 4 - 13 脉冲宽度调制电路

重复前述过程，电路各点波形如图 4 - 14 所示。当 $C_{x1} = C_{x2}$ 时，电路各点波形如图 4 - 14(a)所示，A、B 两点间的平均电压值为零。当 $C_{x1} \neq C_{x2}$，且 $C_{x1} > C_{x2}$ 时，$\tau_1 = R_1 C_{x1} > \tau_2 = R_2 C_{x2}$，由于充放电时间常数变化，使电路中各点电压波形产生相应改变，电路各点波形如图 4 - 14(b)所示，此时 U_A、U_B 脉冲宽度不再相等，一个周期($T_1 + T_2$)时间内的平均电压值不为零。此 U_{AB} 电压经低通滤波器滤波后，可获得输出电压 U_o，即

$$U_o = U_A - U_B = U_1 \frac{T_1 - T_2}{T_1 + T_2} \tag{4-24}$$

式中：U_1——触发器输出高电平；

T_1、T_2——C_{x1}、C_{x2} 充电至 U_r 时所需的时间。

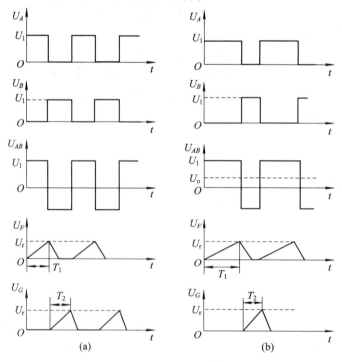

图 4 - 14 脉冲宽度调制电路各点波形

(a) $C_{x1} = C_{x2}$ 时电路各点波形；(b) $C_{x1} > C_{x2}$ 时电路各点波形

由电路知识可知

$$T_1 = R_1 C_{x1} \ln \frac{U_1}{U_1 - U_r} \tag{4-25}$$

$$T_2 = R_2 C_{x2} \ln \frac{U_1}{U_1 - U_r} \tag{4-26}$$

将 T_1、T_2 代入式(4-24)，得

$$U_o = \frac{C_{x1} - C_{x2}}{C_{x1} + C_{x2}} U_1 \tag{4-27}$$

把平行板电容的公式代入式(4-27)，在变极距型电容式传感器中，有

$$U_o = \frac{d_2 - d_1}{d_1 + d_2} U_1 \tag{4-28}$$

式中：d_1、d_2 分别为 C_{x1}、C_{x2} 极板间距离。

当 $C_{x1} = C_{x2} = C_0$，即 $d_1 = d_2 = d_0$ 时，$U_o = 0$；若 $C_{x1} \neq C_{x2}$，设 $C_{x1} > C_{x2}$，即 $d_1 = d_0 - \Delta d$，$d_2 = d_0 + \Delta d$，则有

$$U_o = \frac{\Delta d}{d_0} U_1 \tag{4-29}$$

同样，在变面积型电容式传感器中，有

$$U_o = \frac{\Delta A}{A} U_1 \tag{4-30}$$

由此可见，脉冲宽度调制电路适用于变极距型以及变面积型电容式传感器，并且输入信号与输出信号具有线性特性，且转换效率高，经过低通放大器就有较大的直流输出，调宽频率的变化对输出没有影响。

4.3　电容式传感器的应用

4.3.1　电容式油量表

图 4-15 所示为电容式油量表结构原理图，其工作原理如下：

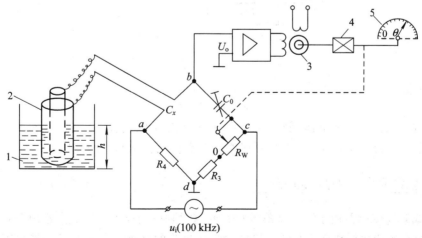

1—油箱；2—圆柱形电容器；3—伺服电动机；4—减速箱；5—油量表

图 4-15　电容式油量表

(1) 当油箱中无油时,电容式传感器的电容 $C_x = C_{x0}$,调节匹配电容使 $C_0 = C_{x0}$,$R_4 = R_3$;并使调零电位器 R_W 的滑动臂位于 0 点,即 R_W 的电阻值为 0。此时,电桥满足 $C_x/C_0 = R_4/R_3$ 的平衡条件,电桥输出为零,伺服电动机不转动,油量表指针偏转角 $\theta = 0$。

(2) 当油箱中注满油时,液位上升至 h 处,$C_x = C_{x0} + \Delta C_x$,而 ΔC_x 与 h 成正比,此时电桥失去平衡,电桥的输出电压 U_o 经放大后驱动伺服电动机,再由减速箱减速后带动指针顺时针偏转,同时带动 R_W 的滑动臂移动,从而使 R_W 的电阻值增大,$R_{ad} = R_3 + R_W$ 也随之增大。当 R_W 的电阻值达到一定值时,电桥又达到新的平衡状态,$U_o = 0$,于是伺服电动机停转,指针停留在转角为 θ 处。

(3) 由于指针及可变电阻的滑动臂同时为伺服电动机所带动,因此,R_W 的电阻值与 θ 间存在着确定的对应关系,即 θ 正比于 R_W 的电阻值,而 R_W 的电阻值又正比于液位高度 h,因此可直接从刻度盘上读得液位高度 h。

(4) 当油箱中的油位降低时,伺服电动机反转,指针逆时针偏转(示值减小),同时带动 R_W 的滑动臂移动,使 R_W 的电阻值减小。当 R_W 的电阻值达到一定值时,电桥又达到新的平衡状态,$U_o = 0$,于是伺服电动机再次停转,指针停留在与该液位相对应的转角 θ 处。

由以上分析可知,该系统为"闭环控制",放大器的非线性及温漂对测量精度影响不大。

4.3.2 电容液位计

电容液位计原理图和外形图如图 4-16 所示,当两极板间的绝缘液体液位越高时,极板之间的电容量也就越大。

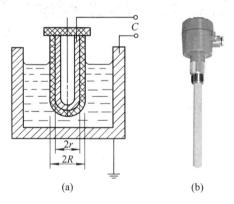

(a) (b)

图 4-16 电容液位计

(a) 原理图;(b) 外形图

当被测介质是导电的液体(例如水溶液)且液罐是导电金属时,可以将液罐接地,并作为液位计的外电极,这时内、外电极的极距只是聚四氟乙烯套管的壁厚。

4.3.3 差动电容式测厚传感器

电容式测厚传感器用于测量金属带材在轧制过程中的厚度,其工作原理是在被测带材的上、下两侧各置放一块面积相等、与带材距离相等的极板,这样极板与带材就构成了两个电容器 C_1、C_2,把两块极板用导线连接起来成为一个极,而带材就是电容的另一个极,其总电容为 $C_1 + C_2$,如果带材的厚度发生变化,将引起电容的变化,用交流电桥将电容的变化测出来，经过放大即可由电表指示测量结果。

　　差动电容式测厚传感器的测量原理框图如图 4－17 所示。音频信号发生器产生的音频信号接入变压器 T 的一次绕组，变压器两侧的两个绕组作为测量电桥的两臂，电桥的另外两臂由标准电容 C_0 和带材与极板形成的被测电容 $C_x(C_x = C_1 + C_2)$ 组成。电桥的输出电压经放大器放大后整流为直流，再经差动放大，即可用指示电表指示出带材厚度的变化。

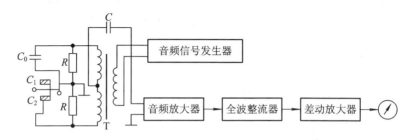

图 4－17　差动电容式测厚传感器的测量原理框图

4.3.4　电容式接近开关

　　电容式接近开关也属于一种具有开关量输出的位置传感器，它的测量头通常构成电容式传感器的一个极板，而另一个极板是物体本身，当物体移向接近开关时，物体和接近开关的介电常数发生变化，使得与测量头相连的测量电路状态也随之变化，由此便可控制接近开关的接通和关断。电容式接近开关能测量金属物体，也能检测非金属物体。对金属物体，可以获得最大的动作距离；对非金属物体，动作距离决定于材料的介电常数，材料的介电常数越大，可检测的动作距离越小。

1. 电容式接近开关的结构及工作原理

　　电容式接近开关的核心是以电容极板作为检测端的 LC 振荡器，圆柱形电容式接近开关的结构及原理框图如图 4－18 所示。两块检测极板设置在接近开关的最前端，测量转换电路安装在接近开关壳体内，并用介质损耗很小的环氧树脂充填、灌封。

　　当没有物体靠近检测极板时，上、下检测极板之间的电容量 C 非常小，它与电感 L（在测量转换电路板 5 中）构成高品质因数的 LC 振荡电路。

　　当被检测物体为地电位的导电体（例如与大地有很大分布电容的人体、液体等）时，上、下检测极板经过与导电体之间的耦合作用，形成变极距电容 C_1、C_2。电容量比未靠近导电体时增大了许多，引起 LC 回路的 Q 值下降，输出电压 U_0 随之下降，Q 值下降到一定程度时振荡器停振。

　　当被检测物体不接地或绝缘被测物接近检测极板时，由于检测极板上施加有高频电压，在它附近产生交变电场，被检测物体就会受到静电感应而产生极化现象，正负电荷分离，使检测极板的对地等效电容量增大，从而使 LC 振荡电路的 Q 值降低。

　　对介质损耗较大的介质（例如各种含水有机物）而言，它在高频交变极化过程中是需要消耗一定能量的（转为热量），该能量由 LC 振荡电路提供，必然使 LC 振荡电路的 Q 值进一步降低。当被测物体靠近到一定距离时，振荡器的 Q 值低到无法维持振荡而停振。根据输出电压 U_0 的大小，可大致判定被测体接近的程度。

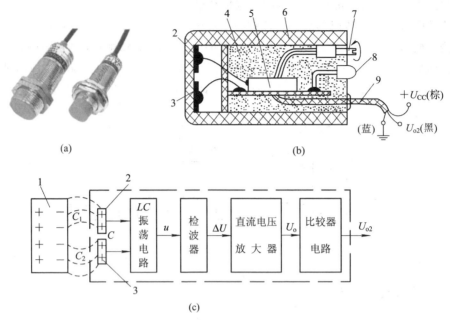

1—被测物；2—上检测极板；3—下检测极板；4—充填树脂；5—测量转换电路板；
6—塑料外壳；7—灵敏度调节电位器；8—工作指示灯；9—三线电缆

图 4-18 圆柱形电容式接近开关的结构及原理框图
(a) 电容式接近开关外形；(b) 结构；(c) 原理框图

可以将电容接近开关安装在饲料加工料斗上方。当谷物高度达到电容接近开关的底部时，电容式接近开关就产生报警信号，关闭输送管道的阀门。也可以将它安装在如一些水箱的玻璃连通器外壁上，用于测量和控制水位。

2. 电容式接近开关的特性

电容式接近开关的检测距离与被测物体的材料性质有很大关系：当被测物是接地导体时，其灵敏度最高；当被测物为绝缘体时，必须依靠极化原理来使 LC 振荡电路的 Q 值降低，灵敏度较差；当被测物为玻璃、陶瓷及塑料等介质损耗很小的物体时，其灵敏度极低，如图 4-19 所示。

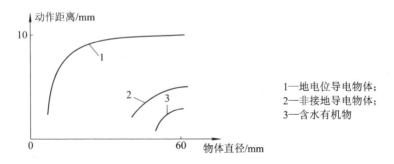

图 4-19 动作距离与被检测物体的材料、性质及尺寸的关系

电容式接近开关使用时必须远离金属物体，即使是绝缘体，对它也有一定的影响。它对高频电场也十分敏感，因此两只电容式接近开关也不能靠得太近，以免相互影响。

对金属物体而言，不必使用易受干扰的电容式接近开关，而应选择电感式接近开关，因此只有在测量绝缘介质时才应选择电容式接近开关。

3. 电容式接近开关的安装

由于电容式接近开关与距离有关，所以在使用时，安装距离必须满足一定的要求，一般典型的安装如图 4 - 20 所示。

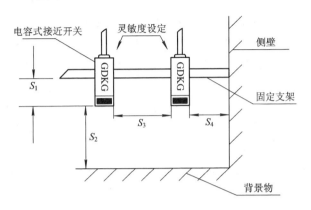

图 4 - 20　电容式接近开关的安装要求

标注及含义：(S_n 为电容式接近开关的标准检测距离，一般取 10 mm～15 mm，具体参见各产品使用说明），见表 4 - 2。

表 4 - 2　电容式接近开关的安装标注及含义

标号	安装距离	说　　明
S_1	≥1S_n	检测面与支架的间距
S_2	≥3S_n	检测面与背景的间距
S_3	≥5S_n	并列安装间距
S_4	≥3S_n	检测面与侧壁的间距

4. 电容式接近开关的使用注意事项

（1）电容式接近开关理论上可以检测任何物体，当检测过高介电常数物体时，检测距离要明显减小，这时即使增加灵敏度也起不到效果。

（2）电容式接近开关的接通时间为 50 ms，所以在用户产品的设计中，当负载和接近开关采用不同电源时，务必先接通接近开关的电源。

（3）当使用感性负载（如灯、发动机等）时，其瞬态冲击电流较大，在这种情况下，应经过交流继电器作为负载来转换使用。

（4）勿将接近开关置于 200 Gauss 以上的直流磁场环境下使用，以免造成误动作。

（5）DC 二线的接近开关具有 0.5 mA～1 mA 的静态泄漏电流。在和一些对 DC 二线接近开关泄漏电流要求较高的场合下尽量使用 DC 三线的接近开关。

（6）避免接近开关在化学溶剂，特别是在强酸、强碱的环境下使用。

（7）在接通电源前，应检查接线是否正确，核定电压是否为额定值。

（8）由于电容式接近开关受潮湿、灰尘等因素的影响比较大，因此必须进行定期维护，包括检测物体和接近开关的安装位置是否移动或松动，接线和连接部位是否接触不良，是否有粉尘粘附等。

本 章 小 结

电容式传感器是将被测非电量的变化转换为电容量变化的一种传感器。它结构简单、体积小、分辨率高，可非接触式测量，并能在高温、辐射和强烈振动等恶劣条件下工作，广泛应用于压力、差压、液位、振动、位移、加速度、成分含量等多方面测量。随着电容测量技术的迅速发展，电容式传感器在非电量测量和自动检测中得到了广泛的应用。

电容式传感器按原理分为变极距型、变面积型和变介电常数型三种，当这三个参数中的任意一个发生变化时，都会使电容发生变化。通过测量电路即可得到被测量，比如力、加速度、液位、位移、厚度、不同种类物质的鉴别、转角等。

电容式传感器的测量电路有调频电路、运算放大器式电路、二极管双 T 形交流电桥电路、环形二极管充放电法电容测量电路、脉冲宽度调制电路等。

思考题与习题

4-1 　根据工作原理可将电容式传感器分为哪几种类型？每种类型各有什么特点？各适用于什么场合？

4-2 　试分析变面积型电容式传感器的灵敏度。如何提高传感器的灵敏度？

4-3 　变间隙电容式传感器的测量电路为运算放大电路，如图 4-21 所示。$C_1=500$ pF，传感器的起始电容 $C_{x0}=100$ pF，定、动极板距离 $d=1$ mm，运算放大器为理想放大器，R 极大，输入电压 $u_i=10 \sin\omega t$(V)。当在电容式传感器的动极板上输入一位移量 $\Delta x=0.2$ mm 使 d 减小时，试求电路的输出电压 u_o。

4-4 　如图 4-22 所示为极板长度 $a=4$ cm、极板间距离 $d=0.2$ mm 的正方形平板电容器。若用此变面积型传感器测量位移 x，试计算该传感器的灵敏度。已知极板间介质为空气，$\varepsilon=8.85\times10^{-12}$ F/m。

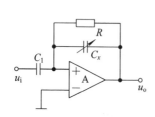

图 4-21 　运算放大电路

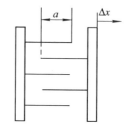

图 4-22 　正方形平板电容器

4-5 　图 4-11(a)为电容式传感器的二极管双 T 形交流电桥测量电路，已知 $R_1=R_2=40$ kΩ，$R_L=20$ kΩ，$e=10$ V，$f=1$ MHz，$C_1=10$ pF，$C_2=10$ pF，$\Delta C_1=1$ pF。求 U_L 的表达式及对应上述已知参数的 U_L 值。

4-6 差动电容式传感器接入变压器交流电桥，当变压器两侧两绕组电压有效值均为 U 时，试推导电桥空载输出电压 U_o 与 C_{x1}、C_{x2} 的关系式。若采用变极距型电容式传感器，设初始截距均为 δ_0，改变 $\Delta\delta$ 后，求空载输出电压 U_o 与 $\Delta\delta$ 的关系式。

4-7 简述差动电容式测厚传感器的工作原理。

基础训练 电容式传感器的性能测试

一、实训目的

掌握电容式传感器的工作原理和测量方法。

二、实训原理

电容式传感器有多种结构形式，本实训中使用差动变面积式。该传感器由两组定片和一组动片组成。改变安装于振动台上的动片上、下位置，使得与两组静片之间的重叠面积发生变化，从而使极间电容也发生相应变化，成为差动电容。如将上层定片与动片形成的电容定为 C_{x1}，下层定片与动片形成的电容定为 C_{x2}，当将 C_{x1} 和 C_{x2} 桥路作为相邻两臂时，桥路的输出电压与电容的变化有关，即与振动台的位移有关。

三、实训设备和器材

实训设备和器材包括电容式传感器、电容变换器、差动放大器、低通滤波器、低频振荡器和测微仪等。

四、实训内容和步骤

（1）差动放大器调零。

（2）按图 4-23 所示接线，电容变换器和差动放大器的增益适中。

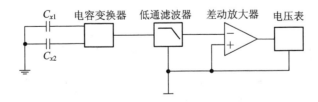

图 4-23 电容式传感器实训系统图

（3）装上测微仪，带动振动台位移，使电容动片位于两静片中，此时差动放大器输出应为零。

（4）以此为起点，向上和向下移动动片，每次 0.5 mm，直至动片全部重合为止。将数据记录在表 4-3 中，并作出 U-x 曲线，求得灵敏度。

表 4 - 3　数 据 记 录 表

x/mm	2.0	1.5	1.0	0.5	0	−0.5	−1.0	−1.5	2.0
U/V									

（5）低频振荡器输出接"激振 I"端，移开测微头，适当调节频率和振幅，使差动放大器输出波形较大但不失真，用示波器观察波形。

五、注意事项

（1）电容动片与两定片之间的距离须相等，必要时可稍做调整。位移和振动时均不可有擦片现象，否则会造成输出信号突变。

（2）如果差动放大器输出端用示波器观察到波形中有杂波，可将电容变换器增益进一步减小。

（3）由于悬臂梁弹性恢复滞后，因此当测微仪回到初始刻度时，差动放大器的输出电压并不回零，此时可反方向旋动测微仪，使输出电压过零后再回到初始位置。反复几次，差动放大器的电压即到零，然后进行负方向实验。

拓展训练　电容式接近开关测量物位

为了保证粮食的品质，封闭式粮仓必须经常倒库。在向粮仓装入粮食时，我们必须控制其上限，为此需要安装限位报警系统。粮食属于非导电介质，因此粮仓中粮食的位置可以选用电容式接近开关来测量谷物高度（物位）并报警。试应用所了解的电容式接近开关的工作原理，设计一个粮仓中粮食物位测量及报警系统，给出测量电路，并分析其工作原理。

第 5 章　压电式传感器

☞ **学习目标**

(1) 掌握压电式传感器的基本原理，了解石英晶体和压电陶瓷两种压电材料的转换机理。

(2) 掌握压电式传感器在测量过程中的等效电路。

(3) 掌握压电式传感器的典型应用。

5.1　压电效应及压电材料

5.1.1　压电效应

压电效应是可逆的，分为正压电效应和逆压电效应两种。某些晶体(如石英)当沿着一定方向受到外力作用时，不仅几何尺寸会发生变化，而且晶体内部会产生极化现象，同时在晶体的某两个表面上产生符号相反的电荷；当外力去掉后，又恢复到不带电的状态。这一现象称为"正压电效应"。正压电效应可将机械能转换为电能。目前利用正压电效应已研制成压电电源、煤气炉和汽车发动机的自动点火装置等多种电压发生器。在检测技术中这些晶体作为一种典型的力敏元件，能测量最终可变换为力的物理量，例如压力、加速度、机械冲击和振动等，在声学、力学、医学和宇航等领域都有广泛应用。

反之，若将这些晶体置于电场之中，其几何尺寸也会产生几何变形，这种在外电场作用下，使晶体产生机械变形的现象称为"逆压电效应"。逆压电效应可将电能转换为机械能。利用逆压电效应可制成多种超声波发生器和压电扬声器等。

5.1.2　压电材料

具有压电效应的物质称为压电材料或压电元件。压电材料可以分为两大类：压电晶体和压电陶瓷。石英是天然单晶体，属于压电晶体；钛酸钡、锆钛酸铅是人工合成的多晶体，属于压电陶瓷。

压电材料的主要特性参数有以下几种。

(1) 压电系数：衡量材料压电效应强弱的参数，直接关系到压电输出的灵敏度。

(2) 弹性模量：弹性模量和刚度决定压电器件的固有频率和动态特性。

(3) 相对介电常数：对于一定形状、尺寸的压电元件，其固有电容与介电常数有关，而固有电容又影响着传感器的频率下限。

（4）机械品质因数：在压电效应中其值等于转换输出量与输入量之比的平方根，它是衡量压电材料电能转换效率的一个重要参数。

（5）体积电阻率：压电材料的绝缘电阻将减少电荷泄漏，从而改善压电传感器的低频特性。

（6）居里点温度：压电材料开始丧失压电特性的温度。

表 5-1 列出了常用压电材料的性能参数。

表 5-1 常用压电材料的性能参数

压电材料 性能参数	石英	钛酸钡	锆钛酸铅 PZT-4	锆钛酸铅 PZT-5	锆钛酸铅 PZT-8
压电系数/(pC/N)	$d_{11}=2.31$ $d_{14}=0.73$	$d_{15}=260$ $d_{31}=-78$ $d_{33}=190$	$d_{15}\approx410$ $d_{31}=-100$ $d_{33}=230$	$d_{15}\approx670$ $d_{31}=-185$ $d_{33}=600$	$d_{15}\approx330$ $d_{31}=-90$ $d_{33}=200$
相对介电常数 ε_r	4.5	1200	1050	2100	1000
居里点温度/℃	573	115	310	260	300
密度/(10^3 kg/m^3)	2.65	5.5	7.45	7.5	7.45
弹性模量/(10^3 N/m^2)	80	110	83.3	117	123
机械品质因数	$10^5\sim10^6$		$\geqslant500$	80	$\geqslant800$
最大安全应力/(10^5 N/m^2)	$95\sim100$	81	76	76	83
体积电阻率/(Ω·m)	$>10^{12}$	$>10^{10}$(25℃)	$>10^{10}$	$>10^{11}$(25℃)	—
最高允许温度/℃	550	80	250	250	—
最高允许湿度/(%)	100	100	100	100	—

5.1.3 石英晶体

石英晶体的化学成分是 SiO_2，是单晶体结构。石英晶体是一个正六面体，如图 5-1 所示。石英晶体是各向异性材料，可以用三根互相垂直的 x、y、z 轴来描述。其中纵向轴 z 轴称为光轴，经过六面棱线并垂直于光轴的 x 轴称为电轴，与 x 轴和 z 轴同时垂直的 y 轴称为机械轴。

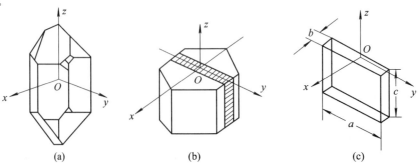

图 5-1 石英晶体

（a）晶体外形；（b）切割方向；（c）晶体切片

从晶体上沿 x、y、z 轴线切下的一片平行六面体的薄片称为晶体切片(简称晶片),如图 5-1(c)所示。当沿着 x 轴对晶片施加力时,将在垂直于 x 轴的表面上产生电荷,这种现象称为纵向压电效应。当沿着 y 轴对晶片施加力时,电荷仍出现在与 x 轴垂直的表面上,这种现象称为横向压电效应。当沿着 z 轴对晶片施加力时,不产生压电效应。压电式传感器主要利用纵向压电效应。

纵向压电效应产生的电荷为

$$Q_x = d_{11}F_x \tag{5-1}$$

式中:d_{11}——x 轴方向受力的压电系数。

由式(5-1)可得,当晶片受到 x 轴的压力作用时,Q_x 与作用力 F_x 成正比,而与晶片的几何尺寸无关。如果作用力 F_x 改为拉力,则在垂直于 x 轴的平面上仍出现等量的电荷,但极性相反。

若在同一晶片上,沿机械轴 y 方向施加作用力 F_y,则仍在与 x 轴垂直的平面上产生电荷 Q_y,其大小为

$$Q_y = d_{12}\frac{a}{b}F_y \tag{5-2}$$

式中:d_{12}——y 轴方向受力的压电系数,根据石英晶体的对称性,有 $d_{12} = -d_{11}$;

a、b——晶片的长度和厚度。

电荷 Q_x 和 Q_y 的符号由受压力还是受拉力决定。

石英晶体的以上特性与其内部分子结构有关。图 5-2 是从晶体上沿 y 轴方向切下的一块晶体。在垂直于 z 轴的 xy 平面上的投影,等效为一个正六边形排列。石英晶体的每一个晶体单元中有 3 个硅离子和 6 个氧离子,正、负离子分布在正六边形的顶角上,如图 5-2(a)所示。当作用力为零时,正、负电荷重心重合,电偶极矩的矢量和等于零。所以晶体表面不产生电荷,即呈中性。

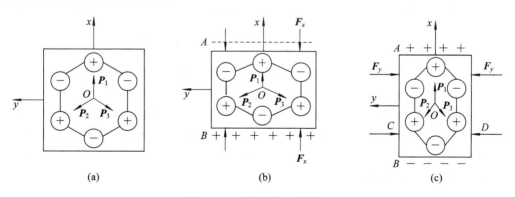

图 5-2　石英晶体压电模型
(a) 不受力时;(b) x 轴方向受力;(c) y 轴方向受力

当石英晶体受到沿 x 轴方向的压力作用时,晶体沿 x 轴方向将产生压缩变形,正、负离子的相对位置也随之变动,硅离子挤入氧离子之间,此时正、负电荷重心不再重合,如图 5-2(b)所示。在 x 轴的正方向出现负电荷,在 y 轴方向上不出现电荷。

若在 y 轴方向施加压力,则在加压的表面上不出现电荷,电荷仍出现在垂直于 x 轴的表面上,只是电荷的极性相反,如图 5-2(c)所示。

若将 x、y 轴方向施加的压力改为拉力，则产生电荷的位置不变，只是电荷的极性相反。

若在 z 轴方向施加作用力，因为晶体在 x 轴方向和 y 轴方向所产生的形变完全相同，所以正、负电荷重心保持重合，电偶极矩的矢量和等于零。这表明沿 z 轴方向施加作用力，晶体不会产生压电效应。

5.1.4　压电陶瓷(多晶体)

压电陶瓷是一种人工合成的多晶体压电材料，也是应用最普遍的压电材料。压电陶瓷的内部是由无数个细微的晶粒组成的，每个晶粒具有一定的极化方向，在无外电场作用下，晶粒杂乱分布，它们的极化效应被相互抵消，因此压电陶瓷此时呈中性，即原始的压电陶瓷不具有压电性质，如图 5 - 3(a)所示。

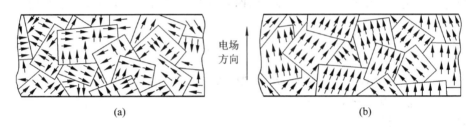

图 5 - 3　压电陶瓷的极化

(a) 未极化；(b) 电极化

当在陶瓷上施加外电场时，晶粒的极化方向发生转动，趋向于按外电场方向排列，从而使材料整体得到极化。外电场越强，极化程度越高。如果让外电场强度大到使材料的极化达到饱和程度，即所有晶粒的极化方向都与外电场的方向一致，此时，去掉外电场，材料整体的极化方向基本不变，即出现剩余极化，这时的材料就具有了压电特性，如图 5 - 3(b)所示。可见，压电陶瓷要具有压电效应，必须要有外加电场和压力的共同作用。

压电陶瓷的压电系数比石英晶体大得多(即压电效应明显得多)，但极化处理后的压电陶瓷的剩余极化强度和特性与温度有关，因此用它制成的传感器灵敏度较高，但稳定性、机械强度等不如石英晶体。

压电陶瓷材料有多种，最早的是钛酸钡($BaTiO_3$)，它的压电系数约为石英晶体的 50 倍，但居里点温度只有 115℃，使用温度不超过 70℃，温度稳定性和机械强度不如石英晶体。现在最常用的是锆钛酸铅($PbZrO_3 - PbTiO_3$)，简称 PZT 系列，居里点温度在 300℃ 以上，性能稳定，有较高的介电常数和压电系数。

5.2　压电式传感器和测量电路

5.2.1　压电式传感器的结构

压电式传感器的基本原理就是利用压电材料的压电效应，即当有力作用在压电材料上时，传感器就有电荷输出。

　　由于单片压电元件产生的电荷量很小，为了提高压电式传感器的输出灵敏度，在实际应用中常把两片或多片组合在一起使用。由于压电材料是有极性的，因此接法也有两种。图 5-4(a) 所示为并联接法，其输出电容 C' 为单片的 n 倍，输出电压 $U'=U$，极板上的电荷量 Q' 为单片电荷量的 n 倍。图 5-4(b) 所示为串联接法，其输出电容 C' 为单片的 $1/n$ 倍，输出电压 $U'=nU$，极板上的电荷量 $Q'=Q$。

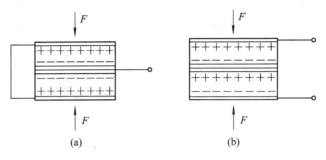

图 5-4　压电元件的并联与串联

(a) 并联接法；(b) 串联接法

　　在上述两种接法中，并联接法输出电荷大，本身电容大，因此时间常数大，适用于测量慢变信号并以电荷量作为输出的场合。串联接法输出电压高，本身电容小，适用于以电压作为输出量以及测量电路输入阻抗很高的场合。

　　图 5-5 所示为压电元件的结构与组合形式。按压电元件的形状分，有圆形、长方形、片状形、柱形和球壳形；按元件数分，有单晶片、双晶片和多晶片；按极性分，有串联和并联。

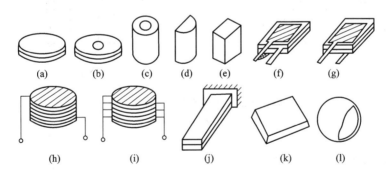

图 5-5　压电元件的结构与组合形式

　　压电元件在压电式传感器中必须有一定的预应力，这样在作用力变化时，压电片始终受到压力，保证了压电式传感器的输出与作用力的线性关系，同时也可以消除传感器内外接触表面的间隙并提高其刚度。

5.2.2　压电式传感器的等效电路

　　压电式传感器在受到外力作用时，在两个电极表面将聚集电荷，并且电荷量相等，极性相反。这时压电式传感器相当于一个以压电材料为电介质的电容器，其电容量为

$$C_a = \frac{\varepsilon_r \varepsilon_0 A}{d} \tag{5-3}$$

式中：A——压电片的面积；

d——压电片的厚度；

ε_r——压电材料的相对介电常数。

因此，压电式传感器可以等效成一个与电容相串联的电压源，如图 5-6(a)所示，也可以等效成一个与电容相并联的电荷源，如图 5-6(b)所示。电容器上的电压 U_a、电荷量 Q

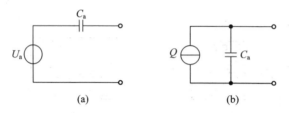

图 5-6　等效电路

(a) 电压源；(b) 电荷源.

和电容量 C_a 的关系为

$$U_a = \frac{Q}{C_a} \tag{5-4}$$

在实际使用中，压电式传感器总是与测量仪器或测量电路相连接，因此还需考虑连接电缆的电容 C_c、放大器的输入电阻 R_i 和放大器的输入电容 C_i 等，这样，压电式传感器在测量系统中的实际等效电路如图 5-7 所示。

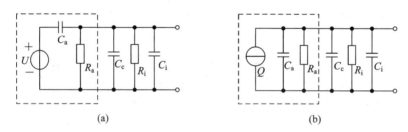

图 5-7　压电式传感器的实际等效电路

(a) 电压源；(b) 电荷源

5.2.3　测量电路

由于压电式传感器本身的内阻抗很高，输出信号很弱，因此一般不能直接显示和记录。这就要求它的测量电路的前级输入端要有足够高的阻抗，才能防止电荷迅速泄露，而使测量误差减小。

接入高输入阻抗的前置放大器的作用为：一是把传感器的高输入阻抗(一般 1000 MΩ以上)变换为低输入阻抗(小于 100 Ω)；二是对传感器输出的微弱信号进行放大。根据压电元件的等效电路，它输出的既可以是电荷，又可以是电压。所以，前置放大电路有两种形式：电压放大器和电荷放大器。

1. 电压放大器

电压放大器的原理及等效电路如图 5-8 所示。

如果压电元件受到交变力 $F = F_m \sin\omega t$ 的作用，则其产生的电压为

$$u_a = \frac{dF_m}{C_a}\sin\omega t = U_m \sin\omega t \qquad (5-5)$$

式中：U_m——压电元件输出电压幅值；

$\quad\;\; d$——压电系数。

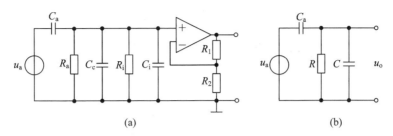

图 5-8　电压放大器的原理及等效电路

（a）放大器电路；（b）等效电路

在放大器输入端形成的电压为

$$u_i = \frac{\dfrac{R\dfrac{1}{j\omega C}}{R+\dfrac{1}{j\omega C}}}{\dfrac{1}{j\omega C_a}+\dfrac{R\dfrac{1}{j\omega C}}{R+\dfrac{1}{j\omega C}}}u_a = \frac{j\omega R}{1+j\omega R(C+C_a)}U_m \sin\omega t \qquad (5-6)$$

当 $\omega R(C_i+C_c+C_a)\gg 1$ 时，放大器的输入电压为

$$u_i \approx \frac{d}{C_i+C_c+C_a}U_m \sin\omega t \qquad (5-7)$$

由式（5-7）可得，放大器输入电压幅值与被测频率无关。当改变连接传感器与前置放大器的电缆长度时，C_c 将改变，从而使放大器的输入电压也发生变化。在设计时，通常把电缆长度定为一常数，使用时如果改变电缆长度，则必须重新校正电压灵敏度。

由式（5-7）还可得出：当作用于压电元件的力为静态力（$\omega=0$）时，前置放大器的输入电压等于零，因为电荷会通过放大器输入电阻和传感器本身漏电阻漏掉，所以压电式传感器不能用于静态力测量。压电材料只有在交变力的作用下，电荷才可以不断补充，以供给测量回路一定的电流，所以压电式传感器适合于动态测量。

由于电压放大器存在灵敏度随电缆长度和被测信号频率变化的不足，因此随着集成电路技术的发展，超小型阻抗变换器已能直接装进传感器内部，从而组成一体化传感器。由于压电元件到放大器的引线很短，因此引线电容几乎等于零，这就避免了长电缆对传感器灵敏度的影响。

这种内部装有超小型阻抗变换器的石英压电式传感器，能直接输出高电平、低阻抗的信号（输出电压可达几伏），一般不需要再附加放大器，并可以用普通的同轴电缆输出信号。另一个优点是，由于采用石英晶片作为压电元件，因此在很宽的温度范围内灵敏度十分稳定，而且长期使用，性能也几乎不变。

2. 电荷放大器

如图 5-9 所示电路，C_i 为传感器、连接电缆、放大器的输入等效电容合并的电容，C_f

为放大器的反馈电容，R_f 的作用是稳定直流工作点，减小零点漂移，一般取 $R_f \geqslant 10\ \Omega$。

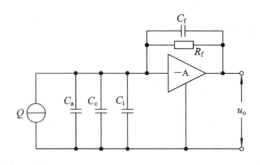

图 5-9　电荷放大器等效电路

由于放大器的输入阻抗很高，如果忽略电阻 R_a、R_i 及 R_f 的影响，其输入到放大器的电荷量为

$$Q_i = Q - Q_f \tag{5-8}$$

$$Q_f = (u_i - u_o)C_f = \left(-\frac{u_o}{A} - u_o\right)C_f = -(1+A)\frac{u_o}{A}C_f \tag{5-9}$$

$$Q_i = u_i(C_i + C_c + C_a) = -(C_i + C_c + C_a)\frac{u_o}{A} \tag{5-10}$$

式中：A 为放大系数。故放大器的输出电压为

$$u_o = \frac{-AQ}{C_i + C_c + C_a + (1+A)C_f} \tag{5-11}$$

当 $A \gg 1$，而 $(1+A)C_f \gg C_i + C_c + C_a$ 时，放大器的输出电压可以表示为

$$u_o = \frac{-Q}{C_f} \tag{5-12}$$

式(5-12)表明：

(1) 放大器的输出电压接近于反馈电容两端的电压。电荷 Q 只对反馈电容充电。

(2) 电荷放大器的输出电压与电缆电容无关，而与 Q 成正比，这是电荷放大器的突出优点。由于 Q 与被测压力呈线性关系，所以，输出电压也与被测压力呈线性关系。在实际应用中，为了得到必要的测量精度，要求反馈电容 C_f 的温度与时间稳定性都很好。在实际电路中，考虑到不同的量程等因素，C_f 的容量做成可选择的，范围一般为 $100\ \text{pF} \sim 10^4\ \text{pF}$。

5.3　压电式传感器的应用

压电效应这种神奇的效应已经被应用到与人们生产、生活、军事、科技密切相关的许多领域，以实现力－电转换等功能。例如，用压电陶瓷将外力转换成电能的特性，可以生产出不用火石的压电打火机、煤气灶打火开关、炮弹触发引信等；此外，压电陶瓷还可以作为敏感材料，应用于扩音器、电唱头等电声器材；压电陶瓷用于压电地震仪，可以对人类不能感知的细微震动进行监测，并精确测出震源方位和强度，从而预测地震，减少损失；利用压电效应制作的压电驱动器具有精确控制的功能，是精密机械、微电子和生物工程等领域的重要器件。

5.3.1　压电式测力传感器

图 5-10 所示是压电式单向测力传感器的结构图。该传感器主要由石英晶片、绝缘套、电极、上盖和基座等组成。传感器的上盖为传力元件，当受到外力作用时，它将产生弹性形变，将力传递到石英晶片上，利用石英晶片的压电效应实现力—电转换。绝缘套用于绝缘和定位。基座内外底面对其中心线的垂直度、上盖以及晶片、电极的上下底面的平行度与表面光洁度都有极严格的要求。该传感器的测力范围是 0 N～50 N，最小分辨率为 0.01 N，绝缘阻抗为 2×10^{14} Ω，固有频率为 50 kHz～60 kHz，非线性误差小于 $\pm 1\%$。整个传感器重约 10 g，可用于机床动态切削力的测量。

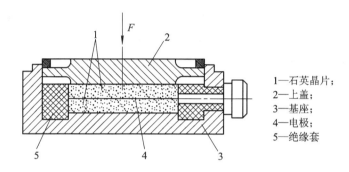

1—石英晶片；
2—上盖；
3—基座；
4—电极；
5—绝缘套

图 5-10　压电式单向测力传感器的结构图

5.3.2　压电式加速度传感器

压电式加速度传感器的结构图如图 5-11 所示。该传感器主要由压电元件、质量块、预压弹簧、基座及外壳等组成。整个部件用螺栓固定。压电元件一般由两片压电片组成。在两个压电片的表面镀上一层银，并在银层上焊接输出引线。在压电片上放置一个比重较大的质量块，然后用一硬弹簧或螺栓、螺帽对质量块预加载荷。

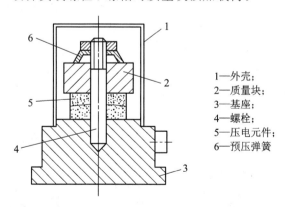

1—外壳；
2—质量块；
3—基座；
4—螺栓；
5—压电元件；
6—预压弹簧

图 5-11　压电式加速度传感器的结构图

测量时，将传感器基座与试件刚性固定在一起。当传感器与被测物体一起受到冲击振动时，由于弹簧的刚度相当大，而质量块的质量相对较小，可认为质量块的惯性很小，因此，质量块与传感器基座感受到相同的振动，并受到与加速度方向相反的惯性力的作用，

根据牛顿第二定律,此惯性力为

$$F = -ma$$

传感器输出的电荷与作用力成正比,即

$$Q = d_{11}F = -d_{11}ma$$

式中：d_{11}——压电系数。

可见,只要测得加速度传感器的输出电荷量,便可知加速度的大小。

5.3.3 压电式金属加工切削力测量

图 5-12 所示是利用压电陶瓷传感器测量刀具切削力的示意图。由于压电陶瓷元件的自振频率高,因此该传感器特别适合测量变化剧烈的载荷。图中压电陶瓷传感器位于车刀前部的下方,当进行切削加工时,切削力通过刀具传给压电陶瓷传感器,压电陶瓷传感器将切削力转换为电信号输出,记录下电信号的变化便测得切削力的变化。

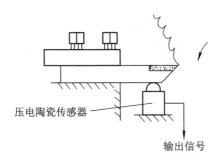

图 5-12 压电式刀具切削力测量示意图

5.3.4 报警器电路

压电材料在受到压力的瞬间,其表面产生的电荷会形成压电脉冲,将其送到报警装置会产生报警信号。例如,玻璃在破碎时会发出几千赫兹至超声波(高于 20 kHz)的振动。如果将一压电薄膜粘贴在玻璃上,可以感受到这一振动,并将电压信号传送给集中报警系统。图 5-13 所示为高分子压电薄膜振动感应片示意图。高分子薄膜厚约 0.2 mm,用聚偏二氟乙烯薄膜裁制成 10 mm×20 mm 大小。在它的正、反两面各喷涂透明的二氧化锡导电电极,也可以用热印制工艺制作铝薄膜电极,再用超声波焊接上两根柔软的电极引线,并用保护膜覆盖。

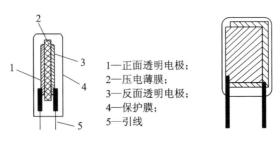

1—正面透明电极；
2—压电薄膜；
3—反面透明电极；
4—保护膜；
5—引线

图 5-13 高分子压电薄膜振动感应片示意图

　　使用时，用瞬干胶(502 等)将高分子压电薄膜振动感应片粘贴在玻璃上。玻璃遭暴力打碎的瞬间，压电薄膜会感受到剧烈振动，在表面产生电荷 Q，在两个输出引脚之间产生窄脉冲电压 $u_o = Q/C_a$，C_a 是两电极之间的电容。脉冲信号经放大后，用电缆输送到集中报警装置。报警器的电路框图如图 5-14 所示。

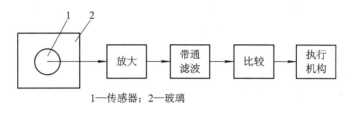

1—传感器；2—玻璃

图 5-14　压电式玻璃破碎报警器的电路框图

　　玻璃破碎报警可广泛应用于文物保护、贵重商品保护及其他商品柜台保管等场合。

　　为了提高报警器的灵敏度，信号经放大后，需经带通滤波器进行滤波，要求它对选定的频谱通带内衰减要小，而带外衰减要尽量大。玻璃振动的波长在音频和超声波的范围内，从而使带通滤波器成为电路中的关键器件。当传感器的输出信号高于设定的阈值时，比较器才会输出报警信号，驱动报警执行机构工作。由于感应片很小且透明，不易察觉，所以可安装于贵重物品柜台、展览橱窗、博物馆及家庭玻璃窗角落处等。

本 章 小 结

　　压电式传感器是一种典型的有源传感器，其工作原理基于某些物质的压电效应。压电效应是压电材料将机—电能量互相转换的一种自然现象。压电材料分为石英晶体、压电陶瓷等，利用它们的压电效应可以制成压电式传感器。

　　压电陶瓷是一种人工合成的多晶体，它由无数多个晶粒组成。压电陶瓷要具有压电效应，需要有外电场和外力的共同作用。

　　压电元件具有很大的内阻，输出的信号很微弱，需配接高输入阻抗的放大器。常用的压电元件有电荷放大器和电压放大器两种。

　　压电式传感器具有体积小、质量轻、结构简单、工作可靠、固有频率高、灵敏度和信噪比高等优点，能够测量各种动态力、机械冲击与振动等，并且在声学、医学、力学等方面都得到了广泛应用。

思考题与习题

　　5-1　什么是正压电效应？什么是逆压电效应？

　　5-2　石英晶体 x、y、z 轴的名称及其特点是什么？

　　5-3　压电式传感器的测量电路有哪些？各有什么特点？

　　5-4　某压电式压力传感器的灵敏度为 80 pC/Pa，如果它的电容量为 1 nF，试确定传感器在输入压力为 1.4 Pa 时的输出电压。

5-5 用石英晶体加速度计及电荷放大器测量机器的振动,已知加速度计的灵敏度为 5 pC/g,电荷放大器的灵敏度为 50 mV/pC,当机器达到最大加速度值时相应的输出电压幅值为 2 V,试求该机器的振动加速度。(g 为重力加速度)

5-6 某压电式压力传感器为两片石英晶片并联,每片厚度 $h=0.2$ mm,圆片半径 $r=1$ cm,$\varepsilon_r=4.5$,X 切型 $d_{11}=2.31\times10^{-12}$ C/N。当 0.1 MPa 压力垂直作用于 P_X 平面时,求传感器输出电荷 Q 和电极间电压 U_a 的值。

5-7 一只测力环在全量程范围内的灵敏度为 3.9 pC/N,它与一台灵敏度为 10 mV/pC 的电荷放大器连接,在三次试验中测得的电压值分别为 −100 mV、10 V、−75 V。试确定三次试验中的被测力的大小及性质。

基础训练 压电式加速度计的性能测试

一、实训目的

通过实训了解压电式加速度计的结构、性能及应用。

二、实训原理

压电式加速度计是压电式传感器的一种,是典型的有源传感器。其压电元件是敏感元件,在压力、应力、加速度等外力作用下,压电元件的电介质表面上会产生电荷,从而实现非电量的测量。实训用的压电式传感器主要由质量块和双压电晶片组成。

三、实训设备和器材

实训设备和器材包括压电式传感器、电荷放大器、低频振荡器、低通滤波器、示波器、直流稳压电源、电桥、相敏检波器和电压表等。

四、实训内容和步骤

(1) 按图 5-15 所示方框图连线,压电式传感器与电荷放大器必须用屏蔽线连接,屏蔽线接于地上。

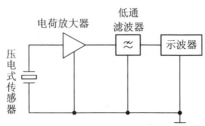

图 5-15 压电式传感器方框图

(2) 将低频振荡器接入激振器。保持适当的振荡幅度,用示波器观察电荷放大器和低通滤波器的输出波形,并加以比较。

（3）改变振荡频率，观察输出波形的变化。

（4）按图 5-16 所示系统图连线。低频振荡器的输出频率为 5 Hz～30 Hz，差放增益调节适中，首先将示波器的两个通道分别接差分放大器和相敏检波器的输出端。

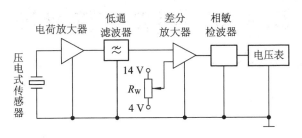

图 5-16　压电式传感器系统图

（5）调节 R_w，使差分放大器的输出直流分量为零。方法是通过观察相敏检波器的输出波形来调节 R_w（使示波器上的两排曲线成一行即可）。因为当相敏检波器输入无直流分量时，输出的两个半波就在一条直线上。

（6）改变振荡频率，再将电压表接入电路，记录电压表数值，比较相对变化值和灵敏度。

五、注意事项

（1）双平行梁、综合振动台振动时应无碰撞现象，否则输出波形将受到严重影响。

（2）低频振荡器的幅度应适当，避免失真。

（3）屏蔽线的屏蔽层应接地。

拓展训练　一次性塑料打火机的压电效应测试

目前流行的一次性塑料打火机，有相当一部分是采用压电陶瓷器件来打火的。我们可以用实验室中的示波器观察压电效应，测量压电打火机的压电陶瓷元件产生的瞬间电压。把示波器交直流选择开关置于"DC"挡，扫描范围置于"10～100 kHz"挡，示波器输入线分别接在压电打火机压电元件的两个电极上，迅速按下打火机黑色塑料压杆，可以看到示波器扫描线跳动后又恢复原位。利用荧光屏的余辉作用，观察和测量电压幅值，并画出波形，描述观察到的波形特点，用示波器估测脉冲持续时间。

第6章　霍尔式传感器

☞ **学习目标**

(1) 了解霍尔效应及霍尔元件的电路符号、基本特性和基本结构。
(2) 掌握霍尔式传感器的典型应用。

6.1　霍尔效应及霍尔元件

6.1.1　霍尔效应

霍尔式传感器是利用半导体在磁场中的霍尔效应制成的一种传感器。1879 年美国物理学家霍尔首先在金属材料中发现了霍尔效应，但由于金属材料的霍尔效应太弱而没有得到应用。随着半导体技术的发展，开始用半导体材料制成霍尔元件，由于它的霍尔效应显著而得到应用和发展。

金属或半导体薄片在磁场中，当有电流流过时，在垂直于电流和磁场的方向上将产生电动势，这种物理现象称为霍尔效应。该电势称为霍尔电势。

霍尔效应原理图如图 6-1 所示。图中为 N 型半导体薄片，在半导体左、右两端通以电流 I（称为控制电流）。当没有外加磁场作用时，半导体中的电子沿直线运动。当在半导体正面垂直方向加上磁场 B 时，电子在洛仑兹力 f_L 的作用下向内侧偏移，这样在半导体内侧方向积聚了大量的电子，而外侧则积聚了大量的正电荷，上、下两个侧面间形成电场，这一电场就是霍尔电场。该电场强度为

$$E_H = \frac{U_H}{b} \tag{6-1}$$

式中：U_H——霍尔电势。

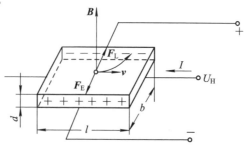

图 6-1　霍尔效应原理图

洛仑兹力 f_L 的大小为

$$f_L = eBv \tag{6-2}$$

该电场的电场力 F_E 又阻碍电子的偏移,当电场力与洛仑兹力相等时,即

$$eE_H = eBv \tag{6-3}$$

则

$$E_H = Bv \tag{6-4}$$

此时电荷不再向两侧面积聚,达到平衡状态。

若金属导电板单位体积内的电子数为 n,电子定向运动的平均速度为 v,则激励电流 $I = nevbd$,即

$$v = \frac{I}{nebd} \tag{6-5}$$

将式(6-5)代入式(6-4),得

$$E_H = \frac{IB}{nebd} \tag{6-6}$$

将式(6-6)代入式(6-1),得

$$U_H = \frac{IB}{ned} \tag{6-7}$$

令 $R_H = 1/(ne)$,称之为霍尔常数,其大小取决于导体载流子浓度,则式(6-7)可化为

$$U_H = \frac{R_H IB}{d} = K_H IB \tag{6-8}$$

式中:$K_H = R_H/d$,为霍尔元件的灵敏度。

灵敏度与霍尔系数 R_H 成正比而与霍尔片厚度 d 成反比,故霍尔元件常做成薄片状 (0.1 mm～0.2 mm)。灵敏度还与载流子浓度成反比,因金属的自由电子浓度过高,不适于制作霍尔元件;载流子的迁移率对灵敏度也有影响,一般电子迁移率远大于空穴,故常采用 N 型半导体材料制作。

从上面的公式可以看出,霍尔电势正比于电流强度和磁场强度,且与霍尔元件的形状有关。在电流强度恒定、元件形状确定的情况下,霍尔电势正比于磁场强度。当所加磁场方向改变时,霍尔电势的符号也随着改变。因此,利用霍尔元件可以测量磁场的大小和方向。

6.1.2　霍尔元件的基本结构

霍尔元件是根据霍尔效应原理制成的磁电转换元件,常用锗、硅、砷化镓、砷化铟及锑化铟等半导体材料制成。用锑化铟制成的霍尔元件的灵敏度最高,但受温度的影响较大。用锗制成的霍尔元件的灵敏度低,但温度特性及线性度好。目前多使用由锑化铟制成的霍尔元件。

如图 6-2(a)所示是霍尔元件的外形结构图,它由霍尔片、四根引线和壳体组成,激励电极通常用红色线,而霍尔电极通常用绿色或黄色线表示。

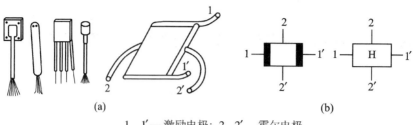

1、1′—激励电极；2、2′—霍尔电极

图 6 - 2　霍尔元件

（a）外形结构图；（b）图形符号

6.1.3　霍尔元件的基本特性

1. 线性特性与开关特性

霍尔元件分为线性特性和开关特性两种，如图 6 - 3 所示。线性特性是指霍尔元件的输出电势 U_H 分别和基本参数 I、B 呈线性关系；开关特性是指霍尔元件的输出电势 U_H 在一定区域随 B 增加迅速增加的特性。磁通计中的传感器大多采用具有线性特性的霍尔元件；开关特性随磁体本身的材料及形状不同而异，低磁场时磁通饱和。直流无刷电动机的控制一般采用具有开关特性的霍尔式传感器。

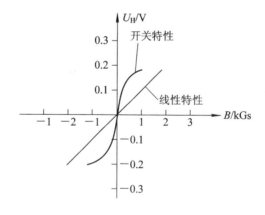

图 6 - 3　霍尔元件的特性

2. 不等位电势 U_0 和不等位电阻 r_0

霍尔元件在额定激励电流作用下，若元件不加外磁场，输出的霍尔电势的理想值应为零，但实际不等于零，此时的空载霍尔电势称为不等位电势，用 U_0 表示。产生不等位电势的原因有以下几个方面：

（1）存在电极的安装位置不对称；

（2）半导体材料电阻率不均衡或几何尺寸不均匀；

（3）激励电极接触不良造成激励电流不均匀分布等。

不等位电势也可以用不等位电阻 r_0 表示，其值为不等位电势与激励电流 I 的比值，如图 6 - 4 所示。

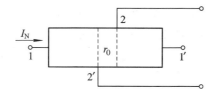

图 6 - 4　不等位电阻

不等位电势误差是零位误差中最主要的一种，它与霍尔电势具有相同的数量级，有时候甚至会超过霍尔电势。但在霍尔式传感器实际使用过程中，其不等位电势误差是很难消除的，一般是利用补偿原理来消除不等位电势误差的影响。如图 6 - 5 所示，霍尔元件可以等效为一个四臂电桥，当存在不等位电阻时，说明电桥不平衡，四个电阻值不相等。为了使电桥平衡，可以采用两种补偿方法：第一，在电桥阻值较大的桥臂上并联电阻，这种补偿方式相对简单，被称为不对称补偿；第二，在两个桥臂上同时并联电阻，这种补偿方式被称为对称补偿，补偿后的温度稳定性较好。

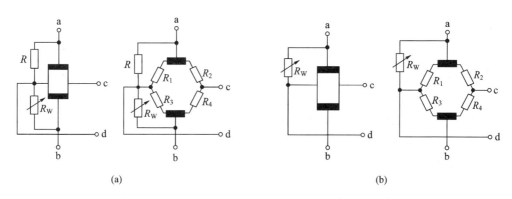

图 6 - 5　不等位电势补偿电路

（a）不对称补偿；（b）对称补偿

3. 负载特性

在线性特性中描述的霍尔电势是在霍尔电极间开路或测量仪表阻抗无穷大的情况下测得的。当霍尔电极间串联有负载时，由于要流过霍尔电流，故在其内阻上产生压降，实际的霍尔电势比理论值略小。这就是霍尔元件的负载特性。

4. 温度特性

霍尔元件的温度特性包括霍尔电势、灵敏度、输入阻抗和输出阻抗的温度特性。一般半导体材料都具有较大的温度系数，所以当温度发生变化时，霍尔元件的载流子浓度、迁移率、电阻率以及霍尔系数都会发生变化。为了减小温度误差，除了使用温度系数小的半导体材料（如砷化铟）外，还可以采用适当的补偿电路进行补偿。

5. 寄生直流电势 U_{0D}

当没有外加磁场时，霍尔元件用交流控制电流，霍尔电极的输出有一个直流电势，称为寄生直流电势。当霍尔元件的电极焊点是不完全的欧姆接触（指金属与半导体的接触，其接触面的电阻值远小于半导体本身的电阻），霍尔电极焊点大小不等、热容量不同时，就会产生寄生直流电势。寄生直流电势与工作电流有关，随工作电流减小而减小。因此，要求元件在制作安装时，尽量做到使电极欧姆接触，并散热均匀。

典型的砷化镓霍尔元件的主要参数如表6-1所示。

表6-1 典型的砷化镓霍尔元件的主要参数

项 目	符号	测试条件	典型值	单位
额定功耗	P_0	$T=25℃$	25	mW
开路灵敏度	K_H	$I_H=1$ mA,$B=1$ kGs*	20	mV/(mA·kGs)
不等位电势	U_0	$I_H=1$ mA,$B=0$	0.1	mV
最大工作电流	I_m	$t=60℃$	20	mA
最大磁感应强度	B_m	$I_m=10$ mA	7	kGs
输入电阻	R_i	$I_H=0.1$ mA,$B=0$	500	Ω
输出电阻	R_o		500	Ω
线性度	γ_L	$B=0\sim20$ kGs,$I_H=1$ mA	0.2	%
内阻温度系数	a	$I_H=0$,$B=0$	0.3	%/℃
灵敏度温度系数	b	$t=-50℃\sim70℃$	1.0	10^{-4}/℃
霍尔电势的温度系数	c	$I_H=1$ mA,$B=1$ kGs $t=-50℃\sim70℃$	-0.1	%/℃
工作温度	t	$-40\sim+125$		℃

注: * 表示1 kGs=0.1 T。

6.1.4 测量电路

霍尔元件的基本测量电路如图6-6所示。激励电流由电源 E 供给,可变电阻 R_P 用来调节激励电流 I 的大小,R_L 为输出霍尔电势 U_H 的负载电阻。

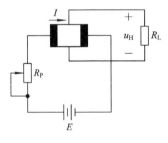

图6-6 测量电路

6.2 霍尔式传感器的应用

6.2.1 霍尔式微量位移的测量

由霍尔效应可知,当控制电流恒定时,霍尔电势 U_H 与磁感应强度 B 成正比,若磁感应强度 B 是位置 x 的函数,即

$$U_{\mathrm{H}} = kx \qquad\qquad (6-9)$$

式中，k 为位移传感器的灵敏度，则霍尔电压的大小就可以用来反映霍尔元件的位置。当霍尔元件在磁场中移动时，输出霍尔电压 U_{H} 的变化就反映了霍尔元件的位移量 Δx。利用上述原理可对微量位移进行测量。

图 6-7 所示为霍尔式位移传感器的工作原理图。图 6-7(a)中磁场强度相同的两块永久磁铁同极性相对地放置，霍尔元件处于两块磁铁中间。由于磁铁中间的磁感应强度 $B=0$，因此霍尔元件的输出电压 U_{H} 也等于零，这时位移 $\Delta x=0$。若霍尔元件在两磁铁中间产生相对位移，霍尔元件感受到的磁感应强度也随之改变，这时有输出 U_{H}，其值大小反映出霍尔元件与磁铁之间相对位置的变化量。这种结构的传感器，其动态范围可达 5 mm，当位移小于 2 mm 时，输出霍尔电压与位移之间有良好的线性关系。图 6-7(b)所示的是一种结构简单的霍尔式位移传感器，它是由一块永久磁铁组成磁路的传感器，在霍尔元件处于初始位置 $\Delta x=0$ 时，霍尔电压不等于零。图 6-7(c)所示的是一个由两个结构相同的磁路组成的霍尔式位移传感器，为了获得较好的线性分布，在磁极端面装有极靴。将霍尔元件调整好初始位置后，可以使霍尔电压等于零。这种传感器的灵敏度很高，但它所能检测的位移量较小，适合于微量位移及振动的测量。

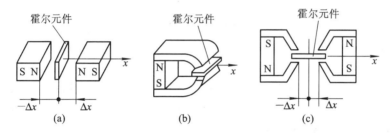

图 6-7　霍尔式位移传感器的工作原理图
(a) 磁场强度相同的传感器；(b) 简单的位移传感器；(c) 结构相同的位移传感器

6.2.2　霍尔元件在转速测量上的应用

利用霍尔元件测量转速的工作原理非常简单，即：将永久磁体按适当的方式固定在被测轴上，霍尔元件置于磁铁的气隙中，当轴转动时，霍尔元件输出的电压则包含有转速的信息，该电压经后续电路处理后，便可得到转速的数据。如图 6-8 所示的是几种霍尔式转速传感器的结构。

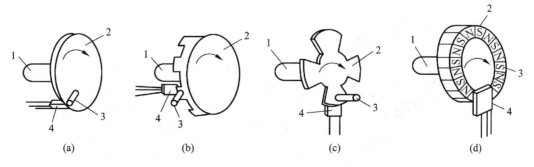

1—输入轴；2—转盘；3—小磁铁；4—霍尔传感器

图 6-8　几种霍尔式转速传感器的结构

6.2.3　霍尔式接近开关

1. 霍尔式接近开关原理及开关特性

利用霍尔效应可以制成开关型传感器,该传感器广泛应用于测转速、制作接近开关等。如图 6 - 9 所示的是霍尔式接近开关原理图及工作特性曲线。霍尔式接近开关主要由霍尔元件、放大电路、整形电路、输出驱动及稳压电路五部分组成。

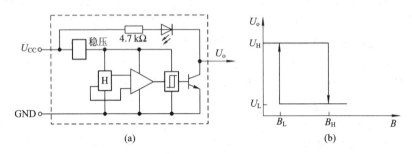

图 6 - 9　霍尔式接近开关原理图及工作特性曲线

(a) 原理图；(b) 工作特性曲线

霍尔开关的输入端是以磁感应强度 B 来表征的,当 B 值达到一定的程度(如 B_H)时,霍尔开关内部的触发器翻转,霍尔开关的输出电平状态也随之翻转。输出端一般采用晶体管输出。

由工作特性曲线可知,霍尔式接近开关工作时具有一定的磁滞特性,可以使开关更可靠地工作。图 6 - 9(b)中,B_H 为工作点"开"的磁场强度,B_L 为释放点"关"的磁场强度。

2. 霍尔式接近开关的安装方式

为保证霍尔器件,尤其是霍尔开关器件的可靠工作,在应用中要考虑有效工作气隙的长度。在计算总有效工作气隙时,应从霍尔片表面算起。工作磁体和霍尔器件间的运动方式如图 6 - 10 所示。

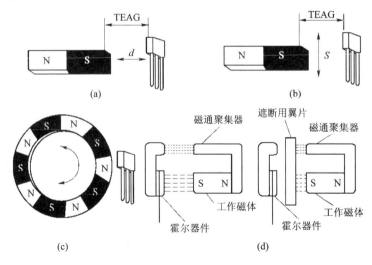

图 6 - 10　霍尔式接近开关的安装方式

(a) 对移；(b) 侧移；(c) 旋转；(d) 遮断

3. 霍尔式接近开关用于金属计数器

如图 6-11 所示是应用于金属计数的霍尔式接近开关原理图。当带磁性的物体接近霍尔元件时，霍尔元件就输出一个脉冲电压，经过放大整形后驱动光电管工作，计数器便进行计数，并由显示器显示。

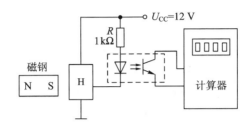

图 6-11　金属计数器电路原理图

本 章 小 结

霍尔式传感器是利用半导体在磁场中的霍尔效应制成的一种传感器。位于磁场中的静止载流导体，当电流 I 的方向与磁场强度 B 的方向垂直时，在载流导体中平行于 B、I 的两侧面之间将产生电动势，这个电动势称为霍尔电势，这种物理现象称为霍尔效应。利用霍尔效应原理制成的传感器称为霍尔式传感器。

描述霍尔元件的基本特性有线性特性与开关特性、不等位电势 U_0 和不等位电阻 r_0、寄生直流电势 U_{0D}、负载特性、温度特性等。

霍尔式传感器广泛用于电磁、压力、加速度、振动等方面的测量。

思考题与习题

6-1　什么是霍尔效应？写出你认为可以用霍尔式传感器来检测的物理量。

6-2　霍尔电势的大小和方向与哪些因素有关？影响霍尔电势的因素有哪些？霍尔元件的不等位电势的概念是什么？

6-3　某霍尔元件 $l \times b \times d = 10\ \text{mm} \times 3.5\ \text{mm} \times 1\ \text{mm}$，沿 l 方向通以电流 $I = 1.0\ \text{mA}$，在垂直于 lb 面方向加有均匀磁场 $B = 0.3\ \text{T}$，传感器的灵敏度为 22 V/A·T，试求其输出霍尔电势及载流子浓度。

6-4　若一个霍尔元件的 $K_H = 4$ mV/mA·kGs，控制电流 $I = 3$ mA，将它置于 1 Gs～5 kGs 变化的磁场中(设磁场与霍尔元件平面垂直)，求输出霍尔电势范围。

6-5　有一霍尔元件，其灵敏度 $K_H = 1.2$ mV/mA·kGs，把它放在一个梯度为 5 kGs/mm 的磁场中，如果额定控制电流为 20 mA，设霍尔元件在平衡点附近作 ±0.1 mm 的摆动，求输出霍尔电势范围。

基础训练　霍尔式传感器的性能测试与标定

一、实训目的

(1) 通过实验加深对霍尔元件工作原理的理解。
(2) 了解霍尔元件的基本结构和外形特征。
(3) 掌握霍尔式传感器在直流激励状态下的输出特性情况。
(4) 掌握霍尔式传感器的静态位移性能的标定方法。

二、实训设备和器材

实训设备和器材包括霍尔式传感器、直流稳压电源、磁路系统、电桥、差动放大器、数字电压表、测微仪和振动平台等。

三、实验原理

霍尔式传感器是由两个环形磁铁(组成梯度磁场)和位于梯度磁场中的霍尔元件组成的。当霍尔元件通过恒定电流时，霍尔元件在梯度磁场中上、下移动，输出的霍尔电势 U_H 取决于其在磁场中的位移量 x，所以测得霍尔电势的大小便可获知霍尔元件的静位移。

四、实训内容和步骤

(1) 了解霍尔式传感器的结构及实验仪上的安装位置，如图 6－12 所示，熟悉实验面板上霍尔元件的符号。霍尔元件安装在实验仪的振动圆盘上，两个半圆永久磁铁固定在实验仪的顶板上，二者组合成霍尔式传感器。

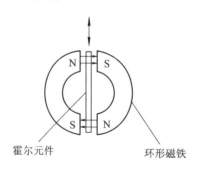

图 6－12　霍尔元件位置图

(2) 设置旋钮初始位置。将差动放大器增益旋钮打到最小，电压表置 20 V 挡，直流稳压电源置 2 V 挡，主、副电源关闭。

(3) 根据图 6－13 所给的电路原理图，将霍尔式传感器、直流稳压电源、电桥、差动放大器及数字电压表连接起来，组成一个测量系统。

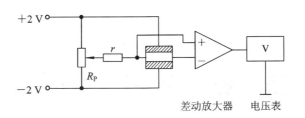

图 6 - 13　测量电路图

（4）开启主、副电源，将差动放大器调零后，增益最小，关闭主电源，根据图 6-13 接线，R_P、r 为电桥单元的直流电桥平衡网络。

（5）装好测微头，调节测微头，使之与振动台吸合并使霍尔元件置于半圆磁铁上下正中位置。

（6）开启主、副电源，调整 R_P，使电压表指示为零。

（7）往下旋动测微头，每次向下移动 0.5 mm，记录每次位移的输出电压值，将其填入表 6-2 中；将测微头回零，然后每次向上移动 0.5 mm，记录输出电压值，将其填入表 6-2 中。

（8）根据所得结果在坐标纸上作出 U_H-x 关系曲线，指出线性范围，求出灵敏度，分析其线性范围（本实验测出的实际上是磁场情况，磁场分布为梯度磁场，位移测量的线性度、灵敏度与磁场分布有很大关系）。

表 6 - 2　输出电压与传感器的位移

x/mm	0	0.5	1.0	1.5	2.0	2.5	3.0	3.5
$U_H/mV(\uparrow)$								
$U_H/mV(\downarrow)$								

五、注意事项

（1）由于磁路系统的气隙较大，应使霍尔元件尽量靠近极靴，以提高灵敏度。

（2）一旦调整好后，测量过程中不能移动磁路系统。

（3）激励电压不能过大，以免损坏霍尔元件。

拓展训练　油、气管道无损探伤系统的设计

管道作为石油、气体等能源的长距离输送设施，被敷设于世界各地陆地、海洋等各种环境之中。安全是管道运行最基本的条件。油、气管道在长期使用中易产生腐蚀、裂纹等缺陷，如果裂纹或损伤较小，则不易被发现，但却会带来油、气泄漏等问题，因此对油、气管道进行定期无损检测是必要的。

试运用霍尔式传感器设计一个油、气管道无损探伤的方案，画出测量系统的原理框图，并说明其工作原理。

第7章　光电式传感器

☞ 学习目标

（1）了解光电元件的分类以及工作原理、特性。

（2）掌握光电式传感器的典型应用。

（3）掌握光电开关的工作原理、应用。

（4）掌握 CCD 固态图像传感器的工作原理、特性参数及应用。

7.1　光　电　效　应

用光照射某一物体，可以看作物体受到一连串能量为 $h\nu$ 的光子轰击，组成该物体的材料吸收光子能量而发生相应电效应的物理现象称为光电效应。对不同频率的光，其光子能量是不相同的。频率越高，光子能量越大。

7.1.1　外光电效应

在光线的作用下，物体内的电子逸出物体表面向外发射的现象称为外光电效应。向外发射的电子称为光电子。基于外光电效应的光电器件有光电管和光电倍增管等。

7.1.2　内光电效应

在光线的作用下，物体的导电性能发生变化或产生光生电动势的效应称为内光电效应。内光电效应可以分为光电导效应和光生伏特效应两大类。

1. 光电导效应

在光线的作用下，由于半导体材料吸收了入射光子能量，当光子能量大于或等于半导体材料的禁带宽度时，就会激发出电子-空穴对，使载流子浓度增加，半导体的导电能力增强，阻值减低，这种现象称为光电导效应。光敏电阻就是基于这种效应的光电器件。

2. 光生伏特效应

在光线的作用下能够使物体产生一定方向的电动势的现象称为光生伏特效应。基于这种效应的光电器件有光电池。此外，光敏二极管、光敏晶体管也是基于内光电效应的光电器件。

7.2 光电元件的原理与特性

7.2.1 外光电元件的原理与特性

1. 光电管的原理与特性

1) 光电管的原理

光电管有真空光电管和充气光电管两类。光电管由阴极和阳极构成，要求阴极镀有光电发射材料，并有足够的面积来接受光的照射。阳极是用一条细长的金属丝弯成圆形或矩形制成，放在玻璃管的中心。

光电管的结构示意图与连接电路如图 7-1 所示。光电管的阴极 K 和电源的负极相连，阳极 A 通过负载电阻 R_L 接电源正极，当阴极受到光线照射时，电子从阴极逸出，在电场作用下被阳极收集，形成光电流 I，随光照的强弱而改变，达到把光信号变化转换为电信号变化的目的。

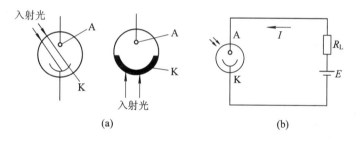

图 7-1 光电管的结构示意图与连接电路

(a) 结构示意图；(b) 连接电路

充气光电管的结构基本与真空光电管的相同，只是管内充以少量惰性气体，如氖气等。当光电管阴极被光线照射产生电子后，在趋向阳极的过程中，由于电子对气体分子的撞击，将使惰性气体分子电离，从而得到正离子和更多的自由电子，使电流增加，提高了光电管的灵敏度。但充气光电管的频率特性较差，温度影响大，伏安特性为非线性等，所以在自动检测仪表中多采用真空光电管。

2) 光电管的特性

(1) 伏安特性。在一定的光照射下，对光电器件的阴极所加电压与阳极所产生的电流之间的关系称为光电管的伏安特性。光电管的伏安特性曲线如图 7-2 所示。它是应用光电式传感器参数的主要依据。

(2) 光照特性。当光电管的阳极和阴极之间所加电压一定时，光通量与光电流之间的关系为光电管的光照特性。光电管的光照特性曲线如图 7-3 所示。曲线 1 表示氧铯阴极光电管的光照特性，光电流与光通量呈线性关系。曲线 2 为锑铯阴极光电管的光照特性，光电流与光通量呈非线性关系。光照特性曲线的斜率(光电流与入射光光通量之比)称为光电管的灵敏度。

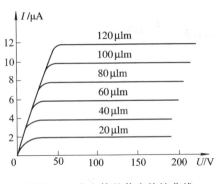

图 7-2 光电管的伏安特性曲线

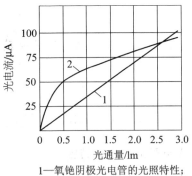

1—氧铯阴极光电管的光照特性；
2—锑铯阴极光电管的光照特性

图 7-3 光电管的光照特性曲线

（3）光谱特性。由于光阴极对光谱有选择性，因此光电管对光谱也有选择性。保持光通量和阴极电压不变，阳极电流与光波长之间的关系称为光电管的光谱特性。一般对于光电阴极材料不同的光电管，它们有不同的极限频率 υ_0，因此它们可用于不同的光谱范围。除此之外，即使照射在阴极上的入射光的频率高于极限频率 υ_0，并且强度相同，随着入射光频率的不同，阴极发射的光电子的数量也会不同，即同一光电管对于不同频率的光的灵敏度不同，这就是光电管的光谱特性。所以，对各种不同波长区域的光，应选用不同材料的光电阴极。

2. 光电倍增管的原理与特性

1）光电倍增管的原理

当光照微弱时，光电管所产生的光电流很小（零点几微安），为了提高灵敏度，常应用光电倍增管对光电流进行放大。

光电倍增管的工作原理是建立在光电发射和二次发射基础上的。图 7-4(a)是光电倍增管的原理示意图，图中 K 为光电阴极，$D_1 \sim D_4$ 为二次发射体，称为倍增极，A 为阳极（或收集阳极）。工作时，这些电极的电位是逐级增高的，一般阳极和阴极之间的电压是 1000 V～2500V，两个相邻倍增极之间的电位差为 50 V～100 V。当光线照射到光阴极 K 后，它产生的光电子受到第一倍增极 D_1 正电位的作用，使之加速并打在这个倍增极上，产生二次发射。由第一倍增极 D_1 产生的二次发射电子在更高电位的 D_2 极作用下再次被加速入射到 D_2 上，在 D_2 极上又将产生二次发射，这样逐级前进，直到电子被阳极收集为止。阳极最后收集到的电子数将达到阴极发射电子数的 $10^5 \sim 10^6$ 倍。

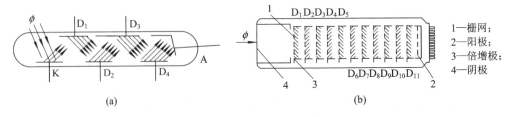

图 7-4 光电倍增管的原理示意图和结构示意图
(a) 原理示意图；(b) 结构示意图

如果设每个电子落到任一倍增极上都打出 σ 个电子，则阳极电流 I 为

$$I = i_0 \sigma^n \tag{7-1}$$

式中：i_0——光电阴极发出的光电流；

　　　n——光电倍增级数（一般为 9～11）。

这样，光电倍增管的电流放大系数 β 为

$$\beta = \frac{I}{i_0} = \sigma^n \qquad\qquad (7-2)$$

光电倍增管的倍增极结构有很多形式，它的基本构造是把光电阴极与各倍增极和阳极隔开，以防止光电子的散射和阳极附近形成的正离子向阴极返回，产生不稳定现象；另外，要使电子从一个倍增极无损失地发射出来至下一倍增极。图 7-4(b) 所示是某一种形式的光电倍增管的结构示意图。

2）光电倍增管的特性

(1) 倍增系数 M。倍增系数 M 等于 n 个倍增极的二次电子发射系数 δ 的乘积。M 与所加电压有关，当 M 在 105～108 之间时，稳定性为 1% 左右，加速电压稳定性要在 0.1% 以内。如果有波动，倍增系数也要波动，因此 M 具有一定的统计涨落。一般阳极和阴极之间的电压为 1000 V～2500 V，两个相邻的倍增极的位差为 50 V～100 V。

(2) 光电倍增管的阴极灵敏度和光电倍增管的总灵敏度。一个光子在阴极上能够打出的平均电子数称为光电倍增管的阴极灵敏度。一个光子在阳极上产生的平均电子数称为光电倍增管的总灵敏度。

光电倍增管的最大灵敏度可达 10 A/lm，极间电压越高，灵敏度越高，但极间电压也不能太高，太高会使阳极电流不稳。

另外，由于光电倍增管的灵敏度很高，所以不能受强光照射，否则将会损坏。

(3) 暗电流和本底脉冲。一般在使用光电倍增管时，必须把管子放在暗室里避光使用，使其只对入射光起作用。但是由于环境温度、热辐射和其他因素的影响，即使没有光信号输入，加上电压后阳极仍有电流，这种电流称为暗电流，这是热发射所致或场致发射造成的。这种暗电流通常可以用补偿电路消除。

如果光电倍增管与闪烁体放在一处，在完全避光的情况下，出现的电流称为本底电流，其值大于暗电流。之所以增加了部分电流，是由于宇宙射线对闪烁体的照射而使其激发，被激发的闪烁体照射在光电倍增管上。本底电流具有脉冲形式。

(4) 光谱特性。光谱特性反映了光电倍增管的阳极输出电流与照射在光电阴极上的光通量之间的函数关系。对于较好的管子，在很宽的范围之内，这个关系是线性的，即入射光通量小于 10^{-4} lm 时，有较好的线性关系；光通量大，开始出现非线性，如图 7-5 所示。

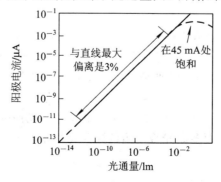

图 7-5　光电倍增管的光谱特性

7.2.2　内光电元件的原理与特性

1. 光敏电阻

1) 光敏电阻的原理

光敏电阻(又称光导管)大多是用半导体材料制成的光电器件。光敏电阻没有极性，纯粹是一个电阻器件，使用时既可加直流电压，又可加交流电压。无光照时，光敏电阻阻值(暗电阻)很大，电路中的电流(暗电流)很小。当光敏电阻受到一定波长范围的光照时，它的阻值(亮电阻)急剧减小，电路中的电流迅速增大。一般希望暗电阻越大越好，亮电阻越小越好，此时光敏电阻的灵敏度高。实际光敏电阻的暗电阻阻值一般在兆欧数量级，亮电阻阻值在几千欧以下。

光敏电阻的结构很简单。图 7－6(a)所示为金属封装的硫化镉光敏电阻的结构图。在玻璃底板上均匀地涂上一层薄薄的半导体物质，称为光导层。半导体的两端装有金属电极，金属电极与引出线端相连接，光敏电阻就是通过引出线端接入电路的。为了防止周围介质的影响，在半导体光敏层上覆盖了一层漆膜，漆膜的成分应使它在光敏层最敏感的波长范围内透射率最大。为了提高灵敏度，光敏电阻的电极一般采用梳状结构，如图 7－6(b)所示。图 7－6(c)为光敏电阻的接线图。

1—金属电极；
2—半导体；
3—检流计；
4—玻璃底板；
5—电源

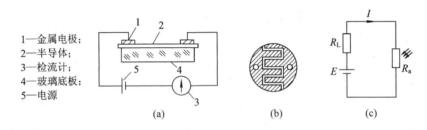

图 7－6　光敏电阻

(a) 光敏电阻的结构；(b) 光敏电阻的电极；(c) 光敏电阻的接线图

2) 光敏电阻的主要参数

光敏电阻的主要参数有暗电阻、亮电阻和光电流。

(1) 暗电阻：光敏电阻在不受光照射时的电阻值。此时流过的电流称为暗电流。

(2) 亮电阻：光敏电阻在受光照射时的电阻值。此时流过的电流称为亮电流。

(3) 光电流：亮电流与暗电流之间的差值。

3) 基本特性

(1) 伏安特性。在一定照度下，流过光敏电阻的电流与光敏电阻两端的电压的关系称为光敏电阻的伏安特性。图 7－7 所示为硫化镉光敏电阻的伏安特性曲线。由图可见，光敏电阻在一定的电压范围内，其 $I-U$ 曲线为直线，说明其阻值与入射光通量有关，而与电压、电流无关。

(2) 光照特性。光敏电阻的光照特性描述光电流 I 和光照强度 Φ 之间的关系。不同材料的光照特性是不同的，绝大多数光敏电阻的光照特性是非线性的。图 7－8 所示为硫化镉光敏电阻的光照特性。

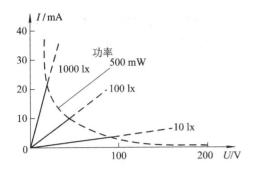

图 7 - 7　硫化镉光敏电阻的伏安特性曲线

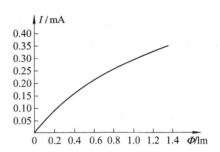

图 7 - 8　硫化镉光敏电阻的光照特性

（3）光谱特性。光敏电阻对入射光的光谱特性具有选择作用，即光敏电阻对不同波长的入射光有不同的灵敏度。光敏电阻的相对光敏灵敏度与入射波长的关系称为光敏电阻的光谱特性，亦称光谱响应。图 7 - 9 所示为几种不同材料光敏电阻的光谱特性。对应于不同波长，光敏电阻的灵敏度是不同的，而且不同材料的光敏电阻的光谱响应曲线也不同。从图中可见，硫化镉光敏电阻的光谱响应的峰值在可见光区域，常被用作光度量测量（照度计）的探头；而硫化铅光敏电阻的光谱响应于近红外和中红外区，常用作火焰探测器的探头。

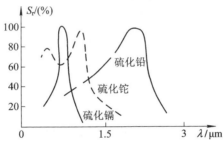

图 7 - 9　光敏电阻的光谱特性

（4）频率特性。实验证明，光敏电阻的光电流不能随光强改变而立刻变化，即光敏电阻产生的光电流有一定的惰性。

（5）温度特性。光敏电阻和其他半导体器件一样，受温度影响较大。温度变化时，影响光敏电阻的光谱响应，同时光敏电阻的灵敏度和暗电阻也随之改变，尤其是响应于红外区的硫化铅光敏电阻受温度影响更大。

光敏电阻具有光谱特性好、允许的光电流大、灵敏度高、使用寿命长、体积小等优点，所以应用广泛。此外，许多光敏电阻对红外线敏感，适宜于红外光谱区工作。光敏电阻的缺点是型号相同的光敏电阻的参数参差不齐，并且由于光照特性的非线性，不适合用于测量要求线性的场合，常用作开关式光电信号的传感元件。

2. 光敏二极管和光敏晶体管

1）光敏二极管和光敏晶体管的原理

光敏二极管的结构与一般二极管的相似。它装在透明的玻璃外壳中，其 PN 结装在管的顶部，可以直接受到光的照射，其结构简图与电路符号如图 7 - 10 所示。光敏二极管在电路中一般处于反向工作状态，如图 7 - 11 所示。当没有光照射时，反向电阻很大，反向电流很小，这种反向电流称为暗电流。当光线照射在 PN 结上时，光子打在 PN 结附近，使

PN 结附近产生光生电子和光生空穴对，它们在 PN 结处的内电场作用下做定向移动，形成光电流。光的照度越大，光电流就越大。因此，光敏二极管在不受光照射时处于截止状态，受光照射时处于导通状态。

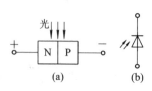

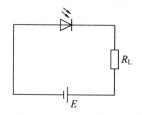

图 7-10　光敏二极管
(a) 结构简图；(b) 电路符号

图 7-11　光敏二极管的接线图

光敏晶体管与一般晶体管相似，具有两个 PN 结，如图 7-12(a)所示，只是它的发射极一边做得很大，以扩大光的照射面积。光敏晶体管的接线如图 7-12(b)所示。大多数光敏晶体管的基极无引出线，当集电极加上相对于发射极为正的电压而不接基极时，集电极就是反向偏压，当光照射在集电结时就会在结附近产生电子-空穴对，光使电子被拉到集电极，基区留下空穴，使基极与发射极间的电压升高，这样便会有大量的电子流向集电极，形成输出电流，且集电极电流为光电流的 β 倍，所以光敏晶体管具有放大作用。

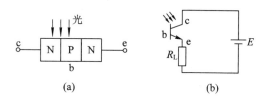

图 7-12　NPN 型光敏晶体管
(a) 结构简图；(b) 基本电路

光敏晶体管的光电灵敏度虽然比光敏二极管高得多，但在需要高增益或大电流输出的场合，需采用达林顿光敏管。图 7-13 所示是达林顿光敏管的等效电路，它是一个光敏晶体管与一个晶体管以共集电极方式连接的集成器件。由于增大了一级电流放大，所以输出电流能力大大增强，甚至可以不必经过进一步放大，便可直接驱动灵敏继电器。但由于无光照时的暗电流也增加，因此达林顿光敏管适用于开关状态或位式信号的光电转换。

图 7-13　达林顿光敏管的等效电路

2) 基本特性

(1) 光谱特性。光敏管的光谱特性是指在一定的照度时，输出的光电流(或用相对灵敏度表示)与入射光波长的关系。硅和锗光敏二极(晶体)管的光谱特性曲线如图 7-14 所示。从曲线可以看出，硅的峰值波长约为 $0.9~\mu m$，锗的峰值波长约为 $1.5~\mu m$，此时灵敏度最大，而当入射光的波长增长或缩短时，相对灵敏度都会下降。一般来讲，锗的暗电流较大，因此性能较差，故在可见光或探测炽热状态物体时，一般都用硅管。在红外线探测时，锗管较为适宜。

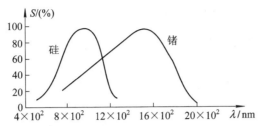

图 7-14　硅和锗光敏二极（晶体）管的光谱特性曲线

（2）伏安特性。图 7-15(a)所示为硅光敏二极管的伏安特性曲线，横坐标表示所加的反向偏压。当光照时，反向电流随光照强度的增大而增大，在不同的照度下，伏安特性曲线几乎平行，所以只要未达到饱和值，它的输出实际上不受偏压大小的影响。图 7-15(b)所示为硅光敏晶体管的伏安特性曲线，纵坐标为光电流，横坐标为集电极-发射极电压。从图中可见，由于晶体管具有放大作用，在同样的照度下，其光电流比相应的二极管大上百倍。

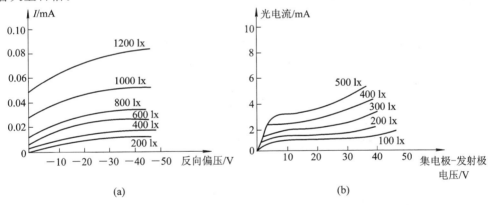

图 7-15　硅光敏二极管的伏安特性曲线

（a）硅光敏二极管；（b）硅光敏晶体管

（3）频率特性。光敏管的频率特性是指光敏管的输出电流（或相对灵敏度）随频率变化的关系。光敏二极管的频率特性是半导体光电器件中最好的一种，普通光敏二极管频率响应时间达 10 μm。光敏晶体管的频率特性受负载电阻的影响。图 7-16 所示为光敏晶体管的频率特性曲线，减小负载电阻可以提高频率响应范围，但输出电压响应也减小。

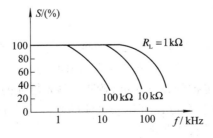

图 7-16　光敏晶体管的频率特性曲线

（4）温度特性。光敏管的温度特性是指光敏管的暗电流及光电流与温度的关系。光敏晶体管的温度特性曲线如图 7－17 所示。从特性曲线可以看出，温度变化对光电流影响很小（如图 7－17(b)所示），而对暗电流影响很大（如图 7－17(a)所示），所以在电子线路中应对暗电流进行温度补偿，否则将会导致输出误差。

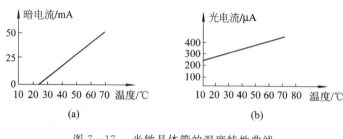

图 7－17　光敏晶体管的温度特性曲线

（a）暗电流；（b）光电流

3. 光电池

1）光电池的原理

光电池是一种直接将光能转换成电能的光电器件。光电池在有光线作用时实质就是电源，电路中有了这个器件就不需外加电源。

光电池的工作原理是基于"光生伏特效应"。它实质上是一个大面积的 PN 结，当光照射在 PN 结的一个面（如 P 型面）时，若光子能量大于半导体的禁带宽度，则 P 型区每吸收一个光子就会产生一对自由电子和空穴，电子-空穴对从表面向内迅速扩散，在结电场的作用下，最后建立一个与光照强度有关的电动势。图 7－18 所示为硅光电池的原理图。

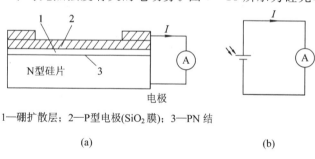

1—硼扩散层；2—P型电极(SiO₂膜)；3—PN 结

（a）　　　　　　　　　　（b）

图 7－18　硅光电池的原理图

（a）结构示意图；（b）等效电路

光电池的种类很多，有硒光电池、氧化亚铜光电池、锗光电池、硅光电池、砷化镓光电池等，其中硅光电池由于性能稳定、光谱范围宽、频率特性好、转换效率高及耐高温辐射而受到人们的重视。

2）基本特性

（1）光谱特性。光电池对不同波长的光灵敏度是不同的。图 7－19 所示为硅光电池和硒光电池的光谱特性曲线。从图中可以看出，不同材料的光电池，光谱响应峰值所对应的入射光波长是不同的，硅光电池的在 $0.8~\mu m$ 附近，硒光电池的在 $0.5~\mu m$ 附近。硅光电池的光谱响应波长为 $0.4~\mu m \sim 1.2~\mu m$，而硒光电池的光谱响应波长为 $0.38~\mu m \sim 0.75~\mu m$。可见，硅光电池可以在很宽的波长范围内得到应用。

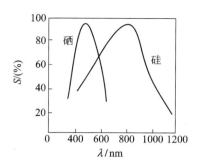

图 7 - 19　硅光电池和硒光电池的光谱特性曲线

（2）光照特性。光电池在不同光照度下，其光电流和光生电动势是不同的，它们之间的关系就是光照特性。图 7 - 20 所示为硅光电池的光照特性曲线。从图中可以看出，短路电流在很大范围内与光照度的关系是线性的，开路电压（即负载 R_L 无限大时）与光照度的关系是非线性的，并且在照度为 2000 lx 时就趋于饱和。因此作为测量元件时，应把光电池当作电流源的形式来使用，而不宜用作电压源。

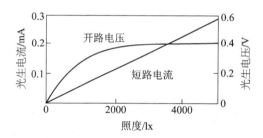

图 7 - 20　硅光电池的光照特性曲线

（3）频率特性。图 7 - 21 所示为硅光电池和硒光电池的频率特性曲线，横坐标表示光的调制频率。由图可见，硅光电池有较好的频率响应。

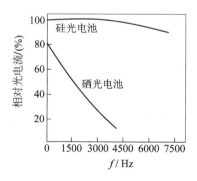

图 7 - 21　硅光电池和硒光电池的频率特性曲线

（4）温度特性。光电池的温度特性是描述光电池的开路电压和短路电流随温度变化的情况。由于它关系到应用光电池的仪器或设备的温度漂移，影响到测量精度和控制精度等重要指标，因此温度特性是光电池的重要特性之一。硅光电池的温度特性曲线如图 7 - 22 所示。从图中可以看出，开路电压随温度升高而下降的速度较快，而短路电流随温度升高而缓慢增加。由于温度对光电池的工作有很大的影响，因此把它作为测量元件使用时，最好保证温度恒定或采取温度补偿措施。

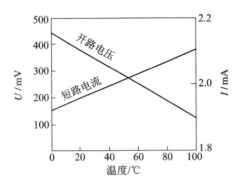

图 7 - 22　硅光电池的温度特性曲线

7.2.3　光电耦合器件

光电耦合器件是由发光元件(如发光二极管)和光电接收元件合并使用,以光作为媒介传递信号的光电器件。根据结构和用途的不同,光电耦合器件可分为实现电隔离的光电耦合器和用于检测有无物体的光电开关。

1. 光电耦合器

光电耦合器的发光元件和接收元件都装在一个外壳内,一般有金属封装和塑料封装两种。发光元件通常采用砷化镓发光二极管,其管芯由一个 PN 结组成,随着正向电压的增大,正向电流也增加,发光二极管的光通量也增加。光电接收元件可以是光敏二极管和光敏三极管,也可以是达林顿光敏管。图 7 - 23(a)、(b)所示分别为光敏三极管和达林顿光敏管输出型的光电耦合器。为了保证光电耦合器有较高的灵敏度,应使发光元件和接收元件的波长匹配。

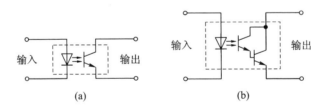

图 7 - 23　光电耦合器的组合形式

光电耦合器实际上是一个电隔离转换器,它具有抗干扰性能和单向信号传输功能,广泛用于电路隔离、电平转换、噪声抑制等场合。

2. 光电开关

光电开关是一种利用感光元件对变化的入射光加以接收,并进行光电转换,同时加以某种形式的放大和控制,从而获得最终的控制输出"开"、"关"信号的器件。

如图 7 - 24 所示为典型的光电开关结构图。图 7 - 24(a)是一种透射式的光电开关,它的发光元件和接收元件的光轴是重合的。当不透明的物体位于或经过它们之间时会阻断光路,使接收元件接收不到来自发光元件的光,这样就起到了检测的作用。图 7 - 24(b)是一种反射式的光电开关,它的发光元件和接收元件的光轴在同一平面且以某一角度相交,交点一般即为待测物所在处。当有物体经过时,接收元件将收到从物体表面反射的光,没有物体时则接收不到。光电开关的特点是小型、高速、非接触，常用于 TTL、MOS 等容易使用电路的场合。

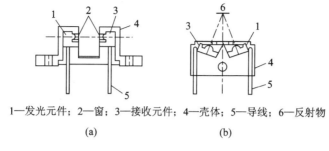

1—发光元件；2—窗；3—接收元件；4—壳体；5—导线；6—反射物

(a)　　　　　　　　　　　　　　　(b)

图 7 - 24　光电开关结构图

(a) 透射式；(b) 反射式

用光电开关检测物体时，大部分要求其输出信号有高-低(1-0)之分。如图 7-25 所示的是光电开关的基本电路。其中，图 7-25(a)、(b)表示负载为 CMOS 比较器等高输入阻抗电路时的情况，图 7-25(c)表示用晶体管放大光电流的情况。

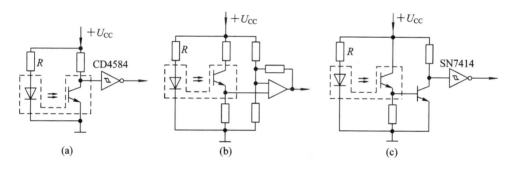

(a)　　　　　　　　　　(b)　　　　　　　　　　(c)

图 7 - 25　光电开关的基本电路

(a)、(b) 高输入阻抗电路；(c) 晶体管放大电路

光电开关在工业控制、自动化包装线及安全装置中作为光控制和光检测装置使用。在自动控制系统中光电开关用作物体检测、产品计数、料位检测、尺寸控制、安全报警及计算机输入接口等。

7.3　光电式传感器的应用

7.3.1　火焰探测报警器

图 7-26 所示的是采用以硫化铅光敏电阻为探测元件的火焰探测报警器的电路图。硫化铅光敏电阻的暗电阻为 $1 M\Omega$，亮电阻为 $0.2 M\Omega$（在光强度为 $0.01 W/m^2$ 下测试），峰值响应波长为 $2.2 \mu m$，硫化铅光敏电阻处于 VT_1 管组成的恒压偏置电路，其偏置电压约为 6 V，电流约为 $6 \mu A$。VT_1 管集电极电阻两端并联 $68 \mu F$ 的电容，可以抑制 100 Hz 以上的高频，使其成为只有几十赫兹的窄带放大器。VT_2、VT_3 构成二级负反馈互补放大器，火焰

的闪烁信号经二级放大后送给中心控制站进行报警处理。采用恒压偏置电路是为了在更换光敏电阻或长时间使用后,器件阻值变化不至于影响输出信号的幅度,以保证火焰探测报警器能长期稳定地工作。

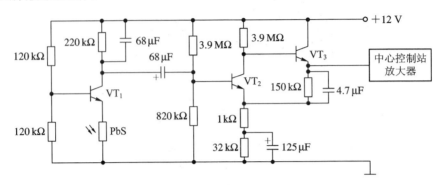

图 7 - 26　火焰探测报警器的电路图

7.3.2　光电式纬线探测器

光电式纬线探测器是用于喷气织机上,判断纬线是否断线的一种探测器。图 7 - 27 所示为光电式纬线探测器原理电路图。

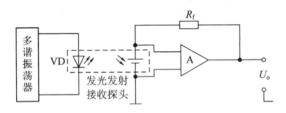

图 7 - 27　光电式纬线探测器原理电路图

当纬线在喷气作用下前进时,红外发光管 VD 发出红外光,经纬线反射,由光电池接收,如光电池接收不到反射信号,则说明纬线已断。因此,利用光电池的输出信号,通过后续电路的放大、脉冲整形等,可以控制机器是正常运转还是关机报警。

由于纬线线径很细,又是摆动前进,形成光的漫射,削弱了光的反射强度,而且还伴有背景杂散光,因此要求探纬器具有较高的灵敏度和分辨率。为此,红外发光管 VD 采用占空比很小的强电流脉冲供电,这样既可保证发光管的使用寿命,又能在瞬间有强光射出,以提高检测灵敏度。一般来说,光电池的输出信号较小,需经放大、脉冲整形,以提高分辨率。

7.3.3　燃气器具中的脉冲点火控制器

由于燃气是易燃、易爆气体,所以对燃气器具中的点火控制器的要求是安全、稳定、可靠。为此电路中就有这样一个功能,即打火确认针产生火花,才可以打开燃气阀门;否则燃气阀门关闭。这样就能保证使用燃气器具的安全性。

图 7 - 28 所示为燃气器具中高压打火确认电路的原理图。在高压打火时,火花电压可

达 1 万多伏，这个脉冲高压对电路的影响极大，为了使电路正常工作，采用光电耦合器 V_B 进行电平隔离，大大增加了电路的抗干扰能力。当高压打火针经打火确认针放电时，光电耦合器中的发光二极管发光，光电耦合器中的光敏三极管导通，经 VT_1、VT_2、VT_3 放大，驱动强吸电磁阀，将气路打开，燃气碰到火花即燃烧。若打火针与打火确认针之间不放电，则光电耦合器不工作，VT_1 等不导通，燃气阀门关闭。

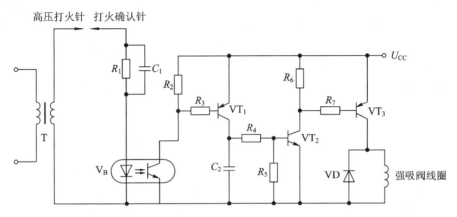

图 7 - 28　燃气器具中高压打火确认电路的原理图

7.3.4　烟尘浊度检测仪

工业烟尘是环境的主要污染源之一，为此需要对烟尘源进行连续检测、自动显示和超标报警。

烟道里的烟尘浊度是通过光在烟道里传输过程中的变化大小来检测的。如果烟道里的烟尘浊度增加，光源发出的光被烟尘颗粒物吸收和折射就增多，到达检测器上的光减少，因而光检测器的输出信号便可反映烟道里烟尘浊度的变化。

图 7 - 29 所示的是吸收式烟尘浊度检测仪的组成框图。为了检测出烟尘中对人体的危害性最大的亚微米颗粒的浊度和避免水蒸气及二氧化碳对光源衰弱的影响，选取可见光作为光源。该光源产生光谱范围为 400 nm～700 nm 的纯白炽平行光，要求光照稳定。

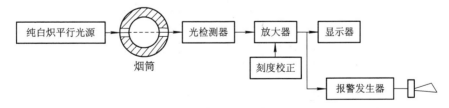

图 7 - 29　吸收式烟尘浊度检测仪的组成框图

光检测器选取光谱响应范围为 400 nm～600 nm 的光电管，获得随浊度变化的相应电信号。为提高检测灵敏度，采用具有高增益、高输入阻抗、低零漂、高共模抑制比的运算放大器，对电信号进行放大。刻度校正被用来进行调零与调满，以保证测试准确性。显示器可以显示浊度的瞬时值。报警发生器由多谐振荡器组成，当运算方法器输出的浊度信号超出规定值时，多谐振荡器工作，其输出经放大推动喇叭发出报警信号。为了测试的精确性，烟尘浊度检测仪应安装在烟道出口处能代表烟尘发射源的横截面部位。

7.3.5 路灯自动控制器

图 7-30 所示为利用硅光电池实现路灯自动控制的电路。当天黑无光照射时，控制电路中的 VT_1、VT_2 均处于截止状态，继电器 K 的线圈断电，其常闭触点接通电路中的交流接触器 KM 线圈，从而使接触器的常开主触点闭合，路灯点亮。当天亮时，硅光电池 B 受到光的照射，产生 0.2 V～0.5 V 的电动势，使三极管 VT_1、VT_2 导通，最终导致接触器主触点断开，路灯熄灭。调节电位器 R_W，可以调整三极管 VT_1 导通或截止的阈值，从而调整光电开关的灵敏度。图 7-30(b) 中将交流接触器的 3 个常开主触点并联，是为了适应较大负荷的需要。

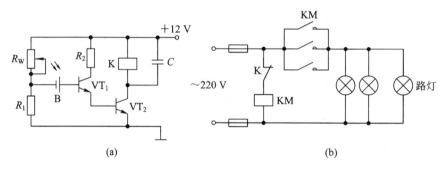

图 7-30 路灯自动控制电路
(a) 控制电路原理图；(b) 主电路

图 7-31 所示的是电冰箱照明灯故障检测器电路。此检测器可检测电冰箱的照明工作情况。M5232L、VT、C 等组成一个光控音频振荡器，在有光照时，音频振荡器停振，B 无声；当无光照射时，音频振荡器开始振荡，B 发声。使用时，只需将检测器放到冰箱的照明灯下面即可。关闭箱门后，B 应发声，如不发声，说明照明灯没有熄灭，可判断照明电路或照明开关出现故障，应及时修理。

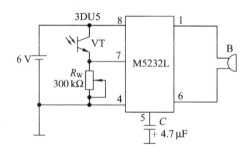

图 7-31 电冰箱照明灯故障检测器电路

7.4 图像传感器

图像传感器是能感受光学图像信息并转换成可用输出信号的传感器。图像传感器是组成数字摄像头的重要组成部分,根据元件不同分为 CCD(Charge-Coupled Device,电荷耦合元件)、CMOS(Complementary Metal-Oxide Semiconductor,金属氧化物半导体元件)。CCD 是应用在摄影、摄像方面的高端技术元件,CMOS 则应用于较低影像品质的产品中。

7.4.1　CCD 的优点

电荷耦合元件(CCD)是一种大规模金属氧化物半导体(MOS)集成电路光电元件,它以电荷为信号,具有光电信号转换、存储、转移并读出信号电荷的功能。CCD 自问世以来,由于其独特的性能而发展迅速,广泛应用于航天、遥感、工业、农业、天文及通信等军用及民用领域信息存储及信息处理等方面,尤其适用以上领域中的图像识别技术。

CCD 于 1969 年在贝尔试验室研制成功,之后由日商等公司开始量产,其发展历程已经几十年,从初期的 10 多万像素已经发展至目前主流应用的 500 万像素、800 万像素、1000 万像素、1200 万像素甚至更高。CCD 又可分为线型(Linear)与面型(Area)两种,其中线型应用于影像扫瞄器及传真机上,而面型主要应用于数码相机(DSC)、摄录影机、监视摄影机等多项影像输入产品上。

一般认为,CCD 传感器有以下优点:

(1) 高解析度。像点的大小为 μm 级,可感测及识别精细物体,提高影像品质。从早期 1 寸、1/2 寸、2/3 寸、1/4 寸到目前的 1/9 寸,像素从初期的 10 多万像素增加到现在的 1200 万像素。

(2) 低杂讯、高敏感度。CCD 具有很低的读出杂讯和暗电流杂讯,因此提高了信噪比,同时又具有高敏感度,很低光度的入射光也能侦测到,其讯号不会被掩盖,使 CCD 的应用不受天候拘束。

(3) 动态范围广。同时侦测及分辨强光和弱光,提高系统环境的使用范围,不因亮度差异大而造成信号反差现象。

(4) 良好的线性特性曲线。入射光源强度和输出讯号大小呈良好的正比关系,物体资讯不致损失,降低信号补偿处理成本。

(5) 高光子转换效率。很微弱的入射光照射都能被记录下来,若配合影像增强管及投光器,即使在暗夜,远处的景物也可以侦测到。

(6) 大面积感光。利用半导体技术已可制造大面积的 CCD 晶片,目前与传统底片尺寸相当的 35 mm 的 CCD 已经开始应用在数码相机中。

(7) 光谱响应广。能检测很宽波长范围的光,增加系统使用弹性,扩大系统应用领域。

(8) 低影像失真。使用 CCD 感测器,其影像处理不会有失真的情形,使原物体资讯真实地反映出来。

(9) 体积小、重量轻。CCD 具备体积小且重量轻的特性,因此,可容易地装置在人造卫星及各式导航系统上。

(10) 低耗电力。不受强电磁场影响。

(11) 电荷传输效率佳。该效率系数影响信噪比、解像率,若电荷传输效率不佳,影像将变得较模糊。

(12) 可大批量生产,品质稳定,坚固,不易老化,使用方便,易保养。

7.4.2 CCD 的工作原理

1. 电荷存储原理

CCD 是由若干个电荷耦合单元组成的。其基本单元是 MOS(金属-氧化物-半导体)电容器，如图 7-32(a)所示。它以 P 型(或 N 型)半导体为衬底，上面覆盖一层厚度约 120 nm 的 SiO_2，再在 SiO_2 表面依次沉积一层金属电极而构成 MOS 电容转移器件。这样一个 MOS 结构称为一个光敏元或一个像素。将 MOS 阵列加上输入、输出结构就构成了 CCD 器件。

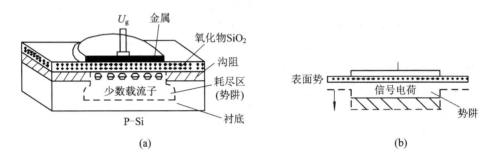

图 7-32 MOS 电容器

(a) MOS 电容截面；(b) 势阱图

构成 CCD 的基本单元是 MOS 电容器。与其他电容器一样，MOS 电容器能够存储电荷。如果 MOS 电容器中的半导体是 P 型硅，当在金属电极上施加一个正电压 U_g 时，P 型硅中的多数载流子(空穴)受到排斥，半导体内的少数载流子(电子)吸引到 P-Si 界面处来，从而在界面附近形成一个带负电荷的耗尽区，也称表面势阱，如图 7-32(b)所示。对带负电的电子来说，耗尽区是个势能很低的区域。如果有光照射在硅片上，在光子作用下，半导体硅产生了电子-空穴对，由此产生的光生电子就被附近的势阱所吸收，势阱内所吸收的光生电子数量与入射到该势阱附近的光强成正比，存储了电荷的势阱被称为电荷包，而同时产生的空穴被排斥出耗尽区。在一定的条件下，所加正电压 U_g 越大，耗尽层就越深，Si 表面吸收少数载流子表面势(半导体表面对于衬底的电势差)也越大，这时势阱所能容纳的少数载流子电荷的量就越大。

CCD 的信号是电荷，那么信号电荷是怎样产生的呢？CCD 的信号电荷产生有两种方式：光信号注入和电信号注入。CCD 用作固态图像传感器时，接收的是光信号，即光信号注入。图 7-33(a)是背面光注入方法，如果用透明电极也可用正面光注入方法。当 CCD 器件受光照射时，在栅极附近的半导体内产生电子-空穴对，其多数载流子(空穴)被排斥进入衬底，而少数载流子(电子)则被收集在势阱中，形成信号电荷，并存储起来。存储电荷的多少正比于照射的光强，从而可以反映图像的明暗程度，实现光信号与电信号之间的转换。所谓电信号注入，就是 CCD 通过输入结构对信号电压或电流进行采样，将信号电压或电流转换成信号电荷。图 7-33(b)是用输入二极管进行电注入，该二极管是在输入栅衬底上扩散形成的。当输入栅 IG 加上宽度为 Δt 的正脉冲时，输入二极管 PN 结的少数载流子通过输入栅下的沟道注入 Φ_1 电极下的势阱中，注入电荷量 $Q = I_D \Delta t$。

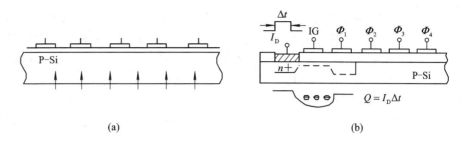

图 7-33　电荷注入方法

（a）背面光注入；（b）电注入

2. 电荷转移原理

CCD 最基本的结构是一系列彼此非常靠近的 MOS 电容器，这些电容器用同一半导体衬底制成，衬底上面涂覆一层氧化层，并在其上制作许多互相绝缘的金属电极，相邻电极之间仅隔极小的距离，以保证相邻势阱耦合及电荷转移。对于可移动的电荷信号都将力图向表面势大的位置移动。为保证信号电荷按确定方向和路线转移，在各电极上所加的电压严格满足相位要求，下面以三相（也有二相和四相）时钟脉冲控制方式为例说明电荷定向转移的过程。把 MOS 光敏元电极分成三组，在其上面分别施加三个相位不同的控制电压 Φ_1、Φ_2、Φ_3，见图 7-34（b），控制电压 Φ_1、Φ_2、Φ_3 的波形见图 7-34（a）。

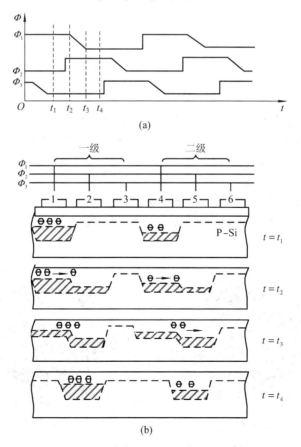

图 7-34　三相 CCD 时钟电压与电荷转移的关系

（a）三相时钟脉冲波形；（b）电荷转移过程

当 $t=t_1$ 时，Φ_1 相处于高电平，Φ_2、Φ_3 相处于低电平，在电极 1、4 下面出现势阱，存储了电荷。当 $t=t_2$ 时，Φ_2 相也处于高电平，电极 2、5 下面出现势阱。由于相邻电极之间的间隙很小，电极 1、2 及 4、5 下面的势阱互相耦合，使电极 1、4 下的电荷向电极 2、5 下面的势阱转移。随着 Φ_1 电压的下降，电极 1、4 下的势阱相应变浅。当 $t=t_3$ 时，有更多的电荷转移到电极 2、5 下的势阱内。当 $t=t_4$ 时，只有 Φ_2 相处于高电平，信号电荷全部转移到电极 2、5 下面的势阱内。随着控制脉冲的变化，信号电荷便从 CCD 的一端转移到终端，实现了电荷的耦合与转移。

3. 电荷的输出

图 7-35 是 CCD 输出端结构示意图。它实际上是在 CCD 阵列的末端衬底上制作一个输出二极管，当输出二极管加上反向偏压时，转移到终端的电荷在时钟脉冲作用下移向输出二极管，被二极管的 PN 结所收集，在负载 R_L 上就形成脉冲电流 I_o。输出电流的大小与信号电荷大小成正比，并通过负载电阻 R_L 变为信号电压 U_o 输出。

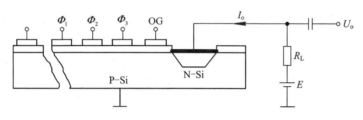

图 7-35 CCD 输出端结构

7.4.3 CCD 的分类

CCD 固态图像传感器由感光部分和移位寄存器组成。感光部分是指在同一半导体衬底上布设的由若干光敏单元组成的阵列元件，光敏单元简称"像素"。固态图像传感器利用光敏单元的光电转换功能将投射到光敏单元上的光学图像转换成电信号"图像"，即将光强的空间分布转换为与光强成正比的、大小不等的电荷包空间分布，然后利用移位寄存器的移位功能将电信号"图像"传送，经输出放大器输出。

根据光敏元件排列形式的不同，CCD 固态图像传感器可分为线型和面型两种，如图 7-36 所示。

(a)   (b)

图 7-36 线型 CCD 与面型 CCD 的外形
(a) 线型 CCD 外形；(b) 面型 CCD 外形

1. 线型 CCD 图像传感器

线型 CCD 图像传感器是由一系列 MOS 光敏单元和一系列 CCD 移位寄存器构成的，光敏单元与移位寄存器之间有一个转移控制栅，如图 7-37(a)所示。转移控制栅控制光电荷向移位寄存器转移，一般使信号转移时间远小于光积分时间。在光积分周期里，各个光敏单元中所积累的光电荷与该光敏单元上所接收的光照强度和光积分时间成正比，光电荷存储于光敏单元的势阱中。当转移控制栅开启时，各光敏单元收集的信号电荷并行地转移到 CCD 移位寄存器的相应单元中。当转移控制栅关闭时，MOS 光敏单元阵列又开始下一行的光电荷积累。同时，在移位寄存器上施加时钟脉冲，将已转移到 CCD 移位寄存器内的上一行的信号电荷由移位寄存器串行输出，如此重复上述过程。

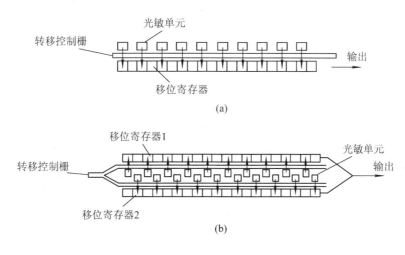

图 7-37 线型 CCD 图像传感器
（a）单行结构；（b）双行结构

图 7-37(b)为 CCD 的双行结构图。光敏单元中的信号电荷分别转移到上下方的移位寄存器中，然后在时钟脉冲的作用下向终端移动，在输出端交替合并输出。这种结构与长度相同的单行结构相比较，可以获得高出两倍的分辨率；同时由于转移次数减少一半，使 CCD 电荷转移损失大为减少；双行结构在获得相同效果的情况下，又可缩短器件尺寸。由于这些优点，双行结构已发展成为线型 CCD 图像传感器的主要结构形式。

线型 CCD 图像传感器可以直接接收一维光信息，不能直接将二维图像转变为视频信号输出，为了得到整个二维图像的视频信号，就必须用扫描的方法。

线型 CCD 图像传感器主要用于测试、传真和光学文字识别技术等方面。

2. 面型 CCD 图像传感器

按一定的方式将一维线型光敏单元及移位寄存器排列成二维阵列，即可以构成面型 CCD 图像传感器。

面型 CCD 图像传感器分为线转移面型 CCD、帧转移面型 CCD 和隔离转移面型 CCD，如图 7-38 所示。

图 7-38(a)为线转移面型 CCD 的结构图。它由行扫描发生器、感光区和输出寄存器等组成。行扫描发生器将光敏单元内的信息转移到水平(行)方向上，驱动脉冲将信号电荷一位位地按箭头方向转移，并移入输出寄存器，输出寄存器亦在驱动脉冲的作用下使信号

电荷经输出端输出。这种转移方式具有有效光敏面积大、转移速度快、转移效率高等特点，但电路比较复杂，易引起图像模糊。

图 7-38(b)为帧转移面型 CCD 的结构图。它由光敏元面阵(感光区)、存储器面阵和输出移位寄存器三部分构成。图像成像到光敏元面阵，当光敏单元的某一相电极加有适当的偏压时，光生电荷将收集到这些光敏单元的势阱里，光学图像变成电荷包图像。当光积分周期结束时，信号电荷迅速转移到存储器面阵，经输出端输出一帧信息。当整帧视频信号自存储器面阵移出后，就开始下一帧信号的形成。这种面型 CCD 的特点是结构简单，光敏单元密度高，但增加了存储区。

图 7-38(c)所示结构是用得最多的一种结构形式。它将光敏单元与垂直转移寄存器交替排列。在光积分期间，光生电荷存储在感光区光敏单元的势阱里；当光积分时间结束，转移栅的电位由低变高，信号电荷进入垂直转移寄存器中。随后，一次一行地移动到输出移位寄存器中，然后移位到输出器件，在输出端得到与光学图像对应的一行行视频信号。这种结构的感光单元面积减小，图像清晰，但单元设计复杂。

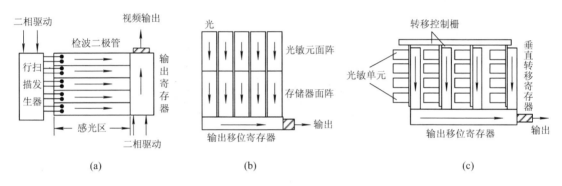

图 7-38 面型 CCD 图像传感器结构

(a) 线转移面型 CCD；(b) 帧转移面型 CCD；(c) 隔离转移面型 CCD

面型 CCD 图像传感器主要用于摄像机及测试技术。

7.4.4 CCD 图像传感器的特性参数

用来评价 CCD 固体图像传感器的主要参数有光电转移效率、分辨率、灵敏度、光谱响应、动态范围、暗电流及噪声等，不同的应用场合，对特性参数的要求也各不相同。

1. 光电转移效率

当 CCD 中电荷包从一个势阱转移到另一个势阱时，若 Q_1 为转移一次后的电荷量，Q_0 为原始电荷量，则转移效率定义为

$$\eta = \frac{Q_1}{Q_0} \tag{7-3}$$

当信号进行 N 次转移时，总转移效率为

$$\frac{Q_N}{Q_0} = \eta^N = (1-\varepsilon)^N \tag{7-4}$$

式中，ε——转移损耗。

因 CCD 中每个电荷在传送过程中都要进行成百上千次的转移，因此要求转移效率 η 必须达到 99.99%～99.999%，以保证总转移效率在 99% 以上。CCD 器件总效率太低时，就失去了实用价值，所以 η 一定时，就限制了转移次数或器件的最长位数。

2. 分辨率

分辨率是指摄像器件对物像中明暗细节的分辨能力，是图像传感器最重要的特性，主要取决于感光单元之间的距离。

3. 灵敏度及光谱响应

图像传感器的灵敏度是指单位发射照度下，单位时间、单位面积发射的电量。图 7-39 为光谱灵敏度特性。光从表面照射传感器时，通过多晶硅层，使蓝光的灵敏度下降。从背面照射时，器件的厚度必须减薄到 $10~\mu m$。另外，在图像传感器表面加上多层抗反射的涂层，以增强其光学透性。

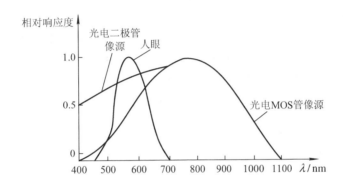

图 7-39　光谱灵敏度特性

4. 动态范围

饱和曝光量和等效曝光量的比值称为 CCD 的动态范围。CCD 器件的动态范围一般在 10^3～10^4 数量级。

5. 暗电流

暗电流起因于热激发产生的电子-空穴对，是缺陷产生的主要原因。光信号电荷的积累时间越长，其影响就越大。同时暗电流的产生不均匀，在图像传感器中出现固定图形，暗电流限制了器件的灵敏度和动态范围，暗电流大的地方，多数会出现暗电流尖峰。

暗电流与温度密切相关，温度每降低 10℃，暗电流约减小为原来的一半。对于每个器件，产生暗电流尖峰的缺陷总是出现在相同位置的单元上，利用信号处理，把出现暗电流尖峰的单元位置存储在 PROM(可编程只读存储器)中，单独读取相应单元的信号值，就能消除暗电流尖峰的影响。

6. 噪声

CCD 是低噪声器件，但由于其他因素产生的噪声会叠加到信号电荷上，使信号电荷的转移受到干扰。

噪声的来源有转移噪声、散粒噪声、电注入噪声、信号输入噪声等。

7.4.5 CCD 图像传感器的应用

CCD 图像传感器的应用主要体现在以下几个方面:

(1)计量检测仪器:工业生产产品的尺寸、位置、表面缺陷的非接触在线检测、距离测定等。

(2)光学信息处理:光学文字识别、标记识别、图形识别、传真、摄像等。

(3)生产过程自动化:自动工作机械、自动售货机、自动搬运机、监视装置等。

(4)军事应用:导航、跟踪、侦查(带摄像机的无人驾驶飞机、卫星侦查)。

CCD 图像传感器具有高分辨率和高灵敏度,具有较宽的动态范围,这些特点决定了它可以广泛应用于自动控制和自动测量中,尤其适用于图像识别技术。CCD 图像传感器在物体的位置检测、工件尺寸的精确测量及工件缺陷的检测方面有独到之处。下面是一个利用 CCD 图像传感器进行工件尺寸检测的例子。

图 7-40 为应用线型 CCD 图像传感器测量物体尺寸系统。物体成像聚焦在图像传感器的光敏面上,视频处理器对输出的视频信号进行存储和数据处理,整个过程由微机控制完成。根据光学几何原理,可以推导被测物体尺寸的计算公式,即

$$D = \frac{np}{M} \tag{7-5}$$

式中:n——覆盖的光敏像素数;

p——像素间距;

M——倍率。

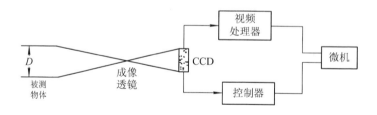

图 7-40 CCD 图像传感器工件尺寸检测系统

微机可对多次测量求平均值,精确得到被测物体的尺寸。对任何能够用光学成像的零件都可以用这种方法实现不接触地在线自动检测。

本 章 小 结

光电式传感器是一种能够将光信号转换为电信号的装置。它是以光电元件作为转化元件,将被测非电量通过光量的变化再转化成电量的传感器。光电式传感器一般由光源、光学元件和光电元件三部分组成。光电元件是构成光电式传感器最主要的部件。

在光线的作用下,物体内的电子逸出物体表面向外发射的现象称为外光电效应。基于外光电效应的光电器件有光电管和光电倍增管等。在光线的作用下,物体的导电性能发生变化或产生光生电动势的效应称为内光电效应。基于内光电效应的光电器件有光敏电阻、

光敏二极管、光敏晶体管和光电池等。

光电器件响应快、结构简单、使用方便，而且有较高的可靠性，因此在自动检测、计算机和控制系统中广泛应用。

电荷耦合元件(CCD)是一种大规模金属氧化物半导体集成电路光电元件，它与光敏二极管阵列集成为一体，构成具有自扫描功能的 CCD 图像传感器，可实现光电信号转换、存储、转移并读出信号电荷的功能。它不仅作为高质量固体化的摄像器件成功地应用于广播电视、可视电话和无线电传真，而且在生产过程自动检测和控制等领域已显示出广阔的应用前景和巨大的潜力。

思考题与习题

7-1　光电效应有哪几种？相对应的光电器件各有哪些？

7-2　试述光敏电阻、光敏二极管、光敏晶体管和光电池的工作原理，及在实际应用时的各种特点。

7-3　光电耦合器分为哪两类？各有什么用途？

7-4　试述光电开关的工作原理(拟定光电开关用于自动装配流水线上工作的计数装置检测系统)。

7-5　什么是光电元件的光谱特性？

7-6　常用的半导体光电元件有哪些？它们的电路符号是什么？

7-7　CCD 的电荷转移原理是什么？

7-8　试对面型 CCD 图像传感器进行分类，并介绍它们各自的特点。

7-9　为什么要求 CCD 器件的电荷转移效率要很高？

基础训练　光电式传感器测转速

一、实训目的

(1) 了解光电式传感器测速的原理。

(2) 观察并了解光电式传感器的结构，熟悉光电式传感器的工作特性，掌握光电式传感器测速的基本方法。

二、实训原理

电机的转动使光纤探头与反射面(电机转盘)的相对位置发生变化，从而导致光电元件接收到的光的强度发生变化，光电元件将此光强的变化转换为相应的电信号的变化，电信号经放大、波形整形输出方波，再经 F/V 转换测出频率。只要测出此电信号的频率，就可以知道被测的转速。

三、实训设备和器材

实训设备和器材包括电机控制单元，小电机，F/V 表，差动放大器，光电式传感器，主、副电源，直流稳压电源和示波器等。

四、实训内容和步骤

(1) 在传感器的安装顶板上，拧松小电机前面的轴套的调节螺钉，连轴拆去电涡流传感器，换上光电传感器。将光电传感器控头对准小电机上的小白圆圈（反射面），调节传感器高度，离反射面 2 mm～3 mm 为宜。

(2) 按图 7-41 所示接线，将差动放大器的增益调至最大，将 F/V 表的切换开关置为 2 V，开启主、副电源。

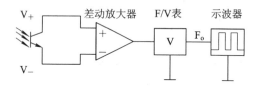

图 7-41　测量电路图

(3) 将光纤探头移至电机上方对准电机上的反光纸，调节光纤传感器的高度，使 F/V 表显示最大。再用手稍微转动电机，让反光面避开光纤探头。调节差动放大器，使 F/V 表显示接近零。

(4) 合上主、副电源，将可调整 ±2 V～±10 V 的直流稳压电源的切换开关切换到 ±10 V，在电机控制单元的 V_+ 处接入 +10 V 电压，调节转速旋钮使电机转动。

(5) 将 F/V 表的切换开关切换到 2 k 挡测频率，F/V 表显示频率值。用示波器观察 F_o 输出口的转速脉冲信号（$U_{P-P} > 2$ V）。

(6) 根据脉冲信号的频率及电机上反光片的数目换算出此时的电机转速。

五、注意事项

(1) 如示波器上观察不到脉冲波形而实验又正常，可调整探头与电机间的距离，同时检查示波器的输入衰减开关位置是否合适（建议使用不带衰减的探头）。

(2) 接线端子接触必须牢靠。

拓展训练　光电式接近开关用于生产线上的产品计数

光电式接近开关又称为无接触检测和控制开关，它利用物质对光束的遮蔽、吸收或反射等作用，对物体的位置、形状、标志、符号等进行检测。光电式接近开关所检测物体不限于金属，所有能反射光线的物体均可被检测。利用光电式接近开关可以制成产品计数器，广泛应用于自动化生产线的产品计数，具有无接触、安全可靠的优点。

请以所了解的光电式接近开关的知识，设计一个生产线上的产品计数装置。当产品在传送带上运行时，不断地遮挡光源到光敏器件间的光路，使光电脉冲电路随着产品的有无产生一个个电脉冲信号。产品每遮光一次，光电脉冲电路便产生一个脉冲信号，因此，输出的脉冲数即代表产品的数目。该脉冲经计数电路计数并由显示电路显示出来。画出相应的结构图并说明工作原理。

第8章　热电式传感器

☞ 学习目标

(1) 理解热电效应的概念,掌握热电偶的结构及热电势的组成。

(2) 理解热电偶的基本定律,掌握热电偶的测温电路及应用。

(3) 掌握热电阻、热敏电阻的工作原理及工作特性。

(4) 了解集成温度传感器的原理及输出类型。

8.1　热　电　偶

　　热电偶传感器是工业中使用最为普遍的接触式测温装置。这是因为热电偶具有性能稳定、测温范围大、信号可以远距离传输等特点,并且结构简单、使用方便。热电偶能够将热能直接转换为电信号,并且输出直流电压信号,使得显示、记录和传输都很容易。

8.1.1　热电效应和热电偶测温原理

1. 热电效应

热电偶传感器是利用热电效应来测量温度的。

1821 年,德国物理学家赛贝克(T. J. Seebeck)用两种不同金属组成闭合回路,并用酒精灯加热其中一个接触点(称为结点),发现放在回路中的指南针发生偏转,如图 8-1 所示。如果用两盏酒精灯同时加热两个结点,指南针的偏转角会减小。显然,指南针的偏转说明了回路中有电动势产生并有电流在回路中流动,电流的强弱与两个结点的温差有关。

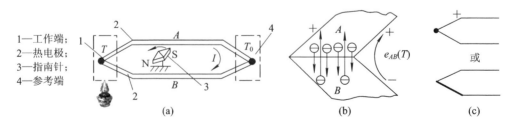

1—工作端;　　2—热电极;　　3—指南针;　　4—参考端

图 8-1　热电偶原理图

(a) 热电效应;(b) 结点产生热电动势示意图;(c) 图形符号

当两个结点温度不相同时，回路中将产生电动势。这种物理现象称为热电效应。两种不同材料的导体所组成的回路称为热电偶。组成热电偶的导体称为热电极。热电偶所产生的电动势称为热电动势（以下简称热电势）。热电偶的两个结点中，置于温度为 T 的被测对象中的结点称之为测量端（又称为工作端或热端）；而置于参考温度为 T_0 的另一结点称之为参考端（又称自由端或冷端）。

2. 热电偶测温原理

图 8-2 所示是最简单的热电偶传感器测温系统示意图。该测温回路由热电偶、连接导线及显示仪表构成。

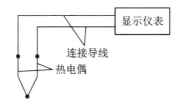

图 8-2　热电偶传感器测温系统示意图

在图 8-1(a)所示的回路中，所产生的热电势由两部分组成：接触电势和温差电势。

接触电势是由两种不同导体的自由电子密度不同而在接触处形成的电动势。两种导体接触时，自由电子由密度大的导体向密度小的导体扩散，在接触处失去电子的一侧带正电，得到电子的一侧带负电，形成稳定的接触电势，如图 8-3 所示。接触电势的数值取决于两种不同导体的性质和接触点的温度。两触点的接触电势 $E_{AB}(T)$ 和 $E_{AB}(T_0)$ 可分别表示为

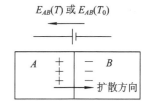

图 8-3　接触电势

$$E_{AB}(T) = \frac{kT}{e}\ln\frac{N_A(T)}{N_B(T)} = -E_{BA}(T) \tag{8-1}$$

$$E_{AB}(T_0) = \frac{kT_0}{e}\ln\frac{N_A(T_0)}{N_B(T_0)} = -E_{BA}(T_0) \tag{8-2}$$

式中：k——玻耳兹曼常数，$k = 1.38 \times 10^{-23}$ J/K；

　　　e——单位电荷电量，$e = 1.6 \times 10^{-19}$ C；

　　　$N_A(T)$、$N_B(T)$ 和 $N_A(T_0)$、$N_B(T_0)$——分别在温度 T 和 T_0 时，导体 A、B 的电子密度。

温差电势是同一导体的两端因其温度不同而产生的一种热电势。同一导体的两端温度不同时，高温端的电子能量要比低温端的电子能量大，因而从高温端跑到低温端的电子数比从低温端跑到高温端的要多，结果高温端因失去电子而带正电，低温端因获得多余的电子而带负电，从而在导体两端形成温差电势，如图 8-4 所示。温差电势 $E_A(T, T_0)$ 和 $E_B(T, T_0)$ 可分别表示为

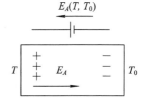

图 8-4　温差电势

$$E_A(T, T_0) = \frac{K}{e}\int_{T_0}^{T}\frac{1}{N_A(T)} \cdot \frac{\mathrm{d}(N_A(T) \cdot t)}{\mathrm{d}t}\mathrm{d}t \tag{8-3}$$

$$E_B(T, T_0) = \frac{K}{e} \int_{T_0}^{T} \frac{1}{N_B(T)} \cdot \frac{\mathrm{d}(N_B(T) \cdot t)}{\mathrm{d}t} \mathrm{d}t \qquad (8-4)$$

式中：$N_A(T)$ 和 $N_B(T)$——A 导体和 B 导体在温度 T 时的电子密度，是温度的函数。

热电偶回路中产生的总热电势为

$$E_{AB}(T, T_0) = E_{AB}(T) + E_B(T, T_0) - E_{AB}(T_0) - E_A(T, T_0) \qquad (8-5)$$

在总热电势中，温差电势比接触电势小很多，可忽略不计，故热电偶的总热电势可表示为

$$E_{AB}(T, T_0) = E_{AB}(T) - E_{AB}(T_0) \qquad (8-6)$$

对于已选定的热电偶，当参考端温度 T_0 恒定时，$E_{AB}(T_0) = c$ 为常数，则总热电势就只与温度 T 成单值函数关系，即

$$E_{AB}(T, T_0) = E_{AB}(T) - c = f(T) \qquad (8-7)$$

实际应用中，热电势与温度之间的关系是通过热电偶分度表来确定的。分度表是在参考端温度为 0℃时，通过实验建立起来的热电势与工作端温度之间的数值对应关系。

8.1.2　热电偶的基本定律

用热电偶测温，应掌握热电偶的基本定律。下面引述几个常用的热电偶定律。

1. 均质导体定律

由两种均质导体组成的热电偶，其热电动势的大小只与两种材料及两个触点温度有关，与热电偶的尺寸大小、形状及沿电极各处的温度分布无关。即如材料不均匀，当导体上存在温度梯度时，将会有附加电动势产生。这条定律简称均质导体定律。该定律说明热电偶必须由两种不同性质的均质材料构成。

2. 中间导体定律

利用热电偶进行测温，必须在回路中引入连接导线和仪表。接入导线和仪表后是否会影响回路中的热电势？中间导体定律指出，在热电偶测温回路内接入第三种导体，只要第三种导体的两端温度相同，对回路的总热电势就不会产生影响。

如图 8-5(a)、(b)所示为接入第三种导体时热电偶回路的两种形式。在图 8-5(c)所示的回路中，由于温差电势可忽略不计，则回路中的总热电势等于各触点的接触电势之和，即

$$E_{ABC}(T, T_0) = E_{AB}(T) + E_{BC}(T_0) + E_{CA}(T_0) \qquad (8-8)$$

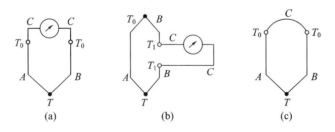

图 8-5　接入中间导体的热电偶回路

当 $T = T_0$ 时，$E_{ABC}(T, T_0) = 0$，则

$$E_{BC}(T_0) + E_{CA}(T_0) = -E_{AB}(T_0) \qquad (8-9)$$

所以
$$E_{ABC}(T, T_0) = E_{AB}(T) - E_{AB}(T_0) = E_{AB}(T, T_0) \qquad (8-10)$$

式(8-10)说明，在热电偶测温回路内接入第三种导体，只要第三种导体的两端温度相同，对回路的总热电势就不会产生影响。

3. 中间温度定律

在热电偶测温回路中，T_n 为热电极上某一点的温度，热电偶 A、B 在触点温度为 T、T_0 时的热电势 $E_{AB}(T, T_0)$ 等于热电偶 A、B 在触点温度为 T、T_n 和 T_n、T_0 时的热电势 $E_{AB}(T, T_n)$ 和 $E_{AB}(T_n, T_0)$ 的代数和，即
$$E_{AB}(T, T_0) = E_{AB}(T, T_n) + E_{AB}(T_n, T_0) \qquad (8-11)$$
该定律即为中间温度定律。该定律是参考端温度计算修正法的理论依据，在实际热电偶测温回路中，利用热电偶这一性质，可对参考端温度不为 0℃ 的热电势进行修正。另外，根据这个定律，可以连接与热电偶热电特性相近的导体 A' 和 B'，如图 8-6(b)所示，将热电偶冷端延伸到温度恒定的地方，这也为热电偶回路中应用补偿导线提供了理论依据。

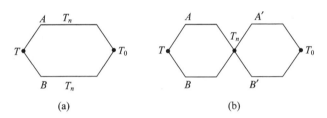

图 8-6　中间温度定律

(a) 热电偶回路；(b) 应用补偿导线

8.1.3　热电偶类型和热电偶材料

从理论上讲，任何两种不同材料的导体都可以组成热电偶，但为了准确、可靠地测量温度，对组成热电偶的材料必须经过严格的选择。工程上用于热电偶的材料应满足以下条件：

(1) 化学性能稳定，以保证在不同介质中测量时不被腐蚀；

(2) 热电势高，导电率高，且电阻温度系数小；

(3) 便于制造；

(4) 复现性好，便于成批生产。

实际上并非所有材料都能满足上述要求。目前被公认为比较好的热电偶的材料只有几种。国际电工委员会(IEC)向世界各国推荐 8 种标准化热电偶。所谓标准化热电偶，就是它已列入工业标准化文件中，具有统一的分度表。现在工业上常用的 4 种标准化热电偶材料为：铂铑$_{30}$-铂铑$_6$(B 型)、铂铑$_{10}$-铂(S 型)、镍铬-镍硅(K 型)和镍铬-铜镍(我国通常称为镍铬-康铜)(E 型)。我国从 1991 年开始采用国际计量委员会规定的"1990 年国际温标"(简称 ITS-90)的新标准。按此标准，共有 8 种标准化了的通用热电偶，如表 8-1 所示。表 8-1 所列热电偶中，写在前面的热电极为正极，写在后面的热电极为负极。

表 8-1 标准化热电偶的主要性能和特点

名 称	分度号	代号	测温范围/℃	100℃时的热电势/mV	特 点
铂铑$_{30}$-铂铑$_6$	B(LL-2)	WRR	50~1820	0.033	熔点高,测温上限高,性能稳定,精度高,100℃以下时热电势极小,可不必考虑冷端补偿;但价格较高,热电势小;只适用于高温域的测量
铂铑$_{13}$-铂	R(PR)	—	−50~1768	0.647	使用上限较高,精度高,性能稳定,复现性好;但热电势较小,不能在金属蒸气和还原性气氛中使用,在高温下连续使用,其特性会逐渐变坏,价格较高;多用于精密测量
铂铑$_{10}$-铂	S(LB-3)	WRP	−50~1768	0.646	性能不如铂铑$_{13}$-铂热电偶;曾作为国际温标的法定标准热电偶
镍铬-镍硅	K(EU-2)	WRN	−270~1370	4.095	热电势大,线性好,稳定性好,价格便宜;但材质较硬,在1000℃以上长期使用会引起热电动势漂移;多用于工业测量
镍铬硅-镍硅	N	—	−270~1370	2.774	一种新型热电偶,各项性能比K型热电偶更好;适宜于工业测量
镍铬-铜镍(康铜)	E(EA-2)	WRK	−270~800	6.319	热电势比K型热电偶大50%左右,线性好,耐高温,价格便宜;但不能用于还原性气体;多用于工业测量
镍铬-铜镍(康铜)	J(JC)	—	−210~760	5.269	价格便宜,在还原性气体中较稳定;但纯铁易被腐蚀和氧化;多用于工业测量
镍铬-铜镍(康铜)	T(CK)	WRC	−210~400	4.279	价格便宜,加工性能好,离散性小,性能稳定,线性好,精度高;铜在高温时易被氧化,测温上限低;多用于低温域测量,可作−200℃~0℃温域的计量标准

注:① 铂铑$_{30}$表示该合金含70%铂及30%铑。

② 括号内为我国旧的分度号。

另外,还有一些特殊用途的热电偶,以满足特殊测温的需要。

8.1.4 热电偶的结构形式

为了适应不同生产对象的测温要求和条件,热电偶的结构形式有普通型热电偶、铠装型热电偶和薄膜型热电偶等。

1. 普通型热电偶

普通型热电偶工业上使用最多,它一般由热电极、绝缘套管、保护套管和接线盒组成,其结构如图8-7所示。普通型热电偶按其安装时的连接形式可分为固定螺纹连接、固定法兰连接、活动法兰连接、无固定装置等多种形式。

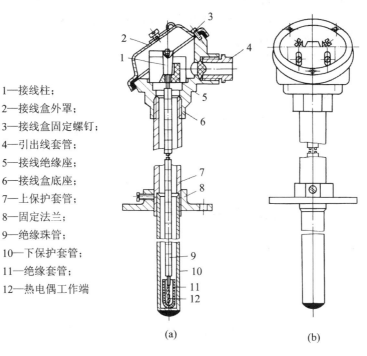

1—接线柱；

2—接线盒外罩；

3—接线盒固定螺钉；

4—引出线套管；

5—接线绝缘座；

6—接线盒底座；

7—上保护套管；

8—固定法兰；

9—绝缘珠管；

10—下保护套管；

11—绝缘套管；

12—热电偶工作端

图 8-7　普通型热电偶

（a）结构；（b）外形

2. 铠装型热电偶

铠装型热电偶（又称套管热电偶）是由内电极、绝缘材料和金属保护套管三者经拉伸加工而成的坚实组合体，如图 8-8 所示。铠装型热电偶可以做得很细很长，使用中随需要能任意弯曲。铠装型热电偶的主要优点是测温端热容量小，动态响应快，机械强度高，绕性好，可安装在结构复杂的装置上，因此被广泛用在许多工业部门中。

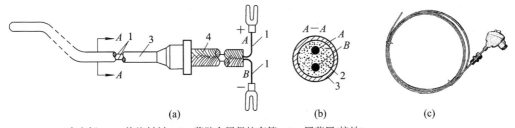

1—内电极；2—绝缘材料；3—薄壁金属保护套管；4—屏蔽层(接地)

图 8-8　铠装型热电偶

（a）结构；（b）径向剖面图；（c）外形

3. 薄膜型热电偶

薄膜型热电偶是由两种薄膜热电极材料用真空蒸镀、化学涂层等办法蒸镀到绝缘基板上而制成的一种特殊热电偶，如图 8-9 所示。薄膜型热电偶的热触点可以做得很小（可薄到 $0.01~\mu m \sim 0.1~\mu m$），具有热容量小、反应速度快等特点，热响应时间达微秒级，适用于微小面积上的表面温度以及快速变化的动态温度测量。安装时，用黏结剂将薄膜型热电偶黏结在被测物体壁面上。目前我国试制的有铁-镍、铁-康铜和铜-康铜三种,尺寸为 60 mm×6 mm×0.2 mm,绝缘基板采用云母、陶瓷片、玻璃及酚醛塑料纸等材料,测温范围在 300℃以下,反应时间仅为几毫秒。

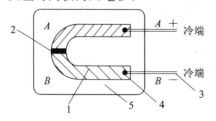

1—薄膜热电极;
2—工作端;
3—引出线(材质与热电极相同);
4—引脚接头;
5—绝缘基板

图 8-9 薄膜型热电偶

8.1.5 热电偶的补偿导线及冷端温度的补偿方法

当热电偶材料选定以后,热电势只与热端和冷端温度有关。因此,只有当冷端温度恒定时,热电偶的热电势和热端温度才有单值的函数关系。此外,热电偶的分度表是以冷端温度为 0℃作为基准进行分度的,而在实际使用过程中,冷端温度往往不为 0℃,所以必须对冷端温度进行处理,以消除冷端温度的影响。

当热端温度为 T 时,分度表所对应的热电势 $E_{AB}(T,0)$ 与热电偶实际产生的热电势 $E_{AB}(T,T_0)$ 之间的关系可由中间温度定律得到,即

$$E_{AB}(T,0) = E_{AB}(T,T_0) + E_{AB}(T_0,0)$$

可见,$E_{AB}(T_0,0)$ 是冷端温度 T_0 的函数,因此需要对热电偶冷端温度进行处理。对热电偶冷端温度进行处理的方法主要有冷端恒温法、补偿导线法、冷端温度修正法、补正系数法和补偿电桥法等。

1. 冷端恒温法

冷端恒温法就是将热电偶的冷端置于某一温度恒定不变的装置中。

热电偶的分度表是以 0℃为标准的,所以在实验室及精密测量中,通常把冷端放入 0℃恒温器或装满冰水混合物的容器中,以便冷端温度保持在 0℃,这种方法又称为冰浴法。这是一种理想的补偿方法,它消除了 T_0 不等于 0℃而引入的误差。由于冰融化较快,所以一般只适用于实验室中。冰浴法接线图如图 8-10 所示。

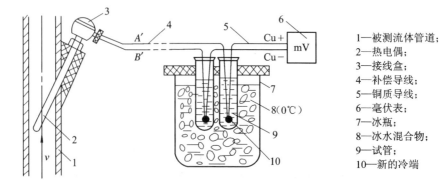

1—被测流体管道;
2—热电偶;
3—接线盒;
4—补偿导线;
5—铜质导线;
6—毫伏表;
7—冰瓶;
8—冰水混合物;
9—试管;
10—新的冷端

图 8-10 冰浴法接线图

也可以将热电偶的冷端置于电热恒温器中，恒温器的温度略高于环境温度的上限（例如 40℃）。或者将热电偶的冷端置于恒温空调房间中，使冷端温度恒定。

应该指出的是，除了冰浴法是使冷端温度保持在 0℃ 外，后两种方法只是使冷端维持在某一恒定（或变化较小）的温度上，因此后两种方法仍必须采用下述几种方法予以修正。

2. 补偿导线法

在实际测温时，需要把热电偶输出的热电势信号传输到远离现场数十米远的控制室里的显示仪表或控制仪表，这样冷端温度 T_0 比较稳定。热电偶一般做得较短，通常为 350 mm～2000 mm，这样需要用导线将热电偶的冷端延伸出来。工程中采用一种补偿导线，它通常由两种不同性质的廉价金属导线制成，而且在 0℃～100℃ 温度范围内，要求补偿导线和所配热电偶具有相同的热电特性，两个连接点温度必须相等，正、负极性不能接反。常用的补偿导线见表 8 - 2。

表 8 - 2　常用的补偿导线

补偿导线型号	配用热电偶	补偿导线材料		补偿导线绝缘层着色	
		正　极	负　极	正　极	负　极
SC	S	铜	铜镍合金	红色	绿色
KC	K	铜	铜镍合金	红色	蓝色
KX	K	镍铬合金	镍硅合金	红色	黑色
EX	E	镍硅合金	铜镍合金	红色	棕色
JX	J	铁	铜镍合金	红色	紫色
TX	T	铜	铜镍合金	红色	白色

3. 冷端温度修正法

采用补偿导线可使热电偶的冷端延伸到温度比较稳定的地方，但只要冷端温度 T_0 不等于 0℃，就需要对热电偶回路的测量电势值 $E_{AB}(T, T_0)$ 加以修正。当工作端温度为 T 时，分度表所对应的热电势 $E_{AB}(T, 0)$ 与热电偶实际产生的热电势 $E_{AB}(T, T_0)$ 之间的关系可由中间温度定律得到，即

$$E_{AB}(T, 0) = E_{AB}(T, T_0) + E_{AB}(T_0, 0) \tag{8-12}$$

由此可见，测量电势值 $E_{AB}(T, T_0)$ 的修正值为 $E_{AB}(T_0, 0)$。$E_{AB}(T_0, 0)$ 是参考端温度 T_0 的函数，经修正后的热电势为 $E_{AB}(T, 0)$，可由分度表中查出被测实际温度值 T。

例 8 - 1　用铜-康铜热电偶测某一温度 T，参考端在室温环境 T_H 中，测得热电势 $E_{AB}(T, T_H) = 1.999$ mV，又用室温计测出 $T_H = 21℃$，查此种热电偶的分度表可知，$E_{AB}(21, 0) = 0.832$ mV，故得

$$E_{AB}(T, 0) = E_{AB}(T, 21) + E_{AB}(21, 0) = 1.999 + 0.832 = 2.831 \text{ mV}$$

再次查分度表，与 2.831 mV 对应的热端温度 $T = 68℃$。

4. 补正系数法

补正系数法是把参考端实际温度 T_H 乘以系数 k，再加到由 $E_{AB}(T, T_H)$ 查分度表所得的温度上，成为被测温度 T。用公式表达，即

$$T = T' + k\,T_{\mathrm{H}} \qquad\qquad (8-13)$$

式中：T——未知的被测温度；

T'——参考端在室温下热电偶电势与分度表上对应的某个温度；

T_{H}——室温；

k——补正系数，其参数见表 8-3。

表 8-3　热电偶补正系数

温度 $T/℃$	补正系数 k	
	铂铑₁₀-铂(S)	镍铬-镍硅(K)
100	0.82	1.00
200	0.72	1.00
300	0.69	0.98
400	0.66	0.98
500	0.63	1.00
600	0.62	0.96
700	0.60	1.00
800	0.59	1.00
900	0.56	1.00
1000	0.55	1.07
1100	0.53	1.11
1200	0.53	—
1300	0.52	—
1400	0.52	—
1500	0.53	—
1600	0.53	—

例 8-2　用铂铑₁₀-铂热电偶测温，已知冷端温度 $T_{\mathrm{H}}=35℃$，这时热电势为 11.348 mV，查 S 型热电偶的分度表，得出与此相应的温度 $T'=1150℃$。再从表 8-3 中查出对应于 1150℃ 的补正系数 $k=0.53$。于是，被测温度为

$$T = 1150 + 0.53 \times 35 = 1168.55\ ℃$$

采用补正系数法比采用冷端温度修正法的计算误差可能大一点，但误差不大于 0.14%。

5. 补偿电桥法(冷端温度自动补偿法)

补偿电桥法是利用不平衡电桥产生的不平衡电压 U_{ab} 作为补偿信号来自动补偿热电偶测量过程中因冷端温度不为 0℃ 或变化而引起的热电势的变化值。补偿电桥法的工作原理如图 8-11 所示，它由 3 个电阻温度系数较小的锰铜丝绕制的电阻 R_1、R_2、R_3 及电阻温度系数较大的铜丝绕制的电阻 R_{Cu} 和稳压电源组成。补偿电桥与热电偶冷端处在同一环境温

度，当冷端温度变化引起的热电势 $E_{AB}(t, t_0)$ 变化时，由于 R_{Cu} 的阻值随冷端温度变化而变化，适当选择桥臂电阻和桥路电流，就可以使电桥产生的不平衡电压 U_{ab} 补偿由冷端温度 t_0 变化引起的热电势变化量，从而达到自动补偿的目的。

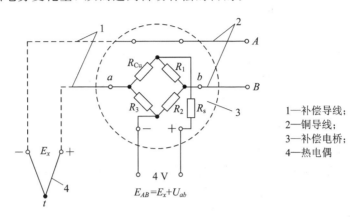

1—补偿导线；
2—铜导线；
3—补偿电桥；
4—热电偶

图 8-11　补偿电桥法的工作原理

采用补偿电桥法对冷端温度进行补偿应注意以下几点：不同型号的补偿器只能与相应的热电偶配用；只能补偿到固定温度；正、负极性不能接反；仅能在规定的温度范围内使用，通常为 0℃～40℃。

8.1.6　热电偶测温线路

1. 测量单点温度的测温线路

测量单点温度的测温线路如图 8-12 所示。

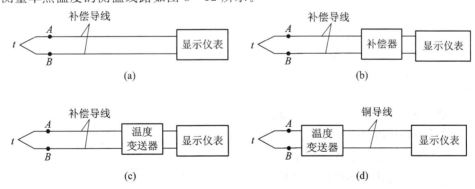

图 8-12　热电偶测量单点温度的测温线路

（a）普通测温线路；（b）带有补偿器的测温线路；

（c）具有温度变送器的测温线路；（d）具有一体化温度变送器的测温线路

2. 测量两点之间温差的测温线路

测量两点之间温差的测温线路如图 8-13 所示。用两只同型号的热电偶，配用相同的补偿导线，采用反向连接方式，这时仪表即可测得两点温度之差（注意热电偶非线性带来的影响），所以

$$E_T = E_{AB}(T_1) - E_{AB}(T_2) \tag{8-14}$$

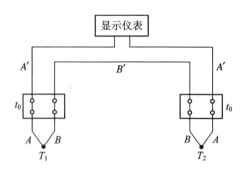

图 8-13　测量两点之间温差的测温线路

3. 测量平均温度的测温线路

如图 8-14 所示，测量平均温度的方法通常是用几只相同型号的热电偶并联在一起，要求 3 只热电偶都工作在线性段，在测量仪表中指示的为 3 只热电偶输出热电势的平均值。在每只热电偶线路中，分别串接均衡电阻 R，其作用是为了在 T_1、T_2 和 T_3 不相等时，使每一只热电偶的线路中流过的电流免受电阻不相等的影响，因此当每一只热电偶烧断时，不能够很快地觉察出来。图 8-14 所示的输出总热电势为

$$E_T = \frac{1}{3}(E_1 + E_2 + E_3) \qquad (8-15)$$

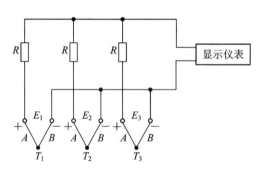

图 8-14　测量平均温度的测温线路

4. 测量几个点温度之和的测温线路

利用同类型的热电偶串联，可以测量几个点的温度之和，也可以测量几个点的平均温度。

图 8-15 所示是几个热电偶的串联接线图，这种线路可以避免并联线路的缺点。当有一只热电偶烧断时，总的热电势消失，可以立即知道有热电偶烧断。同时由于总热电势为各热电偶热电势之和，故可以测量微小的温度变化。图 8-15 中，回路的总热电势为

$$E_T = E_1 + E_2 + E_3 \qquad (8-16)$$

辐射高温计中的热电堆就是根据这个原理由几个同类型的热电偶串联而成的。如果要测量平均温度，则

$$E_T = \frac{1}{3}(E_1 + E_2 + E_3)$$

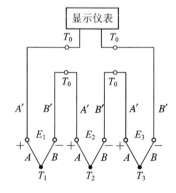

图 8-15　测量几个点温度之和的测温线路

5. 若干只热电偶共用一台仪表的测量线路

在多点温度测量时，为了节省显示仪表，将若干只热电偶通过模拟式切换开关共用一台测量仪表，常用测量线路如图 8-16 所示。条件是各只热电偶的型号相同，测量范围均在显示仪表的量程内。

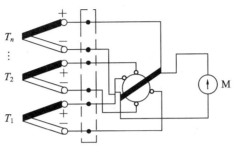

图 8-16　若干只热电偶共用一台仪表的测量线路

在现场，如大量测量点不需要连续测量，而只需要定时检测，就可以把若干只热电偶通过手动或自动切换开关接至一台测量仪表上，以轮流或按要求显示各测量点的被测数值。切换开关的触点有十几对到数百对，这样可以大量节省显示仪表数目，也可以减小仪表箱的尺寸，达到多点温度自动检测的目的。常用的切换开关有密封微型精密继电器和电子模拟式开关两类。

前面介绍了几种常用的热电偶测量温度、温度差、温度和或平均温度的线路。与热电偶配用的测量仪表可以是模拟仪表或数字电压表，若要组成微机控制的自动测温或控温系统，可直接将数字电压表的测温数据利用接口电路和测控软件连接到微机中，对检测温度进行计算和控制。

8.1.7　热电偶的安装与使用

1. 热电偶的安装

热电偶和保护套管应根据被测介质的温度、压力、介质性质、测温时间长短来选择。图 8-17 所示的是安装在管道上常用的两种方法。

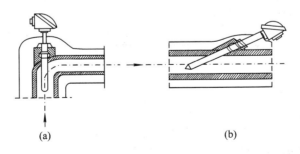

(a)　　　　　　　　　　　　　　(b)

图 8-17 热电偶安装图

(a) 直插法；(b) 斜插法

在 300℃ 以下用热电偶测量物体表面温度，可用黏结剂将热电偶结点粘附于金属壁面。在温度较高时，常采用焊接方法把热电偶头部置于金属壁面，图 8-18 给出了一般的焊接方式。

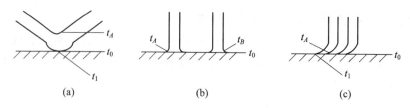

图 8-18　热电偶头部焊接方式

（a）V 形焊；（b）平行焊；（c）交叉焊

关于热电偶的安装，在产品说明书中均有介绍，应仔细阅读，在此仅介绍其要领。

（1）注意插入深度。一般热电偶的插入深度：对金属保护管应为直径的 15～20 倍；对非金属保护管应为直径的 10～15 倍。对细管道内流体的温度测量应尤其注意。

（2）如果被测物体很小，安装时应注意不要改变原来的热传导及对流条件。

（3）含有大量粉尘气体温度的测量，最好选用铠装型热电偶。

2. 与热电偶配套的仪表

由于我国生产的热电偶均符合 ITS-90 国际温标所规定的标准，其一致性非常好，所以国家又规定了与每一种标准热电偶配套的仪表，它们的显示值为温度，而且均已线性化。国家标准的动圈式显示仪表命名为 XC 系列，有指示型（XCZ）和指示调节型（XCT）等系列品种，与 K 型热电偶配套的动圈仪表型号为 XCZ-101 或 XCT-101 等。XCZ 系列指示型显示仪表如图 8-19 所示。数字式仪表也有指示型（XMZ）和指示调节型（XMT）等几种系列品种，其外形如图 8-20 和图 8-21 所示。

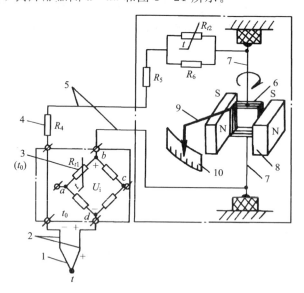

1—热电偶；
2—补偿导线；
3—冷端补偿器；
4—外接调整电阻；
5—铜导线；
6—动圈；
7—张丝；
8—磁钢（极靴）；
9—指针；
10—刻度面板

图 8-19　XCZ 系列指示型显示仪表

图 8-20　XMZ 系列智能数字显示仪表外形　　　　图 8-21　XMT 系列智能数字显示仪表外形

　　XC 系列动圈式仪表测量机构的核心部件是一个磁电式毫伏计。动圈式仪表与热电偶配套测温时，热电偶、连接导线（补偿导线）、调整电阻和显示仪表组成了一个闭合回路。

8.2　热电阻传感器

　　热电阻传感器是利用导体或半导体的电阻值随温度变化而变化的原理进行测温的。热电阻传感器分为金属热电阻和半导体热电阻两大类，一般把金属热电阻称为热电阻，而把半导体热电阻称为热敏电阻。热电阻用来测量—200℃～＋850℃范围内的温度，少数情况下，低温可测量至 1K，高温达 1000℃。标准铂电阻温度计的精确度高，并作为复现国际温标的标准仪器。热电阻传感器由热电阻、连接导线及显示仪表组成，如图 8 - 22 所示。热电阻也可与温度变送器连接，转换为标准电流信号输出。

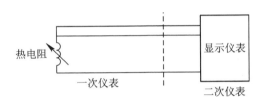

图 8 - 22　热电阻传感器

8.2.1　常用热电阻

　　大多数金属材料的电阻值都随温度而变化，但是用作测温的材料应具有尽可能大和稳定的电阻温度系数与电阻率，R - t 关系最好呈线性，物理、化学性能稳定，复现性好等特点。目前常用的热电阻有铂热电阻和铜热电阻。

1. 铂热电阻

　　铂热电阻的特点是在氧化性介质中，甚至高温下，其物理、化学性能稳定，精度高，稳定性好，电阻率较大，性能可靠，所以在温度传感器中得到了广泛应用。按 IEC 标准，铂热电阻的使用温度范围为—200℃～850℃。

　　铂热电阻的阻值与温度之间的特性方程如下：

　　在—200℃≤t≤0℃的温度范围内，有

$$R_t = R_0 \left[1 + At + Bt^2 + Ct^3 (t - 100) \right] \qquad (8 - 17)$$

　　在 0℃≤t≤850℃的温度范围内，有

$$R_t = R_0 (1 + At + Bt^2) \qquad (8 - 18)$$

式中：R_t、R_0——铂热电阻在 t℃和 0℃时的电阻值；

　　　A、B、C——分度常数。

　　在 ITS - 90 中，这些常数规定为

$$A = 3.9083 \times 10^{-3} \text{℃}^{-1}$$
$$B = -5.775 \times 10^{-7} \text{℃}^{-2}$$
$$C = -4.183 \times 10^{-12} \text{℃}^{-4}$$

可以看出，铂热电阻在温度为t℃时的电阻值与0℃时的电阻值R_0有关。目前我国规定工业用铂热电阻有$R_0=10\ \Omega$和$R_0=100\ \Omega$两种，它们的分度号分别为Pt_{10}和Pt_{100}，其中以Pt_{100}为常用。铂热电阻不同，分度号亦有相应分度表，即$R_t - t$的关系表，这样在实际测量中，只要测得热电阻的阻值R_t，便可从分度表上查出对应的温度值。

铂热电阻中的铂丝纯度用电阻比$W(100)$表示，它是铂热电阻在100℃时电阻值R_{100}与0℃时电阻值R_0之比。按IEC标准，工业使用的铂热电阻的$W(100)>1.3850$。

2. 铜热电阻

铜热电阻的电阻温度系数比铂高，电阻与温度$R-t$的关系曲线几乎是线性的，并且铜价格便宜、易于提纯、工艺性好，因此在一些测量精度要求不高、测温范围不大且温度较低的测温场合可采用铜热电阻进行测温。铜热电阻的测量范围为-50℃~150℃。

铜热电阻在测量范围-50℃~150℃内其电阻值与温度的关系可近似地表示为

$$R_t = R_0(1 + \alpha t) \qquad (8-19)$$

式中：α——铜热电阻的电阻温度系数，取$\alpha = 4.28 \times 10^{-3}$℃$^{-1}$；

R_t、R_0——铜热电阻在t℃和0℃时的电阻值。

铜热电阻有两种分度号，分别为$Cu_{50}(R_0=50\ \Omega)$和$Cu_{100}(R_0=100\ \Omega)$。铜热电阻线性好，价格便宜，但它的电阻率小、体积大、热惯性也大、容易氧化、测量范围窄，因此不适宜在腐蚀性介质中或高温下工作。

热电阻的主要技术性能如表8-4所示。

表 8-4   热电阻的主要技术性能

材 料	铂（WZP）	铜（WZC）
使用温度范围/℃	$-200\sim+960$	$-50\sim+150$
电阻率/($\Omega\times mm^2/m$)	$0.098\sim0.106$	0.017
0℃～100℃间电阻温度系数平均值/℃$^{-1}$	0.00385	0.00428
化学稳定性	在氧化性介质中较稳定，不宜在还原性介质中使用，尤其在高温下易受还原性介质污染	超过100℃时易氧化
特性	近于线性，性能稳定，准确度高	线性较好，价格低廉，体积大
应用	适于较高温度的测量，可作标准测温装置	适于低温测量，无水分，无腐蚀性介质的温度

8.2.2 热电阻的结构和测量电路

工业用热电阻的结构如图8-23所示。它由电阻体、绝缘套管、保护套管、引出线和接线盒等部分组成。电阻体由电阻丝和电阻支架组成。电阻丝采用双线无感绕法绕制在具有一定形状的云母、石英或陶瓷塑料支架上。支架起支撑和绝缘作用。引出线通常采用直径为1 mm的银丝或镀银铜丝，并与接线盒柱相接，以便与外接线路相连而测量显示温度。

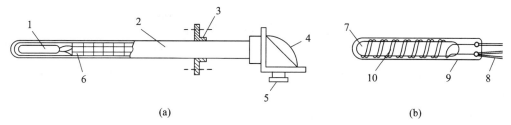

1—电阻体；2—不锈钢套管；3—安装固定件；4—接线盒；5—引出线口；
6—瓷绝缘套管；7—骨架；8—引出线端；9—保护膜；10—电阻丝

图 8-23 工业用热电阻的结构

（a）普通型；（b）薄膜型

用热电阻传感器进行测温时，测量电路经常采用电桥电路。而热电阻与检测仪表相隔一段距离，因此热电阻的引线对测量结果有较大影响。热电阻的内部引线方式有二线制、三线制和四线制 3 种，如图 8-24 所示。二线制中的引线电阻对测量影响大，用于测温精度不高的场合；三线制可以减小热电阻与测量仪表之间连接导线的电阻因环境温度变化所引起的测量误差；四线制可以完全消除引线电阻对测量结果的影响，用于高精度温度检测。

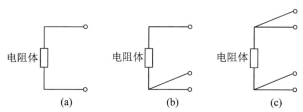

图 8-24 热电阻的内部引线方式

（a）二线制接线；（b）三线制接线；（c）四线制接线

如图 8-25 所示的是工业上常采用的热电阻三线制桥式接线测量电路。图中：R_t 为热电阻；r_1、r_2、r_3 为引线电阻；R_1、R_2 为桥臂电阻，通常取 $R_1 = R_2$；R_P 为调零电阻；M 为指示仪表，它具有很大的内阻，所以流过 r_3 的电流近似为零。当 $U_A = U_B$ 时，电桥平衡，使 $r_1 = r_2$，则 $R_P = R_t$，从而消除了引线电阻的影响。

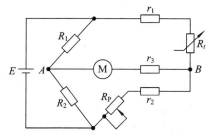

图 8-25 热电阻三线制桥式接线测量电路

值得注意的是，流过金属电阻丝的电流不能过大，否则自身会产生较大的热量，对测量结果造成影响。

8.3 热敏电阻

热敏电阻是利用半导体的电阻随温度变化的特性制成的测温元件。与金属材料相比，热敏电阻具有以下特点：

① 灵敏度较高，其电阻温度系数要比金属大 10～100 倍以上；

② 工作温度范围宽，常温器件适用于 $-55℃～315℃$，高温器件适用温度高于 $315℃$（目前最高可达到 $2000℃$），低温器件适用于 $-273℃～55℃$；

③ 体积小，能够测量其他温度计无法测量的空隙、腔体及生物体内血管的温度；

④ 使用方便，电阻值可在 $0.1\ k\Omega～100\ k\Omega$ 间任意选择；

⑤ 易加工成复杂的形状，可大批量生产；

⑥ 稳定性好，过载能力强。

由于半导体热敏电阻有独特的性能，所以在应用方面它不仅可以作为测量元件(如测量温度、流量、液位等)，还可以作为控制元件(如热敏开关、限流器)和电路补偿元件。热敏电阻广泛用于家用电器、电力工业、通信、军事科学、宇航等各个领域，发展前景极其广阔。

8.3.1 热敏电阻的分类

热敏电阻可按电阻的温度特性、结构、形状、用途、材料及测量温度范围等进行分类。

1. 按温度特性分类

热敏电阻按温度特性可分为以下 3 类，各种热敏电阻的特性曲线见图 8-26。

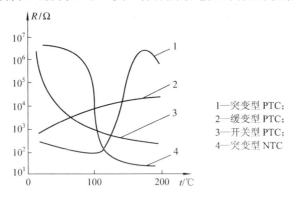

1—突变型 PTC；
2—缓变型 PTC；
3—开关型 PTC；
4—突变型 NTC

图 8-26 各种热敏电阻的特性曲线

(1) 负温度系数热敏电阻(简称 NTC)：随温度上升，电阻呈指数关系减小并具有负温度系数的热敏电阻。它是利用锰、铜、硅、钴、铁、镍、锌等两种或两种以上的金属氧化物进行充分混合、成型、烧结等工艺而成的半导体陶瓷。

1834 年，科学家首次发现了硫化银有负温度系数的特性。1930 年，科学家发现氧化亚铜-氧化铜也具有负温度系数的性能，并将之成功地运用在航空仪器的温度补偿电路中。1960 年研制出了 NTC 热敏电阻器，广泛用于测温、控温、温度补偿等方面。

(2) 正温度系数热敏电阻(简称 PTC)：在工作温度范围内，其电阻值随温度上升而非线性增大。图 8-26 中，曲线 2 为缓变型，其温度系数为 $(-0.5～8)\%/℃$；曲线 3 为开关型，在居里点附近的温度系数可达 $(10\sim60)\%/℃$。其材料是以 $BaTiO_3$ 或 $SrTiO_3$ 或 $PbTiO_3$ 为主要成分的烧结体，同时还添加增大其正电阻温度系数的 Mn、Fe、Cu、Cr 的氧化物和起其他作用的添加物，其温度系数及居里点温度随组分及烧结条件不同而变化。

PTC 热敏电阻出现于 1950 年，随后 1954 年又出现了以钛酸钡为主要材料的 PTC 热敏电阻。PTC 热敏电阻在工业上可用作温度的测量与控制，也用于汽车某部位的温度检测与调节，还大量用于民用设备，如控制瞬间开水器的水温、空调器与冷库的温度，或利用本身加热作气体分析和风速机等。

（3）临界负温度系数热敏电阻（简称 CTR）：一种开关型 NTC，在临界温度附近，阻值随温度上升而急剧减小。

2. 按形状分类

热敏电阻按形状可分为片状、杆状、珠状和铠装型热敏电阻，如图 8-27 所示。

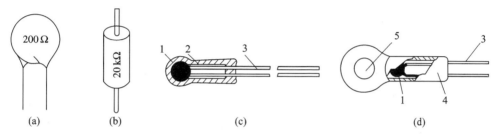

1—热敏电阻；2—玻璃外壳；3—引出线；4—纯铜外壳；5—传热安装孔

图 8-27 热敏电阻的外形及结构

（a）片状；（b）杆状；（c）珠状；（d）铠装型

8.3.2 热敏电阻的参数及用途

根据不同的使用目的，参考表 8-5 和表 8-6，选择相应的热敏电阻的类型、参数及结构。

表 8-5 热敏电阻的类型、参数、结构

使用目的	适用类型	常温电阻率 /$(\Omega\cdot cm)$	β 或 α 值	阻值稳定性 /(%)	误差范围 /(%)	结 构
温度测量与控制	NTC	0.1～1	各种	0.5	±(2～10)	珠状
流速、流量、真空、液位	NTC	1～100	各种	0.5	±(2～10)	珠状、薄膜型
温度补偿	NTC PTC	1～100 0.1～100	各种	5	±10	珠状、杆状、片状 珠状、片状
继电器等动作延时、直接加热延时	NTC CTR	1～100 0.1～100	愈大愈好、常温下较小、高温较大	5	±10	$\phi10$ 以上盘状 $\phi0.3\sim0.6$ 珠状
电涌抑制 过载保护 自动增益控制	CTR PTC NTC	1～100 1～100 0.1～100	愈大愈好 愈大愈好 较大	5 10 2	±10 ±20 ±10	$\phi10$ 以上盘状 盘状 $\phi0.3\sim0.6$ 珠状

表 8 - 6 部分国产热敏电阻的型号、用途及测温范围

型号及名称	主要参数		用途及测温范围
	R_{25} 及精度	β 值及精度	
CWF51A 温度传感器	5000 Ω，±5％	3620K，±2％	用于冰箱、冰柜、淋浴器，测温范围为－40℃～＋80℃
CWF51B 温度传感器	2640 Ω，±5％	3650K，±2％	用于冰箱维修更换，测温范围为－40℃～＋80℃
CWF52A 温度传感器	20 000 Ω，±5％	4000K，±2％	用于空调机维修更换，测温范围为－40℃～＋80℃
CWF52B 温度传感器	15 000 Ω，±5％		
CWF52C 温度传感器	10 000 Ω，±5％	4000K，±2％	用于空调机维修更换，测温范围为－40℃～＋80℃
CWF52D 温度传感器	12 000 Ω，±5％		
MF58F 温度传感器	50 kΩ～100 kΩ，±5％	3560K～4500K，±2％	用于电饭锅、电开水器、电磁炉、恒温箱，测温范围为－40℃～＋300℃

注：① 标称电阻值 R_{25} 是指 NTC R_t 的设计电阻值，通常指测得的零功率电阻值。

② β 值是 NTC 热敏电阻的热敏系数。一般 β 值越大，绝对灵敏度越高。

③ 精度表示 R_{25} 的偏差范围和 β 值的偏差范围。精密型 NTC 温度传感器的精度分挡为±1％、±2％、±3％、±5％、±10％。

8.3.3 热敏电阻传感器的测温与温度控制

1. 热敏电阻测温

图 8 - 28 所示是热敏电阻温度计的原理图。作为测量温度的热敏电阻一般结构较简单，价格较低廉。没有外面保护层的热敏电阻只能应用在干燥的地方；密封的热敏电阻不怕湿气的侵蚀，可以使用在较恶劣的环境下。由于热敏电阻的阻值和接触电阻可以忽略，使用时采用二线制即可。

图 8 - 28 热敏电阻温度计的工作原理图

2. 热敏电阻用于温度补偿

热敏电阻可以在一定的温度范围内对某些元件进行温度补偿。例如，动圈式表头中的

动圈由铜线绕制而成，温度升高，电阻增大，引起测量误差。在动圈回路中串入由负温度系数热敏电阻组成的电阻网络，可以抵消因温度变化所产生的误差。晶体管电路中也常采用热敏电阻补偿电路，补偿由温度引起的漂移误差，如图 8 - 29 所示。

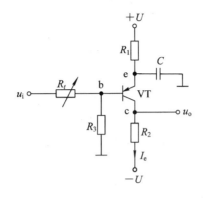

图 8 - 29　温度补偿电路

　　为了对热敏电阻的温度特性进行线性化补偿，可采用串联或并联一个固定电阻 r_c 的方式，如图 8 - 30 所示。

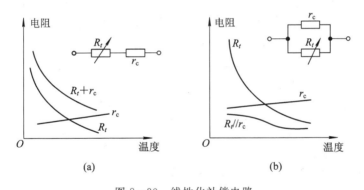

图 8 - 30　线性化补偿电路

（a）串联补偿；（b）并联补偿

3. 热敏电阻用于温度控制

　　热敏电阻用途十分广泛，如空调与干燥器、热水取暖器、电烘箱箱体温度检测等。其中，继电保护和温度上下限报警就是最典型的应用。

　　（1）继电保护。将突变型热敏电阻埋没在被测物中，并与继电器串联，给电路加上恒定电路。当周围介质温度升到某一数值时，电路中的电流可以由十分之几毫安突变为几十毫安，因此继电器动作，从而实现温度控制或过热保护。用热敏电阻作为对电动机过热保护的热继电器的原理图，如图 8 - 31 所示。把三只特性相同的热敏电阻放在电动机绕组中，紧靠绕组处每相各放一只，用万能胶固定。经测试，其阻值在 20℃时为 10 kΩ，100℃时为 1 kΩ，110℃时为 0.6 kΩ。当电极正常运行时，电动机温度较低，晶体管 VT 截止，继电器 K 不动作；当电动机过负荷或断相或一相接地时，电动机温度急剧升高，使热敏电阻阻值急剧减小，到一定值后，VT 导通，继电器 K 吸合，使电动机工作回路断开，实现保护作用。通过电动机各种绝缘等级的允许升温值调节偏流电阻 R_2 值，可确定晶体管 VT 的动作点。

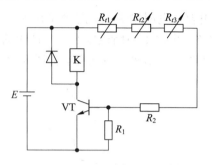

图 8-31 热继电器的原理图

（2）温度上下限报警。温度上下限报警电路如图 8-32 所示，此电路中采用运算放大器构成迟滞电压比较器，晶体管 VT_1 和 VT_2 根据运放输入状态导通或截止。R_t、R_1、R_2、R_3 构成一个输入电桥，则

$$U_{ab} = 12\left(\frac{R_1}{R_1 + R_t} - \frac{R_3}{R_3 + R_2}\right) \tag{8-20}$$

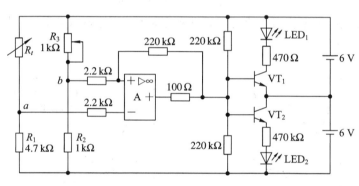

图 8-32 温度上下限报警电路

当温度升高时，R_t 减小，此时 $U_{ab} > 0$，即 $U_a > U_b$，VT_1 导通，LED_1 发光报警；当温度下降时，R_t 增加，此时 $U_{ab} < 0$，即 $U_a < U_b$，VT_2 导通，LED_2 发光报警；当温度等于设定值时，$U_{ab} = 0$，即 $U_a = U_b$，VT_1 和 VT_2 都截止，LED_1 和 LED_2 都不发光。

8.4 PN 结温度传感器

与热敏电阻和热电阻相比，PN 结温度传感器最大的特点是输出特性几乎近似于线性关系，而且精度高、体积小、使用方便、易于集成化，因此被广泛应用于家电、医疗器械、食品、化工、冷藏、粮库、农业、科研等有关领域。

8.4.1 PN 结温度传感器的工作原理

PN 结温度传感器的工作原理是基于半导体 PN 结的结电压随温度变化的特性进行温度测量的。例如，硅管的 PN 结的结电压在温度每升高 1℃ 时，下降约 2 mV，利用这种特性，把晶体管和激励电路、放大电路、恒流电路以及补偿电路等集成在一个芯片上就构成了集成温度传感器。一般可以直接采用二极管（如玻璃封装的开关二极管 1N4148）或将硅

三极管(可将集电极和基极短接)接成二极管来做 PN 结温度传感器。这种传感器有较好的线性、尺寸小，其热时间常数为 0.2 s～2 s，灵敏度高，测温范围为 $-50℃\sim+150℃$。PN 结温度传感器的温度曲线如图 8-33 所示。同型号的二极管或三极管特性不完全相同，因此它们的互换性较差。

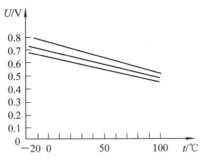

图 8-33　PN 结温度传感器的温度曲线

集成温度传感器按输出信号可以分为电流型输出和电压型输出两种。电流型输出的典型产品如 AD590，灵敏度为 $1\ \mu A/℃$；电压型输出的典型产品如 ICL8073，灵敏度为 $1\ mV/℃$。集成温度传感器的测温精度一般为 $\pm0.1℃$，测温范围为 $-50℃\sim150℃$。随着集成技术和计算机的发展，现在能够和微型计算机直接接口的数字输出型温度传感器也正在迅速发展，如 DS18B20 等。

PN 结温度传感器的主要性能参数有测温范围、最大功耗、输出电压、灵敏度、线性度、总偏差、响应时间等。

8.4.2　PN 结温度传感器的应用

图 8-34 所示是一个简单的测温电路。在 25℃(298.2K)时，AD590 的理想输出电流为 $298.2\ \mu A$，但实际上存在一定误差，可以在外电路中进行修正。将 AD590 串联一个可调电阻，在已知温度下调整电阻值，使输出电压 U_T 满足 $1\ mV/K$ 的关系(如 25℃ 时，U_T 应为 298.2 mV)。调整好以后，固定可调电阻，即可由输出电压 U_T 读出 AD590 所处的热力学温度。

简单的控温电路如图 8-35 所示。AD311 为比较器，它的输出控制加热器电流，调节 R_1 可改变比较电压，从而改变了控制温度。AD581 是稳压器，为 AD590 提供一个合理的稳定电压。

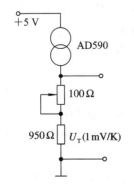

图 8-34　简单的测温电路

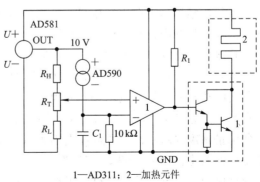

1—AD311；2—加热元件

图 8-35　简单的控温电路

热电偶参考端补偿电路如图 8-36 所示。AD590 应与热电偶参考端处于同一温度下。AD580 是一个三端稳压器，其输出电压 $U_o = 2.5$ V。电路工作时，调整电阻 R_2 使得

$$I_1 = t_0 \times 10^{-3} \text{ mA}$$

这样在电阻 R_1 上产生一个随参考端温度 t_0 变化的补偿电压 $U_1 = I_1 R_1$。当热电偶参考端温度为 t_0 时，其热电势 $E_{AB}(t_0, 0) \approx S \cdot t_0$，$S$ 为塞贝克系数（μV/℃）。补偿时应使 U_1 与 $E_{AB}(t_0, 0)$ 近似相等，即 R_1 与塞贝克系数相等。不同分度号的热电偶，R_1 的阻值亦不同。这种补偿电路灵敏、准确、可靠、调整方便，温度变化在 15℃～35℃ 范围内，可获得 ±5℃ 的补偿精度。

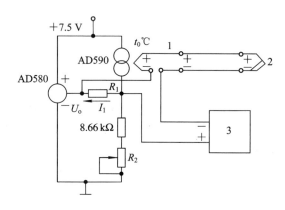

图 8-36　热电偶参考端补偿电路

PN 结温度传感器的应用领域广泛，在电力电子电路中可以用作增益、音量的自动控制，它还被广泛地应用于工业自动控制、高空和深海探测、卫星火箭、医疗卫生等行业的温度测量和温度控制中。

本 章 小 结

热电式传感器是一种能够将温度变化转换为电信号的装置。它是利用某些材料或元件的性能随温度变化的特性进行测温的。热电式传感器广泛应用于工农业生产、家用电器、医疗仪器、火灾报警以及海洋气象等诸多领域。

热电偶传感器是工业中使用最为普遍的接触式测温装置，国际电工委员会(IEC)向世界各国推荐 8 种标准化热电偶，具有统一的分度表。热电偶的结构形式有普通型热电偶、铠装型热电偶和薄膜型热电偶等，在实际使用过程中，冷端温度往往不为 0℃，所以必须对冷端温度进行处理，以消除冷端温度的影响。

常用的热电阻有铂热电阻和铜热电阻。铂热电阻的特点是物理、化学性能稳定，精度高，使用温度范围为 -200℃～850℃。铜热电阻的电阻温度系数比铂高，并且价格便宜。在一些测量精度要求不高、测温范围不大且温度较低的场合，可采用铜热电阻进行测温。铜热电阻的测量范围为 -50℃～150℃。

热敏电阻是半导体测温元件，用途十分广泛，如空调与干燥器、热水取暖器、电烘箱箱体温度检测等。

PN 结温度传感器具有优良的性能和低廉的价格，在常温区逐步替代原有传统的测温器件，因此被广泛应用于家电、医疗器械、食品、化工、冷藏、粮库、农业、科研等有关领域。

思考题与习题

8-1 什么是热电效应？热电阻温度传感器和热电偶各有何特点？

8-2 为什么用热电偶测温时要进行冷端温度补偿？常用的补偿方法有哪些？

8-3 用分度号为 Pt_{100} 的铂热电阻测温，当被测温度分别为 $-100℃$ 和 $650℃$ 时，求铂热电阻的阻值 R_{t1} 和 R_{t2}。

8-4 已知铜热电阻 Cu_{100} 的纯度电阻比 $W(100)=1.42$，当用此热电阻测量 $50℃$ 温度时，其电阻值为多少？若测温时的电阻值为 $92\ \Omega$，则被测温度是多少？

8-5 用镍铬-镍硅(K)热电偶测量炉温时，其冷端温度为 $30℃$，用高精度毫伏表测得这时的热电势为 $38.505\ mV$，试求炉温。

8-6 热电偶温度传感器的输入电路如图 8-37 所示，已知铂铑-铂热电偶在温度 $0℃\sim100℃$ 之间变化时，其平均热电势波动为 $6\ \mu V/℃$，桥路中供桥电压为 $4\ V$，三个锰铜电阻(R_1、R_2、R_3)的阻值均为 $1\ \Omega$，铜电阻的电阻温度系数为 $\alpha=0.004℃^{-1}$，已知当温度为 $0℃$ 时电桥平衡，为了使热电偶的冷端温度在 $0℃\sim50℃$ 范围的热电势得到完全补偿，试求可调电阻的阻值 R_5。

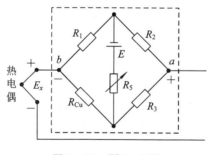

图 8-37 题 8-6 图

基础训练 热电式传感器测温

一、实训目的

(1) 了解热敏电阻的测温原理。

(2) 观察并了解热电偶的结构，熟悉热电偶的工作特性，学会查阅热电偶分度表，掌握热电偶测温的基本方法。

二、实训原理

热电偶的基本工作原理是热电效应,当其热端和冷端的温度不同时,即产生热电势。通过测量此电势即可知道两端温差。如固定某一端温度(一般固定冷端为室温或0℃),则另一端的温度就可知,从而实现温度的测量。如图8-38所示的是运用热电偶测量温度的实验装置。加热器接入工作电压进行加热,使周围的环境温度升高。热敏电阻的阻值在温度升高时产生变化,通过温度变换器使输出电压随之变化,热敏电阻的环境温度由热电偶测出。

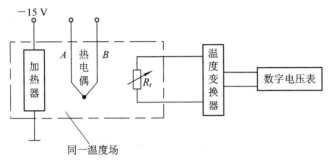

图 8-38 热电偶测温实训系统

三、实训设备和器材

实训设备和器材包括直流稳压电源(+15 V 或-15 V)、加热器、热敏电阻、铜-康铜热电偶(T 分度)、温度变换器、电压表、温度计和示波器等。

四、实训内容和步骤

(1)用温度计测出实验室的室内温度 T_0,并记录之。

(2)温度变换器接入热敏电阻,温度变换器输出口接示波器的电压/频率输入口,加热器接入-15 V 稳压电源。

(3)用数字万用表测出不同温度下热电势大小,同时在示波器上读出相应的电压。

(4)查热电偶分度表换算热电动势。

根据温度计读出热电偶参考端所处的室内温度 T_0,利用式

$$E_{AB}(T, 0) = E_{AB}(T, T_0) + E_{AB}(T_0, 0)$$

并查阅铜-康铜热电偶分度表(见表8-7),求出加热端温度 t。

(5)热电势换算成温度后,作出 T-U 曲线。

五、注意事项

(1)每一组热电偶在接入系统前必须先标定好。

(2)热电偶测温端与被测物体的接触必须牢靠。

表 8 - 7　铜-康铜热电偶分度表（自由端温度 0℃）

工作端温度/℃	0	1	2	3	4	5	6	7	8	9
	热电势/mV									
0	0.000	0.039	0.078	0.116	0.155	0.194	0.234	0.273	0.312	0.352
10	0.391	0.431	0.471	0.510	0.550	0.590	0.630	0.671	0.711	0.751
20	0.792	0.832	0.873	0.914	0.954	0.995	1.036	1.077	1.118	1.159
30	1.201	1.242	1.284	1.325	1.367	1.408	1.450	1.492	1.534	1.576
40	1.618	1.661	1.703	1.745	1.788	1.830	1.873	1.916	1.958	2.001
50	2.044	2.087	2.130	2.174	2.217	2.260	2.304	2.347	2.391	2.435
60	2.478	2.522	2.566	2.610	2.654	2.698	2.743	2.787	2.831	2.876
70	3.920	2.965	3.010	3.054	3.099	3.144	3.189	3.234	3.279	3.325
80	3.370	3.415	3.491	3.506	3.552	3.597	3.643	3.689	3.735	3.781
90	3.827	3.873	3.919	3.965	4.012	4.058	4.105	4.151	4.198	4.244
100	4.291	4.338	4.385	4.432	4.479	4.529	4.573	4.621	4.668	4.715

拓展训练　半导体热敏电阻温度计的设计

温度作为一个重要的物理量，是工业生产过程中最普遍、最重要的工艺参数之一。随着时代的进步和发展，单片机技术已经进入各个领域，基于单片机的数字温度计，与传统的温度计相比，其读数方便，测温范围广，输出温度采用数字显示。

试运用所学的知识设计一个数字式热敏电阻温度计。其温度检测部分采用半导体热敏电阻，热敏电阻的阻值随环境温度变化而变化；将热敏电阻与固定电阻串联后分压，经 A/D 转换器将其转换为单片机可识别的二进制数字量，然后根据程序查表得到温度值；单片机控制 LED 显示器显示正确的温度值，测量误差约为 ±0.5℃。

第9章 数字式传感器

☞ **学习目标**

(1) 了解光栅的结构和工作原理、辨向技术。

(2) 掌握增量式和绝对式编码器的原理、分辨率的概念。

(3) 掌握感应同步器的原理、结构和信号处理方式。

9.1 光栅传感器

光栅是一种在基体上刻有等间距分布条纹的光学元件。由于光栅传感器测量精度高、动态测量范围广、可进行无接触测量、易实现系统的自动化和数字化,因而在机械工业中得到了广泛应用。特别是在量具、数控机床的闭环反馈控制、工作母机的坐标测量等方面,光栅传感器起了重要作用。

9.1.1 光栅的结构

光栅按其形状和用途可以分为长光栅和圆光栅两类,长光栅用于长度测量,又称直线光栅,圆光栅用于角度测量;按光线的走向可分为透射光栅和反射光栅。

光栅主要由标尺光栅和光栅读数头两部分组成。通常,标尺光栅固定在活动部件上,如机床的工作台或丝杆上。光栅读数头则安装在固定部件上,如机床的底座上。当活动部件移动时,读数头和标尺光栅也就随之作相对的移动。

1. 光栅尺

标尺光栅和光栅读数头中的指示光栅构成光栅尺,如图9-1所示,其中长的一块为标尺光栅,短的一块为指示光栅。两光栅上均匀地刻有相互平行、透光和不透光相间的线纹,这些线纹与两光栅相对运动的方向垂直。从图9-1上光栅尺线纹的局部放大部分来看,白的部分 b 为透光线纹宽度,黑的部分 a 为不透光线纹宽度,设栅距为 W,则 $W=a+b$,一般光栅尺的透光线纹和不透光线纹宽度是相等的,即 $a=b$。常见长光栅的线纹宽度有25线/mm、50线/mm、100线/mm、125线/mm、250线/mm。

2. 光栅读数头

光栅读数头由光源、透镜、指示光栅、光敏元件和驱动线路组成,如图9-2所示。光栅读数头的光源一般采用白炽灯。白炽灯发出的光线经过透镜后变成平行光束,照射在光栅尺上。由于光敏元件输出的电压信号比较微弱,因此必须首先将该电压信号进行放大,

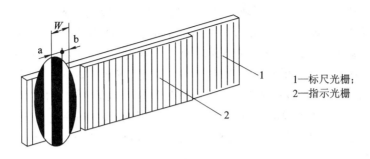

1—标尺光栅;
2—指示光栅

图 9-1　光栅尺

以避免在传输过程中被多种干扰信号所淹没、覆盖而造成失真。驱动电路的功能是对光敏元件输出信号进行功率放大和电压放大。光栅读数头的结构形式按光路分,除了垂直入射式外,常见的还有分光式、反射式等。

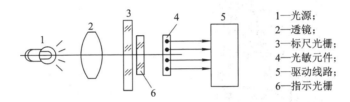

1—光源;
2—透镜;
3—标尺光栅;
4—光敏元件;
5—驱动线路;
6—指示光栅

图 9-2　垂直入射光栅读数头结构

3. 计量光栅的精度

光栅检测系统的精度主要取决于光栅尺本体的制造精度,也就是计量光栅任意两点间的误差,即累积误差。由于使用了莫尔条纹(两块光栅叠合时,出现光的明暗相间的条纹)技术,因此,相邻误差得以适当地被修正,但对累积误差无多大改善。

由于激光技术的发展,光栅制作精度可以提高,目前光栅精度可以达到微米级,再通过细分电路可以做到 $0.1~\mu m$ 甚至更高。几种常用光栅的精度见表 9-1。

表 9-1　常用光栅的精度

计量光栅		光栅长度/mm	线纹数	精　度
直线式	玻璃透射光栅	500	100 线/mm	$5~\mu m$
	玻璃透射光栅	1000	100 线/mm	$10~\mu m$
	金属反射光栅	500	25 线/mm	$7~\mu m$
	金属反射光栅	1220	40 线/mm	$13~\mu m$
	高精度反射光栅	1000	50 线/mm	$7.5~\mu m$
	玻璃衍射光栅	300	250 线/mm	$1.5~\mu m$
回转式	玻璃圆光栅	$\phi 270$	10800 线/周	$3''$

9.1.2　光栅的工作原理

光栅是利用莫尔条纹现象来实现几何量的测量的。莫尔条纹是指两块光栅叠合时,出现光的明暗相间的条纹。从光学原理来讲，如果光栅栅距远大于光的波长，则可以按几何光学原理来进行分析。如图 9-3 所示，将栅距相同的标尺光栅与指示光栅互相平行地叠放并保持一定的间隙(0.1 mm)，然后将指示光栅在自身平面内转过一个很小的角度 θ，那么两块光栅尺上的刻线交叉，在光源的照射下，相交点附近的小区域内黑线重叠，透明区域变大，挡光面积最小，挡光效应最弱，透光的累积使这个区域出现亮带。相反，距相交点越远的区域，两光栅不透明黑线的重叠部分越少，黑线占据的空间增大，因而挡光面积增大，挡光效应增强，只有较少的光线透过光栅而使这个区域出现暗带。如图 9-3 所示，此明暗相间条纹称之为莫尔条纹，其光强度分布近似于正弦波形。如果将指示光栅沿标尺光栅长度方向平行移动，则可看到莫尔条纹也跟着移动，但移动方向与指示光栅移动方向垂直。当指示光栅移动一条刻线时，莫尔条纹也正好移过一个条纹。

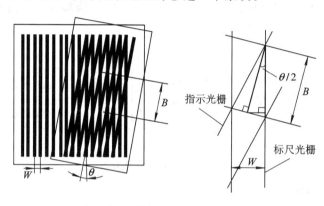

图 9-3　莫尔条纹图

莫尔条纹有如下几个重要特性。

1) 消除光栅刻线的不均匀误差

由于光栅尺的刻线非常密集，光电元件接收到的莫尔条纹所对应的明暗信号是一个区域内许多刻线的综合结果，因此它对光栅尺的栅距误差有平均效应，这有利于提高光栅的测量精度。

2) 位移放大特性

当光栅每移动一个光栅距 W 时，莫尔条纹也跟着移动一个条纹宽度 B。如果光栅作反向移动，条纹移动方向也相反。莫尔条纹的间距 B 与两光栅线纹夹角 θ 之间的关系为

$$B = \frac{W}{2\cos\dfrac{\theta}{2}\tan\dfrac{\theta}{2}} = \frac{W}{2\sin\dfrac{\theta}{2}} \approx \frac{W}{\theta} \tag{9-1}$$

θ 越小，B 越大，这相当于把栅距 W 放大了 $1/\theta$ 倍。例如，$\theta = 0.1°$，则 $1/\theta \approx 573$，即莫尔条纹宽度 B 是栅距 W 的 573 倍，相当于把栅距放大了 573 倍，说明光栅具有位移放大作用，从而提高了测量的灵敏度。

3) 移动特性

莫尔条纹随光栅尺的移动而移动，它们之间有严格的对应关系，包括移动方向和位移量。移动一个栅距 W，莫尔条纹也移动一个间距 B。标尺光栅相对指示光栅的转角方向为逆时针方向，标尺光栅向左移动，则莫尔条纹向下移动；标尺光栅向右移动，莫尔条纹向上移动。光栅移动与莫尔条纹移动的关系见表 9-2。

表 9 - 2　光栅移动与莫尔条纹移动关系

标尺光栅相对指示光栅的转角方向	标尺光栅移动方向	莫尔条纹移动方向
顺时针方向	向左	向上
	向右	向下
逆时针方向	向左	向下
	向右	向上

4）光强与位置关系

两块光栅相对移动时，从固定点观察到莫尔条纹光强的变化近似为余弦波形变化。光栅移动一个栅距 W，光强变化一个周期，这种余弦波形的光强变化照射到光电元件上即可转换成电信号关于位置的正弦变化。

当光电元件接收到光的明暗变化时，光信号就转换为如图 9 - 4 所示的电压信号输出，它可以用光栅位移量 x 的正弦函数表示为

$$u_{o} = U_{o} + U_{m}\sin\left(\frac{\pi}{2} + \frac{2\pi x}{W}\right) \tag{9-2}$$

式中：u_{o}——光电元件输出的电压信号；

　　　U_{o}——输出信号中的平均直流分量；

　　　U_{m}——输出信号中正弦交流分量的幅值。

由式(9-2)可见，输出电压反映了位移量的大小。

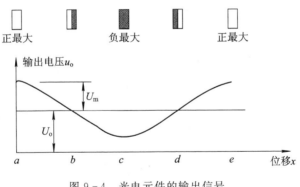

图 9 - 4　光电元件的输出信号

9.1.3　光栅数显表

光栅读数头实现了位移量由非电量转换为电量。位移是向量，因而对位移量的测量除了确定大小之外，还应确定其方向。为了辨别位移的方向，进一步提高测量的精度，以及实现数字显示的目的，必须把光栅读数头的输出信号送入数显表作进一步处理。光栅数显表由整形放大电路、细分电路、辨向电路及数字显示电路等组成。

1. 辨向原理

在实际应用中，被测物体的移动方向往往不是固定的。无论标尺光栅向前或向后移动，在一固定点观察时，莫尔条纹都是作明暗交替变化。因此，只根据一条莫尔条纹信号是无法判别光栅移动方向的，也就不能正确测量往复移动时的位移。为了辨向，需要两个一定相位差的莫尔条纹信号。

图 9-5 所示为辨向的工作原理和它的逻辑电路。在相隔 $B/4$ 的位置上安装两个光电元件，得到两个相位差 $\pi/2$ 的电信号 U_{o1} 和 U_{o2}，经过整形后得到两个方波信号 U'_{o1} 和 U'_{o2}。从图中波形的对应关系可以看出，在光栅向 A 方向移动时，U'_{o1} 经微分电路后产生的脉冲（如图 9-5(c) 中实线所示）正好发生在 U'_{o2} 的"1"电平时，从而经与门 Y_1 输出一个计数脉冲；而 U'_{o1} 经反相微分后产生的脉冲（如图 9-5(c) 中虚线所示）则与 U'_{o2} 的"0"电平相遇，与门 Y_2 被阻塞，没有脉冲输出。在光栅作 $\overline{A}$ 方向移动时，U'_{o1} 的微分脉冲发生在 U'_{o2} 为"0"电平时，故与门 Y_1 无脉冲输出；而 U'_{o1} 反相微分所产生的脉冲则发生在 U'_{o2} 的"1"电平时，与门 Y_2 输出一个计数脉冲。因此，U'_{o2} 的电平状态可作为与门的控制信号来控制在不同位移方向时 U'_{o1} 所产生的脉冲输出，从而可以根据运动的方向正确地给出加计数脉冲和减计数脉冲，再将其输入可逆计数器，实时显示出相对于某个参考点的位移量。

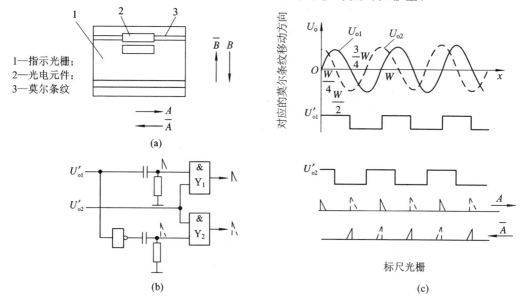

图 9-5　辨向的工作原理和逻辑电路

（a）光栅移动方向；（b）辨向电路；（c）波形图

2. 细分技术

由前面讨论的光栅测量原理可知，以移过的莫尔条纹的数量来确定位移量，其分辨率为光栅栅距。为了提高分辨率和测量比栅距更小的位移量，可采用细分技术。所谓细分，就是在莫尔条纹信号变化一个周期内，发出若干个脉冲，以减小脉冲当量，如一个周期内发出 n 个脉冲，即可使测量精度提高 n 倍，而每个脉冲相当于原来栅距的 $1/n$。由于细分后计数脉冲频率提高了 n 倍，因此也称之为 n 倍频。细分方法有机械细分和电子细分两类。下面介绍电子细分法中常用的四倍频细分法，这种细分法也是许多其他细分法的基础。

由辨向原理可知，在相差 $B/4$ 的位置上安装两个光电元件，得到两个相位相差 $\pi/2$ 的电信号。若将这两个信号反相就可以得到 4 个依次相差 $\pi/2$ 的信号，从而可以在移动一个栅距的周期内得到 4 个计数脉冲，实现四倍频细分。在相差 $B/4$ 的位置上安装 4 个光电元件也可以实现四倍频细分。这种方法不可能得到高的细分数，因为在一个莫尔条纹的间距内不可能安装更多的光电元件。这种方法有一个优点，就是对莫尔条纹产生的信号波形没有严格要求。

3. 光栅数显装置

光栅数显装置的结构示意图和电路原理框图如图 9 - 6 所示。在实际应用中对于不带微处理器的光栅数显装置，完成有关功能的电路往往由一些大规模集成电路(IS)芯片来实现。这套芯片分为光栅信号处理芯片、逻辑控制芯片和可逆计数与零位记忆芯片三片，另外再配两片驱动器和少量的电阻、电容，即可组成一台光栅数显表。

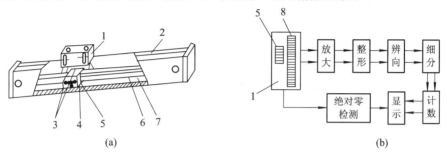

1—读数头；2—壳体；3—发光接收线路板；4—指示光栅座；5—指示光栅；
6—光栅刻线；7—光栅尺；8—标尺光栅

图 9 - 6　光栅数显装置

（a）结构示意图；（b）电路原理框图

光栅信号处理芯片（HKF710502）完成从光栅部件输入信号的同步、整形、四细分、辨向、加减控制、参考零位信号的处理、记忆功能的实现和分辨率的选择等。

逻辑控制芯片（HKE701314）为整机提供高频和低频脉冲，完成 BCD 译码、XJ 校验以及超速报警等功能。

可逆计数与零位记忆芯片（HKE701201）接收从光栅信号处理芯片传来的计数脉冲，完成可逆计数；接收参考零位脉冲，使计数器确定参考零位的数值，同时也完成清零、置数、记忆等功能。

9.1.4　光栅传感器的应用

由于光栅传感器测量精度高、动态测量范围广、可进行无接触测量、易实现系统的自动化和数字化，因而在机械工业中得到了广泛应用。特别是在量具、数控机床的闭环反馈控制、工作母机的坐标测量等方面，光栅传感器都起了重要作用。光栅传感器通常作为测量元件应用于机床定位、长度和角度的计量仪器中，并用于测量速度、加速度、振动等。

如图 9 - 7 所示为光栅式万能测长仪的工作原理图。标尺光栅采用透射式黑白振幅光栅，光栅栅距 $W = 0.01\ \mu m$，指示光栅采用四裂相光栅，照明光源采用红外发光二极管 TIL - 23，其发光光谱为 930 nm～1000 nm，接收用 LS600 光电三极管，两光栅之间的间隙为 0.02 mm～0.035 mm。由于标尺光栅和指示光栅之间的透光和遮光效应，形成莫尔条纹，当两块光栅相对移动时，便可接收到周期性变化的光通量。利用四裂相指示光栅依次获得 $\sin\theta$、$\cos\theta$、$-\sin\theta$ 和 $-\cos\theta$ 四路原始信号，以满足辨向和消除共模电压的需要。

由光栅传感器获得的四路原始信号，经差分放大器放大、移相电路分相、整形电路整形、倍频电路细分、辨向电路辨向进入可逆计数器计数，由显示器显示读出。这是光栅式万能测长仪从光栅传感器输出信号后读出的整个过程，每步过程由相应的电路来完成。通常采用大规模集成电路来实现以上功能。

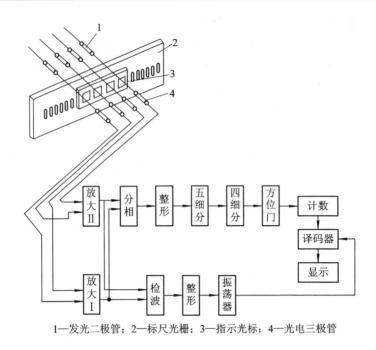

1—发光二极管；2—标尺光栅；3—指示光标；4—光电三极管

图 9-7　光栅式万能测长仪的工作原理图

随着微机技术的不断发展，目前人们已研制出带微机的光栅数显装置。采用微机后，可使硬件数量大大减少，功能更加强大。

9.2　编　码　器

将机械转动的模拟量(位移)转换成以数字代码形式表示的电信号，这类传感器称为编码器。编码器以其高精度、高分辨率和高可靠性被广泛用于各种位移测量中。

编码器的种类很多，按其结构形式可分为接触式、光电式、电磁式编码器等，后两种为非接触式编码器。非接触式编码器具有非接触、体积小、寿命长、分辨率高的特点。3 种编码器相比较，光电式编码器的性价比最高，它作为精密位移传感器在自动测量和自动控制技术中得到了广泛应用。目前我国已有 23 位光电编码器，在科学研究、军事、航天和工业生产中可对位移量进行精密检测。

9.2.1　增量式编码器

增量式编码器的结构示意图如图 9-8 所示。码盘与转轴连在一起。码盘的工作原理图如图 9-9 所示。码盘可用玻璃材料制成，表面镀上一层不透光的金属铬，然后在边缘制成向心的透光狭缝。透光狭缝在码盘圆周上被等分，数量从几百条到几千条不等。这样，整个码盘圆周上就被等分成 n 个透光的槽。增量式编码器也可用不锈钢薄板制成，然后在圆周边缘切割出均匀分布的透光槽。

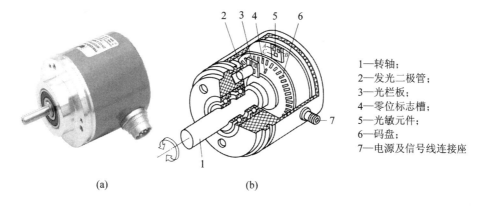

1—转轴；
2—发光二极管；
3—光栏板；
4—零位标志槽；
5—光敏元件；
6—码盘；
7—电源及信号线连接座

(a)　　　　　　　　　(b)

图 9-8　增量式编码器的结构示意图

（a）外形；（b）内部结构

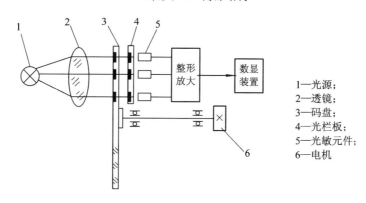

1—光源；
2—透镜；
3—码盘；
4—光栏板；
5—光敏元件；
6—电机

图 9-9　码盘的工作原理图

增量式编码器的光源最常用的是自身有聚光效果的发光二极管。当码盘随转轴一起转动时，光线透过码盘和光栏板狭缝，形成忽明忽暗的光信号。光敏元件把此光信号转换成电脉冲信号，通过信号处理电路后，向数控系统输出脉冲信号，也可由数码管直接显示位移量。

增量式编码器的测量准确度与码盘圆周上的狭缝条纹数 n 有关，能分辨的角度 α 和分辨率分别为

$$\alpha = \frac{360^{\circ}}{n} \tag{9-3}$$

$$分辨率 = \frac{1}{n} \tag{9-4}$$

例如，码盘边缘的透光槽数为 1024 个，则能分辨的最小角度 $\alpha=360^{\circ}/1024=0.352^{\circ}$。

为了判断码盘旋转的方向，必须在光栏板上设置两个狭缝，其距离是码盘上的两个狭缝距离的 $(m+1/4)$ 倍，m 为正整数，并设置两组对应的光敏元件，如图 9-8 中的 A、B 光敏元件，有时也称为 cos、sin 元件。增量式编码器的输出波形如图 9-10 所示。为了得到码盘转动的绝对位置，还需设置一个基准点，如图 9-8 中的"零位标志槽"。码盘每转一圈，零位标志槽对应的光敏元件产生一个脉冲，称为"一转脉冲"，见图 9-10 中的 C_0 脉冲。

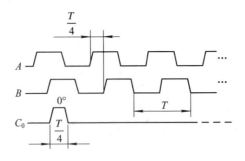

图 9 - 10　增量式编码器的输出波形

9.2.2　绝对式编码器

与增量式编码器不同,绝对式编码器是通过读取码盘上的图案确定轴的位置的。码盘的读取方式有接触式、光电式和电磁式等几种。最常用的是光电式编码器。

光电绝对式编码器的码盘原理图和结构图如图 9 - 11 所示。图 9 - 11(a)中,码盘上有四条码道。码道就是码盘上的同心圆。按照二进制分布规律,把每条码道加工成透明和不透明相间的形式。码盘的一侧安装光源,另一侧安装一排径向排列的光电管,每个光电管对准一条码道。当光源照射码盘时,如果是透明区,则光线被光电管接收,并转变成电信号,输出信号为"1";如果不是透明区,则光电管接收不到光线,输出信号为"0"。被测轴带动码盘旋转时,光电管输出的信息就代表了轴的相应位置,即绝对位置。

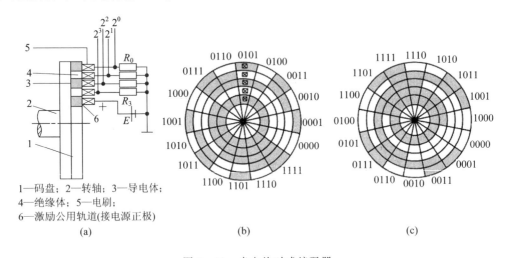

1—码盘;　2—转轴;　3—导电体;
4—绝缘体;　5—电刷;
6—激励公用轨道(接电源正极)
　　(a)　　　　　　　　　(b)　　　　　　　　　(c)

图 9 - 11　光电绝对式编码器
(a) 电刷在码盘上的位置;(b) 4 位 8421 二进制码盘;(c) 4 位格雷码码盘

码盘按其所用码制可分为二进制码、十进制码、循环码等。光电码盘大多采用格雷码码盘。四位二进制码与格雷码对照表见表 9 - 3。格雷码的特点是每一相邻数码之间仅改变一位二进制数,这样,即使制作和安装不十分准确,产生的误差最多也只是最低位的一位数。

四位二进制码盘能分辨的最小角度(分辨率)为

$$\alpha = \frac{360°}{2^4} = 22.5°$$

码道越多,分辨率越小。例如,码盘码道 18 条,能分辨的最小角度为

$$\alpha = \frac{360°}{2^{18}} = 0.0014°$$

目前,我国已有 23 位光电编码器,为科学研究、军事、航天和工业生产提供了对位移测量进行精密检测的手段。

表 9 - 3　四位二进制码与格雷码对照表

十进制数	二进制码	格雷码	十进制数	二进制码	格雷码
0	0000	0000	8	1000	1100
1	0001	0001	9	1001	1101
2	0010	0011	10	1010	1111
3	0011	0010	11	1011	1110
4	0100	0110	12	1100	1010
5	0101	0111	13	1101	1011
6	0110	0101	14	1110	1001
7	0111	0100	15	1111	1000

大多数编码器都是单盘的,全部码道在一个圆盘上,但如要求有很高的分辨率,码盘制作困难,圆盘直径增大,而且精度也难以达到。这时可采用双盘编码器,它是由两个分辨率较低的码盘组合而成的高分辨率编码器。

9.2.3　编码器的应用

编码器除了能直接测量角位移或间接测量直线位移外,还可用于数字测速。由于增量式编码器的输出信号是脉冲形式,因此,可以通过测量脉冲频率或周期的方法来测量转速。编码器可代替测速发电机的模拟测速,而成为数字测速装置。

在一定的时间间隔 t_s 内(又称闸门时间,如 10 s、1 s、0.1 s 等),用角编码器所产生的脉冲数来确定速度的方法称为 M 法测速,如图 9 - 12 所示。

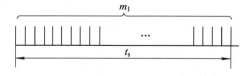

图 9 - 12　M 法测速

若编码器每转产生 N 个脉冲,在闸门时间间隔 t_s 内得到 m_1 个脉冲,则编码器所产生的脉冲频率 f 为

$$f = \frac{m_1}{t_s} \qquad\qquad (9 - 5)$$

转速 n(单位为 r/min)为

$$n = 60\,\frac{f}{N} = 60\,\frac{m_1}{t_s N}$$

例 9 - 1 某编码器的指标为 2048 个脉冲/r(即 $N=2048$),在 0.2 s 时间内测得 8K 脉冲(1K=1024),即 $t_s=0.2$ s,$m_1=8K=8192$ 个脉冲,求转速 n。

解 编码器轴的转速为

$$n = 60\,\frac{m_1}{t_s N} = 60 \times \frac{8192}{0.2 \times 2048} = 1200 \text{ r/min}$$

M 法测速适合于要求转速较快的场合,否则计数值较少,测量准确度较低。例如,当角编码器的输出脉冲频率 $f=1000$ Hz,闸门时间 $t_s=1$ s 时,测量精度可达 0.1% 左右;而当转速较慢时,角编码器的输出脉冲频率较低,±1 误差(多或少计数一个脉冲)将导致测量精度降低。

闸门时间 t_s 的长短对测量精度也有影响:t_s 取得较大时,测量精度较高,但不能反映速度的瞬时变化,不适合动态测量;t_s 也不能取得太小,以至于在 t_s 时段内得到的脉冲太少,而使测量精度降低,例如,脉冲的频率 f 仍为 1000 Hz,t_s 缩短到 0.01 s 时,测量准确度将降到 10% 左右。

9.3　感 应 同 步 器

感应同步器是利用电磁耦合原理将位移或转角转化成电信号的位置检测装置。感应同步器利用两个平面形绕组的互感随相对位置不同而变化的原理,将直线位移或角位移转换成电信号。

感应同步器按其运动形式和结构形式的不同,可分为旋转式(或称圆盘式)感应同步器和直线式感应同步器两种。前者用来检测转角位移,用于精密转台、各种回转伺服系统中;后者用来检测直线位移,用于大型和精密机床的自动定位、位移数字显示和数控系统中。两者的工作原理和工作方式相同。

9.3.1　感应同步器的结构与特点

1. 感应同步器的结构

直线式感应同步器的结构如图 9-13 所示。感应同步器由定尺和滑尺两部分组成。定尺和滑尺通常以优质碳素钢作为基体,一般选用导磁材料,其膨胀系数尽量与所安装的主基体相近。定尺与滑尺平行安装,且保持一定间隙。定尺表面制有连续平面绕组(在基体上用绝缘的黏合剂贴上铜箔,用光刻或化学腐蚀方法制成方形开口平面绕组);在滑尺的绕组周围常贴一层铝箔,防止静电干扰,滑尺上制有两组分段绕组,分别称为正弦绕组和余弦绕组,这两段绕组相对于定尺绕组在空间错开 1/4 的节距,节距用 2τ 表示。安装时,定尺组件与滑尺组件安装在机床的不动和移动部件上。例如,工作台和床身,滑尺安装在机床上,并自然接地。工作时,当在滑尺两个绕组中的任一绕组中加上励磁电压时,由于电磁感应,在定尺绕组中会感应出相同频率的感应电压,通过对感应电压的测量,可以精确地测量出位移量。感应同步器就是利用感应电压的变化进行位置检测的。

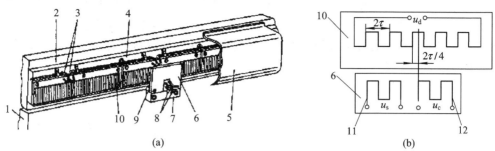

1—固定部件(床身)；2—运动部件(工作台或刀架)；3—定尺绕组引线；4—定尺座；5—防护罩；6—滑尺；
7—滑尺座；8—滑尺绕组引线；9—调整垫；10—定尺；11—正弦励磁绕组；12—余弦励磁绕组

图 9-13　直线式感应同步器
(a)结构图；(b)定尺绕组和滑尺绕组

　　旋转式感应同步器由转子和定子组成，如图 9-14 所示。在转子上的是连续绕组，在定子上的则是分段绕组。分段绕组分为两组，在空间相差 90°相角，故又称为正、余弦绕组。工作时，如果在其中一种绕组上通以交流励磁电压，由于电磁耦合，在另一种绕组上就产生感应电动势，该电动势随转子与定子的相对位置不同呈正弦、余弦函数变化，再通过对此信号的检测处理，便可测量出转角的位移量。

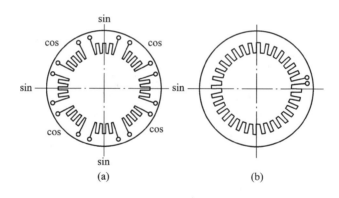

图 9-14　旋转式感应同步器示意图
(a)定子；(b)转子

2. 感应同步器的特点

感应同步器的特点如下：

　　(1) 精度高。因为定尺的节距误差有平均自补偿作用，所以尺子本身的精度能做得较高。直线式感应同步器对机床位移的测量是直接测量，不经过任何机械传动装置，测量精度主要取决于尺子的精度。感应同步器的灵敏度(或称分辨率)取决于一个周期进行电气细分的程度，灵敏度的提高受电子细分电路中信噪比的限制，只要对线路进行精心设计和采取严密的抗干扰措施，就可以把电噪声减到很低，并获得很高的稳定性。

　　(2) 测量长度不受限制。当测量长度大于 250 mm 时，可以采用多块定尺接长，相邻定尺间隔可用块规或激光测长仪进行调整，使总长度上的累积误差不大于单块定尺的最大偏差。在行程为几米到几十米的中型或大型机床中，工作台位移的直线测量大多采用直线式感应同步器来实现。

（3）对环境的适应较好。因为感应同步器金属基板和床身铸铁的热胀系数相近，当温度变化时，还能获得较高的重复精度，另外，感应同步器是非接触式的空间耦合器件，所以对尺面防护要求低，而且可选择耐温性能良好的非导磁性涂料作保护层，加强感应同步器的抗温防湿能力。

（4）维护简单，寿命长。感应同步器的定尺和滑尺互不接触，因此无任何摩擦、磨损，使用寿命长，且无需担心元件老化等问题。

另外，感应同步器的抗干扰能力强、工艺性好、成本较低，便于复制和成批生产。

9.3.2　感应同步器的工作原理

当滑尺任意一绕组加交流励磁电压时，由于电磁感应作用，在定尺绕组中必然产生感应电压，该感应电压取决于滑尺和定尺的相对位置。当只给滑尺上正弦绕组加励磁电压时，定尺感应电压与定尺、滑尺的相对位置关系如图9-15所示。

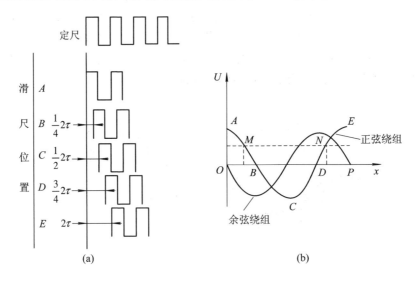

图9-15　定尺绕组产生感应电压原理图

（a）滑尺和定尺的相对位置；（b）感应电压曲线

如图9-15(b)所示，如果滑尺处于A位置，即滑尺绕组与定尺绕组完全对应重合，定尺绕组线圈中穿入的磁通最多，则定尺上的感应电压最大。随着滑尺相对定尺做平行移动，穿入定尺的磁通逐渐减少，感应电压逐渐减小。当滑尺移到B点位置，与定尺绕组刚好错开1/4节距时，感应电压为零。再移动至1/2节距处，即C点位置时，定尺线圈中穿出的磁通最多，感应电压最大，但极性相反。再移至3/4节距，即D点位置时，感应电压又变为零。当移动一个节距位置如E点时，又恢复到初始状态，与A点相同。显然，在定尺移动一个节距的过程中，感应电压近似于余弦函数变化了一个周期。

若定尺绕组节距为2τ，它对应的感应电压以余弦函数变化，则当滑尺移动距离为x时，对应感应电压以余弦函数变化相位角。由比例关系可得

$$\theta = \frac{2\pi x}{2\tau} = \frac{\pi x}{\tau} \tag{9-6}$$

感应电压的幅值变化规律就是一个周期性的余弦曲线。在一个周期内，感应电压的某

一幅值对应两个位移点，如图 9-15 中的 M、N 两点。为确定唯一位移，在滑尺上与正弦绕组错开 1/4 节距处配置了余弦绕组。同样，若在滑尺的余弦绕组中通以交流励磁电压，也能得出定尺绕组感应电压与两尺相对位移的关系曲线，它们之间为正弦函数关系。若滑尺上的正、余弦绕组同时励磁，就可以分辨出感应电压值所对应的唯一确定的位移。

9.3.3　信号处理方式

从信号处理方式来说，感应同步器可分为鉴相和鉴幅两种方式。它们是用输出感应电动势的相位或幅值来进行处理的。下面以长感应同步器为例进行叙述。

1. 鉴相方式

滑尺的正弦、余弦绕组在空间位置上错开 1/4 定尺的节距，激励时加上等幅、等频且相位差为 $90°$ 的交流电压，即分别以 $\sin\omega t$ 和 $\cos\omega t$ 来激励，这样，就可以根据感应电压的相位来鉴别位移量，故叫鉴相型。

当正弦绕组单独激励时，励磁电压为 $u_s = U_m \sin\omega t$，感应电动势为

$$e_s = k\omega U_m \sin\omega t \cos\theta \tag{9-7}$$

式中：k——耦合系数。

当余弦绕组单独激励时，励磁电压为 $u_c = U_m \cos\omega t$，感应电动势为

$$e_c = -k\omega U_m \cos\omega t \sin\theta \tag{9-8}$$

由叠加原理可求得定尺上的总感应电动势为

$$
\begin{aligned}
e &= e_s + e_c \\
&= k\omega U_m \sin\omega t \cos\theta - k\omega U_m \cos\omega t \sin\theta \\
&= k\omega U_m \sin(\omega t - \theta)
\end{aligned}
\tag{9-9}
$$

式中的 $\theta = \pi x / \tau$ 称为感应电动势的相位角，它在一个节距 2τ 之内与定尺和滑尺的相对位移有一一对应的关系，每经过一个节距，变化一个周期（2π）。

2. 鉴幅方式

如在滑尺的正、余弦绕组加以同频、同相但幅值不等的交流励磁电压，则可根据感应电动势的振幅来鉴别位移量，称为鉴幅型。

若加到滑尺两绕组的交流励磁电压分别为

$$u_s = U_s \sin\omega t \tag{9-10}$$

$$u_c = U_c \sin\omega t \tag{9-11}$$

式中：$U_s = U_m \sin\Phi$，$U_c = U_m \cos\Phi$，U_m 为励磁电压幅值，Φ 为给定的电相角。此时它们在定尺绕组中的感应电动势分别为

$$e_s = k\omega U_s \sin\omega t \cos\theta \tag{9-12}$$

$$e_c = -k\omega U_c \sin\omega t \sin\theta \tag{9-13}$$

定尺的总感应电动势为

$$
\begin{aligned}
e &= e_s + e_c \\
&= k\omega U_s \sin\omega t \cos\theta - k\omega U_c \sin\omega t \sin\theta \\
&= k\omega U_m \sin\omega t (\sin\Phi \cos\theta - \cos\Phi \sin\theta) \\
&= k\omega U_m \sin\omega t \sin(\Phi - \theta)
\end{aligned}
\tag{9-14}
$$

式(9-14)把感应同步器两尺的相对位移 $x=(\theta\tau/\pi)$ 和感应电动势的幅值 $k\omega U_m \sin(\varPhi-\theta)$ 联系了起来。

9.3.4 感应同步器位移测量系统

如图 9-16 所示为感应同步器鉴相测量方式数字位移测量装置方框图。脉冲发生器发出频率一定的脉冲序列,经过脉冲-相位变换器进行 N 分频后,输出参考信号 θ_0 和指令信号 θ_1。

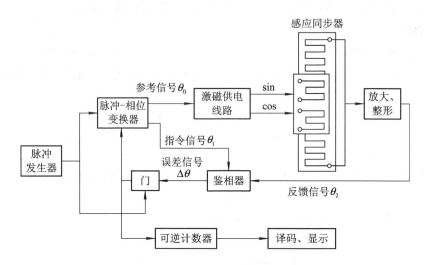

图 9-16 感应同步器鉴相测量方式数字位移测量装置方框图

参考信号 θ_0 经激磁供电线路转换成振幅和频率相同而相位差为 90°的正、余弦电压,给感应同步器滑尺的正、余弦绕组激磁。感应同步器定尺绕组中产生的感应电压经放大和整形后成为反馈信号 θ_2。指令信号 θ_1 和反馈信号 θ_2 同时送给鉴相器,鉴相器既判断 θ_2 和 θ_1 相位差的大小,又判断指令信号 θ_1 的相位是超前还是滞后于反馈信号 θ_2 的相位。

假定开始时 $\theta_1=\theta_2$,当感应同步器的滑尺相对定尺平行移动时,将使定尺绕组中的感应电压的相位 θ_2(即反馈信号的相位)发生变化。此时 $\theta_1\neq\theta_2$,由鉴相器判别之后,将有相位差 $\Delta\theta=\theta_2-\theta_1$ 作为误差信号,由鉴相器输出给门电路。此误差信号 $\Delta\theta$ 控制门电路"开门"的时间,使门电路允许脉冲发生器产生的脉冲通过。通过门电路的脉冲,一方面送给可逆计数器去计数并显示出来;另一方面作为脉冲-相位变换器的输入脉冲。在此脉冲作用下,脉冲-相位变换器将修改指令信号的相位 θ_1,使 θ_1 随 θ_2 而变化。当 θ_1 再次与 θ_2 相等时,误差信号 $\Delta\theta=0$,从而门关闭。当滑尺相对定尺继续移动时,又有 $\Delta\theta=\theta_2-\theta_1$ 作为误差信号去控制门电路的开启,门电路又有脉冲输出,供可逆计数器去计数和显示,并继续修改指令信号的相位 θ_1,使 θ_1 和 θ_2 在新的基础上达到 $\theta_1=\theta_2$。因此,在滑尺相对定尺连续不断地移动的过程中,可以把位移量准确地用可逆计数器计数和显示出来。

本 章 小 结

随着计算机技术的发展,对信号的检测、控制和处理必然进入数字化阶段。前面介绍的传感器大部分是模拟式传感器，与计算机数字系统配接时，必须经过 A/D 转换器将模拟信号转换成数字信号，才能输入到计算机等数字系统。这样增加了系统的复杂性，而且 A/D 转换器的转换精度受到位数和参考电压精度的限制，系统的总精度也将受到限制。

数字式传感器能够直接将非电量转换为数字量，这样就不需要 A/D 转换，可直接用数字显示。数字式传感器与模拟式传感器相比有以下优点：测量精度和分辨率高，稳定性好，抗干扰能力强，便于与微机接口，适宜远距离传输等。

数字式传感器可以测量线位移，也可以测量角位移。常用的数字位置检测传感器有编码器、光栅、感应同步器等。

光栅主要由标尺光栅和光栅读数头两部分组成。光栅传感器测量精度高、动态测量范围广，可进行无接触测量，易实现系统的自动化和数字化。

编码器是一种旋转式脉冲发生器，能把机械转角变成电脉冲。编码器有光电式、接触式和电磁感应式编码器三种。从精度和可靠性来看，光电式编码器较好。光电式编码器可用于角度检测，也可用于速度检测。

感应同步器为电磁式检测装置，其输出电压随被测直线位移或角位移而改变。旋转式感应同步器用来检测转角位移，用于精密转台、各种回转伺服系统中；直线式感应同步器用来检测直线位移，用于大型和精密机床的自动定位、位移数字显示和数控系统中。

思考题与习题

9-1　什么是光栅的莫尔条纹？莫尔条纹是怎样产生的？它具有什么特点？

9-2　什么是细分？什么是辨向？它们各有何用途？

9-3　用四个光敏二极管接收长光栅的莫尔条纹信号，如果光敏二极管的响应时间为 10^{-6} s，光栅的栅线密度为 50 线/mm，试计算光栅所允许的运动速度。

9-4　试分析四倍频电路，当传感器做反向移动时，其输出脉冲的状况(画图表示之)，并说明该电路的作用。

9-5　二进制码与循环码各有何特点？说明它们相互转换的原理。

9-6　一个 21 码道的循环码码盘，其最小分辨率 α 为多少？若每一个 α 角所对应的圆弧长度至少为 0.001 mm，且码道宽度为 1 mm，则码盘直径为多少？

9-7　感应同步器有哪几种？试述它们的工作原理。

基础训练　光栅位移传感器的使用

一、实训目的

(1) 观察和了解光栅位移传感器的结构。

(2) 掌握光栅位移传感器的安装工艺、调试步骤和维修方法。

二、实训原理

光栅位移传感器的基本工作原理是一对光栅中的标尺光栅和指示光栅进行相对位移时,在光的干涉与衍射共同作用下产生黑白相间(或明暗相间)的规则条纹图形(即莫尔条纹),经过光电器件转换使莫尔条纹转化成正弦波变化的电信号,再经过放大器的放大、整形电路的整形后,得到两路相差为 90°的方波,进入辨向和细分电路处理后得到的脉冲再送入光栅数显表显示。

三、实训设备和器材

实训设备和器材包括电工工具 1 套、万用表、信号发生器、兆欧表、毫伏表、万用电桥、BG1 型线位移光栅传感器系统等。

四、实训内容和步骤

1. 根据使用要求选型

根据实训条件选择光栅位移检测系统的技术参数(见表 9-4);依据设备的行程选择传感器的长度 L_0,光栅传感器的有效长度应大于设备行程;依据检测精度选择光栅位移传感器的栅距。

表 9-4　光栅检测系统的主要技术指标

型　　号	BG1
光栅栅距	40 μm(0.040 mm)、20 μm(0.020 mm)、10 μm(0.010 mm)
光栅测量系统	透射式红外光学测量系统,高精度性能的光栅玻璃尺
读数头滚动系统	垂直式五轴承滚动系统,优异的重复定位性,高精度测量
防护尘密封	采用特殊的耐油、耐蚀、高弹性及抗老化橡胶,防水、防尘,使用寿命长
分辨率	1 μm、2 μm
有效行程	50 mm～3000 mm,每隔 50 mm 一种长度规格(整体光栅不接长)
工作速度	<20 m/min
工作环境	温度 0℃～50℃,湿度≤90%
工作电压	5(1±5%) V, 12(1±5%) V
输出信号	TTL 正弦波

如图 9-17 所示,光栅位移测量系统由 BG1 型线位移光栅传感器和 GB-1 光栅位移数显表两部分组成。光栅传感器将发光器件、光电转换器件和光栅尺(50 线/mm)封装在紧固的铝合金盒内。发光器件采用红外发光二极管,光电转换器件采用光电晶体管。在铝合金盒内的下部有柔软的密封胶条,可以防止铁屑、切屑和冷却剂等的污染物进入尺体内。电气连接线经过缓冲电路进入传感头,然后再通过能防止干扰的电缆线送入光栅数显表,显示位移的变化。

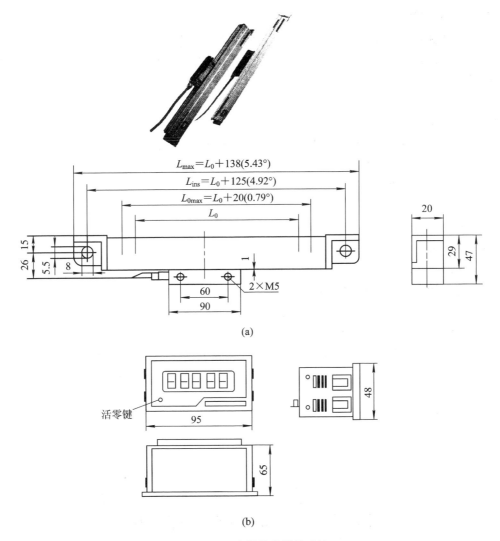

图 9 - 17　光栅位移测量系统

（a）BG1 型线位移光栅传感器的外形及尺寸；（b）GB - 1 光栅位移数显表的外形及尺寸

2. 安装

（1）根据阿贝误差（长度测量时由量仪产生的一种物理误差）的原理，传感器应尽量安装在靠近设备工作台的床身基面上。

（2）根据设备的行程选择传感器的长度。光栅传感器的有效长度应大于设备行程。

（3）将传感器固定在设备工作台的基面上，确保标尺光栅上端面同正面与位移方向平行，误差≤0.1 mm。

（4）读数头固定在相对于标尺光栅的另一基面上。读数头与标尺光栅间应保持 (0.8 ± 0.15)mm 的间隙，尽量使读数头安装在非运动部件上，以方便电缆线的固定。

（5）在安装有传感器的设备导轨上应安装限位装置。

（6）在使用环境为油污、铁屑等时，建议采用防护罩。防护罩应将标尺光栅全部防护。

（7）光栅位移传感器安装完毕后，可接通数显表和移动工作台，观察数显表计数是否正常。在机床上选取一个参考位置，来回移动工作点至该选取位置，数显表读数应相同。

3. 调试和维修

光栅位移测量系统调试和维修中常见故障现象及判断如下:

(1) 接电源后数显表无显示。检查电源线是否断线,插头接触是否良好;数显表电源保险丝是否熔断;供电电压是否符合要求。

(2) 数显表不计数。将传感器插头换至另一台数显表,若传感器能正常工作,则说明原数显表有问题;检查传感器电缆有无断线、破损。

(3) 数显表间断计数。检查光栅尺安装是否正确,光栅尺的所有固定螺丝是否松动,光栅尺是否被污染;插头与插座是否接触良好;光栅尺移动时是否与其他部件刮碰、摩擦。

(4) 数显表显示报警。检查是否接光栅传感器;光栅传感器移动速度是否过快;光栅尺是否被污染。

(5) 光栅传感器移动后只有末位显示器闪烁。检查 A 相或 B 相有无信号;检查是否有一路信号线不通;光敏晶体管是否被损坏。

(6) 移动光栅传感器只有一个方向计数,而另一个方向不计数。检查光栅传感器两路信号输出是否短路;光栅传感器两路信号移相是否正确;数显表是否出现故障。

(7) 读数头移动发出吱吱声或移动困难。检查密封胶条是否有裂口;指示光栅是否脱落,标尺光栅是否严重接触摩擦;下滑体滚珠是否脱落,上滑体是否严重变形。

(8) 新光栅传感器安装后,其显示值不准。检查安装基面是否符合要求;光栅尺和读数头安装是否符合要求;检查是否发生严重碰撞而使光栅副的位置改变。

五、注意事项

(1) 光栅传感器的有效长度应大于设备行程。

(2) 在安装有传感器的设备导轨上应安装限位装置。

拓展训练 小车测速系统设计

光电编码器是一种通过光电转换将输出轴上的几何位移量转换成脉冲或数字量的传感器。当前,光电编码器已被广泛应用于机电测控的各个行业,例如:旋转平台、机器人、导弹发射角度、织物记长、定位加工等。请依据所学的光电编码器知识设计一个小车速度测量系统,给出相应的测量电路,并说明其工作原理。

第 10 章 化学传感器

☞ **学习目标**

(1) 了解气敏传感器的分类，掌握气敏传感器的典型应用。

(2) 了解湿敏传感器的分类，掌握湿敏传感器的典型应用。

10.1 气 敏 传 感 器

气敏传感器是一种检测特定气体的传感器。它将气体种类及其与浓度有关的信息转换成电信号，根据这些电信号的强弱就可以获得与待测气体在环境中存在情况有关的信息，从而进行检测、监控、报警，还可以通过接口电路与计算机组成自动检测、控制和报警系统。

环境大气(空气)中污染物浓度的表示方法有两种：

(1) 质量浓度表示法：每立方米空气中所含污染物的质量数，即 mg/m^3。

(2) 体积浓度表示法：一百万体积的空气中所含污染物的体积数，即 ppm。

大部分气体检测仪器测得的气体浓度都是体积浓度(ppm)。而按中国规定，特别是环保部门，则要求气体浓度以质量浓度的单位(mg/m^3)表示，中国的标准规范也都采用质量浓度单位(如 mg/m^3)表示。

10.1.1 气敏传感器的分类及原理

气敏传感器的分类如表 10 − 1 所示。气敏传感器主要包括半导体式气敏传感器、接触燃烧式气敏传感器、化学反应式气敏传感器三类，其中用得最多的是半导体式气敏传感器。半导体式气敏传感器主要用于一氧化碳气体的检测、瓦斯气体的检测、煤气的检测、氟利昂的检测、呼气中乙醇的检测、人体口腔口臭的检测等。

表 10 − 1 气敏传感器的分类

类 型	原 理	检测对象	特 点
半导体式	若气体接触到加热的金属氧化物(SnO_2、Fe_2O_3、ZnO 等)，电阻值会增大或减小	还原性气体、城市排放气体、丙烷气体等	灵敏度高，构造与电路简单，但输出与气体浓度不成比例
接触燃烧式	可燃性气体接触到氧气就会燃烧，使得作为气敏材料的铂丝温度升高，电阻值相应增大	燃烧气体	输出与气体浓度成比例，但灵敏度较低

类 型	原 理	检测对象	特 点
化学反应式	利用化学溶剂与气体反应产生的电流、颜色、电导率的增加等	CO、H_2、CH_4、C_2H_5OH、SO_2 等	气体选择性好,但不能重复使用
光干涉式	利用与空气的折射率不同而产生的干涉现象	与空气折射率不同的气体,如 CO_2 等	寿命长,但选择性差
热传导式	根据热传导率差而放热的发热元件的温度降低进行检测	与空气热传导率不同的气体,如 H_2 等	构造简单,但灵敏度低,选择性差
红外线吸收散射式	利用红外线照射气体分子谐振而吸收或散射量进行检测	CO、CO_2 等	能定性测量,但装置大,价格高

1. 半导体式气敏传感器

半导体式气敏传感器利用半导体气敏元件同气体接触时使半导体性质发生变化的原理来检测特定气体的成分或者浓度。半导体气敏元件有 N 型和 P 型之分。

图 10-1 为 N 型半导体吸附气体时器件阻值变化图。当氧化型气体吸附到 N 型半导体(SnO_2、ZnO)上,还原型气体吸附到 P 型半导体(CrO_3)上时,将使半导体载流子减少,而使电阻值增大。当还原型气体吸附到 N 型半导体上,氧化型气体吸附到 P 型半导体上时,则载流子增多,使半导体电阻值下降。

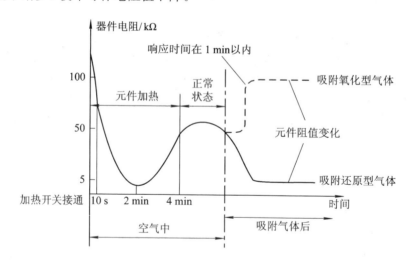

图 10-1 N 型半导体吸附气体时器件阻值变化图

1) SnO_2 系列气敏元件

SnO_2 系列气敏元件有烧结型、薄膜型和厚膜型三种。

烧结型 SnO_2 气敏元件应用广泛,其敏感体由粒径很小(平均粒径≤1 μm)的 SnO_2 粉体为基本材料烧结而成,根据需要添加不同的添加剂,混合均匀作为原料烧结而成,主要用于检测可燃的还原性气体,其工作温度约 300℃。根据加热方式,烧结型 SnO_2 气敏元件分为直接加热式(见图 10-2)和旁热式(见图 10-3)SnO_2 气敏元件两种。旁热式 SnO_2 气敏元件由电极、加热器、SnO_2 烧结体和瓷绝缘管组成,加热器的电阻值一般为 30 Ω～40 Ω。

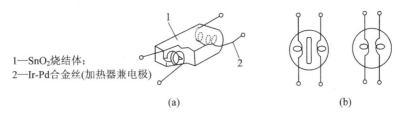

1—SnO₂烧结体;
2—Ir-Pd合金丝(加热器兼电极)

(a)　　　　　　　　　(b)

图 10-2　直热式 SnO₂ 气敏元件的结构及符号

（a）结构；（b）符号

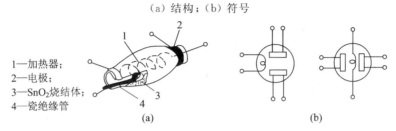

1—加热器;
2—电极;
3—SnO₂烧结体;
4—瓷绝缘管

(a)　　　　　　　　　(b)

图 10-3　旁热式 SnO₂ 气敏元件的结构及符号

（a）结构；（b）符号

薄膜型气敏元件的制作采用蒸发或溅射的方法，在处理好的石英基片上形成一薄层金属氧化物薄膜（如 SnO₂、ZnO 等），再引出电极。实验证明：SnO₂ 和 ZnO 薄膜的气敏特性较好（见图 10-4）。

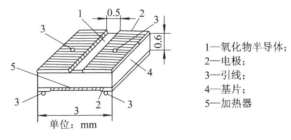

1—氧化物半导体;
2—电极;
3—引线;
4—基片;
5—加热器

单位：mm

图 10-4　薄膜型气敏元件的结构

薄膜型气敏元件的优点是灵敏度高、响应迅速、机械强度高、互换性好、产量高、成本低等。

厚膜型气敏元件（见图 10-5）是将 SnO₂ 和 ZnO 等材料与 3％～15％重量的硅凝胶混合制成能印刷的厚膜胶，把厚膜胶用丝网印制到装有铂电极的氧化铝基片上，在 400℃～800℃ 高温下烧结 1～2 小时制成的。

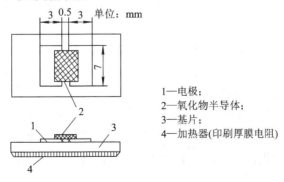

单位：mm

1—电极;
2—氧化物半导体;
3—基片;
4—加热器(印刷厚膜电阻)

图 10-5　厚膜型气敏元件的结构

厚膜型气敏元件的优点是一致性好、机械强度高，适于批量生产。

2）二氧化钛氧气传感器

半导体材料二氧化钛(TiO_2)属于 N 型半导体，对氧气十分敏感。其电阻值的大小取决于周围环境的氧气浓度。当周围氧气浓度较大时，氧原子进入二氧化钛晶格，改变了半导体的电阻率，使其电阻值增大。

图 10-6 是用于测量汽车或燃烧炉排放气体中氧浓度的 TiO_2 氧浓度传感器结构图及测量转换电路。二氧化钛气敏电阻与补偿热敏电阻同处于陶瓷绝缘体的末端。当氧气含量减小时，R_{TiO_2} 的阻值减小，U_o 增大。

在图 10-6(b)中，与 TiO_2 气敏电阻串联的热敏电阻 R_t 起温度补偿作用。当环境温度升高时，TiO_2 气敏电阻的阻值会逐渐减小，只要 R_t 也以同样的比例减小，根据分压比定律，U_o 不受温度影响，减小了测量误差。

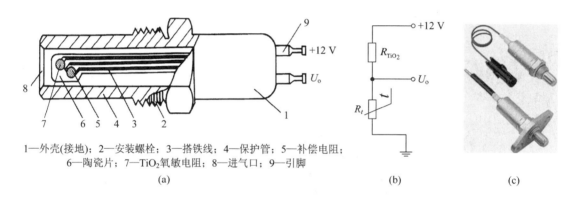

1—外壳(接地)；2—安装螺栓；3—搭铁线；4—保护管；5—补偿电阻；
6—陶瓷片；7—TiO_2氧敏电阻；8—进气口；9—引脚

(a)　　　　　　　　　　　　　　(b)　　　　　(c)

图 10-6　TiO_2氧浓度传感器结构及测量转换电路

(a)结构；(b)测量转换电路；(c)外形

2. 接触燃烧式气敏传感器

1）接触燃烧式气敏传感器的检测原理

当可燃性气体(如 H_2、CO、CH_4 等)与空气中的氧接触时，发生氧化反应，产生无焰接触燃烧热，使得传感器中的铂丝温度升高，电阻值相应增大。因此，只要测定作为敏感件的铂丝的电阻变化值(ΔR)，就可检测空气中可燃性气体的浓度。但是，使用单纯的铂丝线圈作为检测元件，其寿命较短，所以，实际应用的检测元件都是在铂丝圈外面涂覆一层氧化物触媒。这样既可以延长其使用寿命，又可以提高检测元件的响应特性。

2）接触燃烧式气敏元件的结构

接触燃烧式气敏元件的结构如图 10-7 所示，该气敏元件采用高纯的铂丝绕制成线圈。为了使线圈具有适当的阻值($1\ \Omega \sim 2\ \Omega$)，一般应绕 10 圈以上。在线圈外面涂以氧化铝或氧化铝和氧化硅组成的膏状涂覆层，干燥后在一定温度下烧结成球状多孔体。将烧结后的小球放在金属铂、钯等的盐溶液中，充分浸渍后取出烘干。经过高温热处理，在氧化铝(氧化铝-氧化硅)载体上形成贵金属触媒层，最后组装成气体敏感元件。除此之外，也可以将贵金属触媒粉料与氧化铝、氧化硅等载体充分混合后配成膏状，涂覆在铂丝绕成的线圈上，直接烧成后备用。

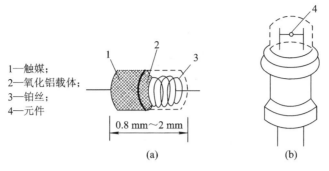

图 10 - 7　接触燃烧式气敏元件的结构

(a) 内部示意图；(b) 外形图

1—触媒；
2—氧化铝载体；
3—铂丝；
4—元件

0.8 mm～2 mm

3）氧化锆氧气传感器

在二氧化锆中添加氧化钙、三氧化二钇等添加物后，其离子电导都将发生改变。尤其是在氧化钙添加量为 15％mol 左右时，离子电导出现极大值。但是，二氧化锆-氧化钙固溶体的离子活性较低，所以在高温下气敏元件才有足够的灵敏度。

10.1.2　气敏传感器的主要要求

气敏传感器是暴露在各种成分的气体中使用的，由于检测现场温度、湿度的变化很大，又存在大量粉尘和油雾等，所以其工作条件较恶劣，而且气体对传感元件的材料会产生化学反应物，附着在元件表面，往往会使其性能变差。因此，对气敏元件有下列要求：

（1）对被测气体具有较高的灵敏度。

（2）对被测气体以外的共存气体或物质不敏感。

（3）性能稳定，重复性好。

（4）动态特性好，对检测信号响应迅速。

（5）使用寿命长。

（6）制造成本低，使用与维护方便等。

10.1.3　气敏传感器的应用

气敏传感器广泛用于防灾报警，如可制成液化石油气、天燃气、城市煤气、煤矿瓦斯以及有毒气体等方面的报警器，也可对大气污染进行监测以及在医疗上用于对 O_2、CO_2 等气体的测量，生活中则用于空调机、烹调装置、酒精浓度探测等方面。表 10 - 2 给出了半导体式气敏传感器的应用举例。

表 10 - 2　半导体式气敏传感器的应用举例

分　类	检测对象气体	应用场所
爆炸性气体	液化石油气、城市用煤气 甲烷、可燃性煤气	家庭 煤矿、办事处
环境气体	氧气、二氧化碳 水蒸气（调节温度、防止结露） 大气污染	家庭、办公室 电子设备、汽车 温室

分 类	检测对象气体	应 用 场 所
有害气体	一氧化碳(不完全燃烧的煤气) 硫化氢、含硫的有机化合物 卤素、卤化物、氨气等	煤气灶 特殊场合 特殊场合
工业气体	氧气、一氧化碳 水蒸气(食品加工)	发电机、锅炉 电炊灶
其他	呼出气体中的酒精、烟	酒精测试仪、烟雾报警器

1. 矿井瓦斯超限报警电路

矿井瓦斯超限报警器装配在酸性矿工灯上,使普通矿灯兼具照明与瓦斯报警两种功能。图 10 - 8 所示为瓦斯超限报警电路。QM - N5 为旁热式气敏传感器,它和 R_1、R_w 组成瓦斯气体检测电路,晶闸管 VS 作为无触点电子开关,LC179 和 R_2、扬声器组成警笛报警电路。LC179 型三模拟声报警专用集成电路采用双列 8 引脚直插塑料硬封装,电路可靠性好;内部集成了功率放大器,可直接驱动扬声器发声;可产生 3 种不同的模拟报警声响,是制作各种报警器的良好声源。LC179 的 1、2 引脚为外接振荡电阻器端,增减所接电阻器的阻值可改变发声音调,3 引脚为负电源端,4 引脚为音频输出端,5 引脚为正电源端,6、7 引脚为空脚端,8 引脚为选声端。当选声端"悬空"时,可产生模拟警车电笛声;当选声端接电源正端时,可产生模拟消防车电笛声;当选声端接电源负端时,可产生模拟救护车电笛声。LC179 的工作电压范围为 3 V～4.5 V,工作电流＜150 μA,最大输出电流可达150 mA,工作温度范围为 －10℃～60℃。

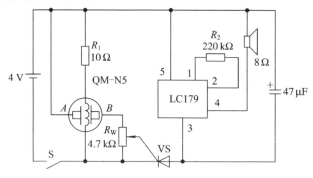

图 10 - 8 矿井瓦斯超限报警电路

当环境无瓦斯或瓦斯浓度很低时,QM - N5 的 A-B 极间电阻很大,电位器 R_w 滑动触点电压小于 0.7 V,晶闸管 VS 因触发电极电位很低而不能导通,警笛声电路无电源不发声;当瓦斯浓度升高时,QM - N5 的 A-B 极间电阻减小,瓦斯浓度升高到超过安全标准时,A-B 极间导电率迅速增大,电阻迅速减小,当 R_w 滑动触点电压大于 0.7 V 时,晶闸管 VS 被触发导通,LC179 的 3 脚接通负电源,4 脚输出信号驱动扬声器,发出警笛声。

2. 有害气体报警电路

图 10 - 9(a)所示为有害气体报警电路原理图。电路中晶体管 VT 采用 U850,它是一种高增益的达林顿晶体管。在纯洁的空气中,气敏传感器的 A-B 极间内阻较大,此时 B 点

为低电位，VT 不导通，因此，KD9561 无工作电流而不报警。当传感器接触到有害可燃气体时，$A\text{-}B$ 极间电阻变小，B 点电位升高并向 C_2 充电，当充电电位达到 U850 导通电位(约1.4 V)时，VT 导通，驱动报警器 KD9561 报警。一旦有害气体浓度降低，使 B 点电位低于1.4 V，VT 就截止，报警解除。若将本电路的负载改为继电器，如图 10-9(b)所示，即可成为自动排气控制装置。

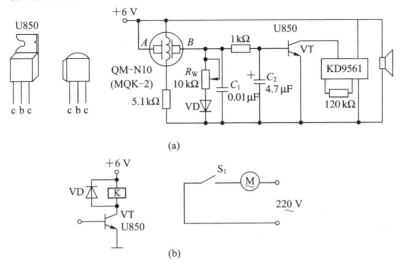

(a)

(b)

图 10-9　有害气体报警电路

(a) 有害气体报警电路原理图；(b) 自动排气控制装置原理图

3. 实用酒精测试仪电路

图 10-10 所示为实用酒精测试仪电路。该测试仪只要被试者向传感器吹一口气，便可显示出醉酒的程度，确定被试者是否适宜驾驶车辆。气敏传感器选用二氧化锡气敏元件。当气敏传感器探测不到酒精时，加在 A 的 5 引脚电平为低电平；当气敏传感器探测到酒精

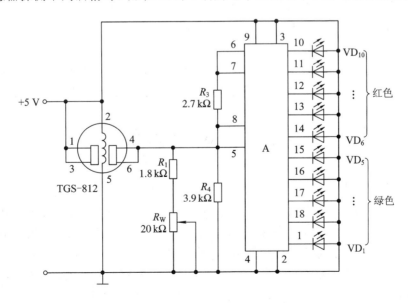

图 10-10　实用酒精测试仪电路

时，其内阻变低，从而使 A 的 5 引脚电平变高。A 为显示推动器，它共有 10 个输出端，每个输出端可以驱动一个发光二极管，显示推动器 A 根据 5 引脚电压的高低来确定依次点亮发光二极管的级数。酒精含量越高，则点亮二极管的级数越大。图中：$VD_6 \sim VD_{10}$ 5 个发光二极管为红色，表示超过安全水平；$VD_1 \sim VD_5$ 5 个发光二极管为绿色，表示不超过安全水平，酒精含量不超过 0.05%。

4. 防止酒后驾车控制器

图 10-11 所示为防止酒后驾车控制器原理图。图中 $QM-J_1$ 为旁热式气敏传感器。若司机没有喝酒，或酒精浓度较低时，在驾驶室内合上开关 S，此时气敏元件间电阻很高，U_a 为高电平，则 U_1 为低电平，555 定时器截止，U_3 为高电平，K_2 线圈失电，其常闭触点 K_{2-2} 闭合，绿灯 VD_1 亮，常闭触点 K_{2-1} 闭合，发动机点火启动。

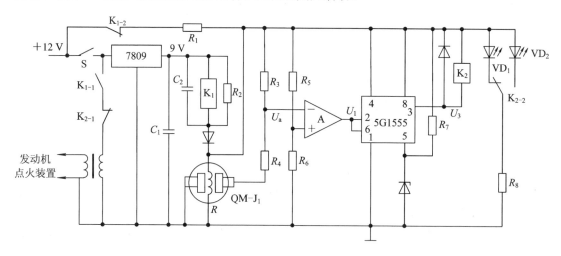

图 10-11　防止酒后驾车控制器原理图

若司机酗酒，气敏元件阻值急剧下降，使 U_a 为低电平，则 U_1 为高电平，555 定时器导通，U_3 为低电平，继电器 K_2 带电吸合，K_{2-2} 常闭触点断开，常开触点闭合，红灯 VD_2 亮，以示警告，常闭触点 K_{2-1} 断开，发动机无法启动。

若司机拔出气敏元件，则继电器 K_1 失电，其常开触点 K_{1-1} 断开，仍然无法启动发动机。常闭触点 K_{1-2} 的作用是长期加热气敏气件，保证控制器处于准备工作的状态。

10.2　湿敏传感器

在自然界中，凡是有水和生物的地方，在其周围的大气里总是含有或多或少的水汽。大气中含有水汽的多少，表示大气的干、湿程度，用湿度来表示，也就是说，湿度是表示大气干湿程度的物理量。大气湿度有两种表示方法：绝对湿度与相对湿度。绝对湿度是指在一定温度和压力条件下，每单位体积的混合气体中所含水蒸气的质量，单位为 g/m^3，一般用符号 AH 表示。相对湿度是指气体的绝对湿度与同一温度下达到饱和状态的绝对湿度之比，一般用符号 %RH 表示。相对湿度给出大气的潮湿程度，它是一个无量纲的量。在实际中多使用相对湿度这一概念。

在一定温度下，气体所容纳的水蒸气含量超过某限量时，多余的水从气态变为液态的现象称为结露。如冬天将相机、摄像机带入室内，其外部或内部部件上可能会结露，导致故障；露点可用来表示不饱和气体的含水量，因此也是在测量气体湿度时常用的一个名词。

湿敏传感器是能够感受外界湿度变化，并通过器件材料的物理或化学性质变化，将湿度转化成有用信号的器件。湿度与科研、生产、人们生活、植物生长有密切关系，环境的湿度具有与环境温度同等重要的意义。目前，人们对湿度的重视程度远不及对温度的重视，因此湿度测量技术的研究及其测量仪器远不如温度测量技术与仪器那样精确与完善。由于对湿度监测不够精确，致使大批精密仪器与机械装置锈蚀、谷物发霉等，由此造成了巨大损失。

人们对湿敏元件的认识是从 1938 年美国 F. W. Dummore 研制成功的浸涂式 LiCl 湿敏元件开始的，此后，几十种湿敏元件及传感器应运而生。湿度的检测已广泛用于工业、农业、国防、科技、生活等各个领域，湿度不仅与工业产品质量有关，而且是环境条件的重要指标。下面介绍现已发展得比较成熟的几类湿敏传感器。

10.2.1 氯化锂湿敏电阻

氯化锂湿敏电阻是利用吸湿性盐类潮解，离子导电率发生变化而制成的测湿元件。它由引线、基片、感湿层与电极组成，如图 10 - 12 所示。

氯化锂通常与聚乙烯醇组成混合体。在氯化锂(LiCl)溶液中，Li 和 Cl 均以正、负离子的形式存在，而 Li^+ 对水分子的吸引力强，离子水合程度高，其溶液中的离子导电能力与浓度成正比。当溶液置于一定温湿场中时，若环境相对湿度高，溶液将吸收水分，使浓度降低，因此，其溶液电阻率增高。反之，环境相对湿度变低时，则溶液浓度升高，其电阻率下降，从而实现对湿度的测量。氯化锂湿敏电阻的湿度-电阻特性曲线如图 10 - 13 所示。

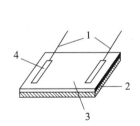

1—引线；2—基片；3—感湿层；4—电极

图 10 - 12 氯化锂湿敏电阻结构示意图

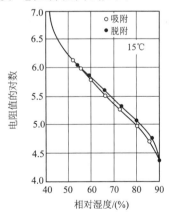

图 10 - 13 氯化锂湿敏电阻的湿度-电阻特性曲线

由图 10 - 13 可知，在 50%～80% 的相对湿度范围内，电阻与湿度的变化呈线性关系。为了扩大湿度测量的线性范围，可以将多个氯化锂(LiCl)含量不同的元件组合使用。例如，将相对湿度范围分别为 10%～20%、20%～40%、40%～70%、70%～90% 和 80%～99% 的 5 种元件配合使用，就可检测相对湿度在 10%～99% 范围内的湿度。

氯化锂湿敏电阻的特点是滞后小，不受测试环境中风速的影响，检测精度高达 ±5%，但其耐热性差，不能用于露点以下测量，元件性能重复性不理想，使用寿命短。

10.2.2　半导体陶瓷湿敏电阻

通常，多孔陶瓷由两种以上的金属氧化物半导体材料混合烧结而成。这些材料有 $ZnO-LiO_2-V_2O_5$ 系、$Si-Na_2O-V_2O_5$ 系、$TiO_2-MgO-Cr_2O_3$ 系、Fe_3O_4 等，前三种材料的电阻率随湿度增加而下降，故称为负特性湿敏半导体陶瓷，最后一种的电阻率随湿度增加而增大，故称为正特性湿敏半导体陶瓷(以下简称半导瓷)。

1. 负特性湿敏半导瓷的导电机理

由于水分子中的氢原子具有很强的正电场，当水在半导瓷表面吸附时，就有可能从半导瓷表面俘获电子，使半导瓷表面带负电。如果该半导瓷是 P 型半导体，则由于水分子吸附使表面电势下降，将吸引更多的空穴到达其表面，于是，其表面层的电阻下降。若该半导瓷为 N 型，则由于水分子的附着使表面电势下降，如果表面电势下降较多，不仅使表面层的电子耗尽，同时吸引更多的空穴到达表面层，有可能使到达表面层的空穴浓度大于电子浓度，出现所谓表面反型层，这些空穴称为反型载流子。它们同样可以在表面迁移而表现出电导特性。因此，由于水分子的吸附，使 N 型半导瓷材料的表面电阻下降。由此可见，不论是 N 型还是 P 型半导瓷，其电阻率都随湿度的增加而下降。图 10-14 所示为几种负特性湿敏半导瓷阻值与湿度的关系曲线。

2. 正特性湿敏半导瓷的导电机理

当水分子附着半导瓷的表面使电势变负时，其表面层电子浓度下降，但这还不足以使表面层的空穴浓度增加到出现反型程度，此时仍以电子导电为主。于是，表面电阻将由于电子浓度下降而加大，这类半导瓷材料的表面电阻将随湿度的增加而加大。如果对某一种半导瓷，它的晶粒间的电阻并不比晶粒内电阻大很多，那么表面层电阻的加大对总电阻并不起多大作用。不过，通常湿敏半导瓷材料都是多孔的，表面电导占的比例很大，故表面层电阻的升高必将引起总电阻值的明显升高。但是，由于晶体内部低阻支路仍然存在，正特性半导瓷的总电阻值的升高没有负特性材料的阻值的下降那么明显。图 10-15 给出了 Fe_3O_4 正特性湿敏半导瓷阻值与湿度的关系曲线。从图 10-14 与图 10-15 可以看出，当相对湿度从 0% 变化到 100% 时，负特性材料的阻值均下降三个数量级，而正特性材料的阻值只增大了约一倍。

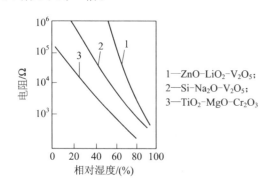

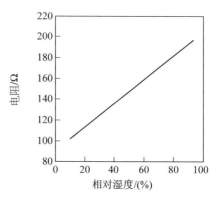

图 10-14　几种负特性湿敏半导瓷阻值　　图 10-15　Fe_3O_4 正特性湿敏半导瓷阻值
　　　　　 与湿度的关系曲线　　　　　　　　　　　　 与湿度的关系曲线

3. 典型半导体陶瓷湿敏元件

1）MgCr$_2$O$_4$-TiO$_2$湿敏元件

氧化镁复合氧化物-二氧化钛湿敏材料通常制成多孔陶瓷型"湿-电"转换器件，它是负特性半导瓷。MgCr$_2$O$_4$为 P 型半导体，它的电阻率低，阻值温度特性好。MgCr$_2$O$_4$-TiO$_2$湿敏元件的结构如图 10-16 所示。在 MgCr$_2$O$_4$-TiO$_2$陶瓷片的两面涂覆有多孔金电极。金电极与引出线烧结在一起，为了减少测量误差，在陶瓷片外设置由镍铬丝制成的加热线圈，以便对元件加热清洗，排除恶劣气氛对元件的污染。整个元件安装在陶瓷基片上，电极引线一般采用铂-铱合金。

MgCr$_2$O$_4$-TiO$_2$陶瓷湿度传感器的相对湿度与电阻的关系曲线，如图 10-17 所示。传感器的电阻值既随所处环境的相对湿度的增加而减小，又随周围环境温度的变化而有所改变。

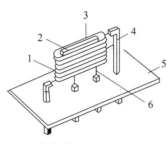

1—加热线圈；2—湿敏陶瓷片；
3—电极；4—引线圈电极；
5—底板；6—引线

图 10-16　MgCr$_2$O$_4$-TiO$_2$湿敏元件的结构

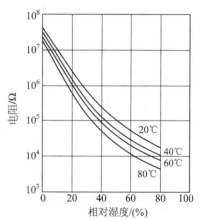

图 10-17　MgCr$_2$O$_4$-TiO$_2$陶瓷湿度传感器的
相对湿度与电阻的关系曲线

2）ZnO-Cr$_2$O$_3$陶瓷湿敏元件

ZnO-Cr$_2$O$_3$陶瓷湿敏元件的结构是将多孔材料的电极烧结在多孔陶瓷圆片的两表面上，并焊上铂引线，然后将敏感元件装入有网眼过滤的方形塑料盒中用树脂固定。ZnO-Cr$_2$O$_3$陶瓷湿敏传感器的结构如图 10-18 所示。

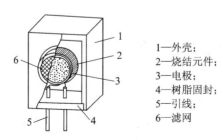

1—外壳；
2—烧结元件；
3—电极；
4—树脂固封；
5—引线；
6—滤网

图 10-18　ZnO-Cr$_2$O$_3$陶瓷湿敏传感器的结构

ZnO-Cr$_2$O$_3$陶瓷湿敏传感器能连续稳定地测量湿度，而无需加热除污装置，因此功耗低于 0.5 W，其体积小、成本低，是一种常用测湿传感器。

3) 四氧化三铁(Fe_3O_4)湿敏元件

四氧化三铁湿敏元件由基片、电极和感湿膜组成，其构造如图 10-19 所示。基片材料选用滑石瓷，表面粗糙度 Ra 为 $0.1\ \mu m \sim 0.2\ \mu m$，该材料的吸水率低，机械强度高，化学性能稳定。在基片上制作一对梭状金电极，然后将预先配制好的 Fe_3O_4 胶体液涂覆在梭状金电极的表面，进行热处理和老化。Fe_3O_4 胶体之间的接触呈凹状，粒子间的空隙使薄膜具有多孔性，当空气相对湿度增大时，Fe_3O_4 胶膜吸湿。由于水分子的附着，强化颗粒之间的接触会降低粒子间的电阻和增加更多的导流通路，所以元件阻值减小。当处于干燥环境中时，胶膜脱湿，粒子间接触面减小，元件阻值增大。当环境温度不同时，涂覆膜上所吸附的水分也随之变化，使梭状金电极之间的电阻产生变化。

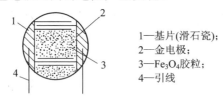

1—基片(滑石瓷)；
2—金电极；
3—Fe_3O_4胶粒；
4—引线

图 10-19　Fe_3O_4 湿敏元件的构造

Fe_3O_4 湿敏元件在常温、常湿下性能比较稳定，并有较强的抗结露能力，测湿范围广，有较为一致的湿敏特性和较好的温度-湿度特性，但元件有较明显的湿滞现象，响应时间长，吸湿过程($60\%(RH) \rightarrow 98\%(RH)$)需要 2min，脱湿过程($98\%(RH) \rightarrow 12\%(RH)$)需要 $5\ min \sim 7\ min$。

10.2.3　湿敏传感器的应用

1. 直读式湿度计

直读式湿度计具有直读性，即湿度与表盘刻度呈线性关系，广泛用于机房、车间等使用湿度计的场合。图 10-20 所示的是直读式湿度计电路，其中 R_H 为氯化锂湿度传感器。

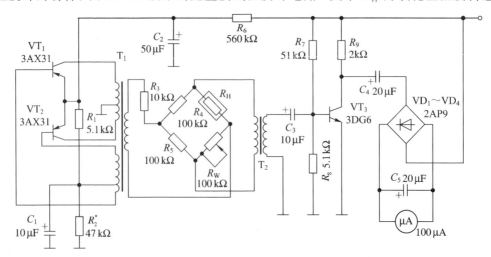

图 10-20　直读式湿度计电路

VT_1、VT_2、T_1 等组成测湿电桥的电源，其振荡频率为 250 Hz～1000 Hz。电桥的一臂为湿度传感器，由于湿度变化使湿度传感器的阻值发生变化，因此电桥失去平衡，产生信号输出。电桥输出经变压器 T_2、C_3 耦合到 VT_3，经 VT_3 放大后的信号由 VD_1～VD_4 桥式整流后输入给微安表，微安表指示出由于相对湿度的变化所引起的电流的改变，经标定并把湿度刻画在微安表盘上，就成为一个简单而实用的直读式湿度计了。

2. 自动喷灌控制器电路

自动喷灌控制器由分立元器件组成，它通过检测土壤的湿度来实现对植物喷灌设施的自动控制。该控制器电路由电源电路、湿度检测电路和控制电路组成，如图 10 - 21 所示。

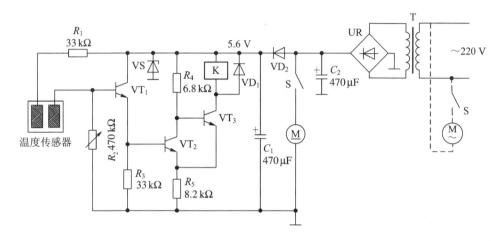

图 10 - 21　自动喷灌控制器电路

电源电路由电源变压器 T、整流桥 UR、隔离二极管 VD_2、稳压二极管 VS 和滤波电容器 C_1、C_2 等组成。交流 220 V 电压经 T 降压、UR 整流后，在滤波电容器 C_2 两端产生直流 6 V 电压。该电压一路供给微型水泵的直流电动机（采用交流电动机的大、中型水泵使用交流 220 V 电源供电，见图中虚线所示）；另一路经 VD_2 降压、VS 稳压和 C_1 滤波后产生 +5.6 V 电压，供给 VT_1～VT_3 和继电器 K。

湿度传感器插在土壤中，对土壤湿度进行检测。当土壤湿度较高时，湿度传感器两电极之间的电阻值较小，使 VT_1、VT_2 导通，VT_3 截止，继电器 K 不吸合，水泵电动机 M 不工作。当土壤湿度变小，使湿度传感器两电极之间的电阻值增大至一定值时，VT_1 和 VT_2 截止，VT_3 导通，继电器 K 吸合，其常开触头 S 接通，水泵电动机 M 通电，喷水设施开始工作。当土壤中的水分增加到一定程度，湿度传感器两电极间的电阻值减小至一定值时，VT_1 和 VT_2 导通，VT_3 截止，继电器 K 释放，水泵电动机 M 停转。当土壤水分减少至一定程度时，将重复进行上述过程，从而使土壤保持较恒定的湿度。

3. 婴儿尿床报警器

婴儿尿床后，若不能及时发现并更换尿布，则会有害婴儿皮肤健康。婴儿尿床报警器能在婴儿尿床后几分钟内发出"注意换尿布"的语言提示声，提醒大人为宝宝更换尿布。

婴儿尿床报警器由湿敏传感器、延迟放大电路、语音报警电路和电源电路等组成，如图 10 - 22 所示。

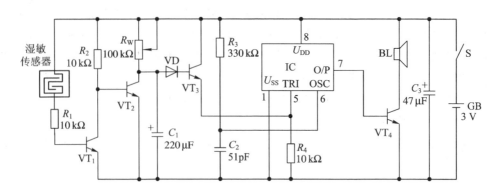

图 10 - 22　婴儿尿床报警器电路

延迟放大电路由晶体管 $VT_1 \sim VT_3$、半导体二极管 VD、充电电容器 C_1、电位器 R_w 和有关外围元器件组成。语音报警电路由语音集成电路 IC、音频放大管 VT_4、扬声器 BL 和外围阻容元件组成。电源电路由电源开关 S、电源 GB 和滤波电容器 C_3 组成。

接通电源开关 S 后,电源 GB 为整机各电路提供工作电压。在婴儿未尿床时,湿敏传感器两端的电阻值几乎为无穷大,晶体管 VT_1 截止,VT_2 导通,二极管 VD 和晶体管 VT_3 均截止,语音集成电路 IC 因触发端(TRI)始终为低电平而不工作,扬声器 BL 不发声。

一旦婴儿尿床,湿敏传感器两端因尿液导电而由高阻状态变为低阻状态,使 VT_1 正偏导通,VT_2 截止,电源电压经 R_w 对电容 C_1 充电,当 C_1 充电结束后(1 min～2 min),VD 与 VT_3 相继导通,VT_3 发射极输出的高电平使 IC 触发而工作,从 IC 的输出端(O/P)输出语音电信号,该信号经 VT_4 放大后,推动扬声器 BL 发出语音提示声。调节 R_w 的电阻值,可改变婴儿尿床后报警器动作的延迟时间;改变 R_3 的电阻值,可改变报警语音的声调。

4. 汽车挡风玻璃自动去湿电路

图 10 - 23 所示的是一种用于汽车驾驶室挡风玻璃的自动去湿装置。其中:图 10 - 23(a) 为挡风玻璃示意图,R_s 为嵌入玻璃的加热电阻丝,H 为结露感湿元件;图 10 - 23(b)为电路原

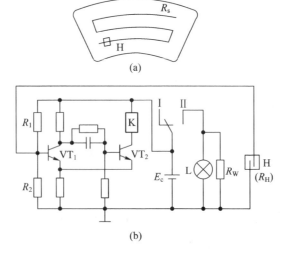

(b)

图 10 - 23　汽车挡风玻璃自动去湿电路

(a) 挡风玻璃示意图;(b) 电路原理图

理图，晶体管 VT_1 和 VT_2 接成施密特触发电路，VT_2 的集电极负载为继电器 K 的线圈绕组。VT_1 基极电阻为 R_1、R_2 和湿敏元件 H 的等效电阻 R_H 并联。预先调整各电阻值，以使常温、常湿下 VT_1 导通，VT_2 截止。一旦由于阴雨使湿度增大，湿敏元件 H 的等效电阻 R_H 下降到某一特定值，R_2 与 R_H 并联的电阻值减小，VT_1 截止，VT_2 导通，VT_2 的集电极负载——继电器 K 线圈通电，其常开触点 II 与电源 E_c 相连，小灯泡 L 点亮，电阻丝 R_s 通电，挡风玻璃被加热，驱散湿气。当湿度减少到一定程度时，施密特触发电路又翻转到初始状态，小灯泡 L 熄灭，电阻丝 R_s 断电，实现了自动防湿控制。

本 章 小 结

能将各种化学物质（如气体、离子或电解质浓度、空气湿度等）的变化定性或定量地转换成电信号的传感器称为化学传感器。化学传感器的种类和数量很多，各种器件的转换原理也各不相同，本章从检测对象的角度，着重分析气敏传感器和湿敏传感器。

气敏传感器主要包括半导体式、接触燃烧式、化学反应式三类。用得最多的是半导体式气敏传感器，主要应用于一氧化碳气体、瓦斯气体、煤气、呼气中乙醇的检测等。

湿敏传感器是能够感受外界湿度变化，并通过器件材料的物理或化学性质变化，将湿度转化成有用信号的器件。半导体陶瓷湿敏元件具有灵敏度高、稳定性高、耐湿性好、抗干扰能力强等优点，但是响应速率慢，需要加热清洗，不能用于易燃、易爆环境，也不能实现湿度的连续测量。

思考题与习题

10-1 简述气敏元件的工作原理及气敏传感器的组成。

10-2 为什么多数气敏元件都附有加热器？加热方式有哪些？

10-3 什么叫湿敏电阻？湿敏电阻有哪些类型？各有什么特点？

基础训练 湿敏电阻的性能测试

一、实训目的

了解湿敏传感器的原理与应用。

二、实训原理

高分子湿敏电阻主要使用高分子固体电解质材料作为感湿膜，由于膜中的可动离子产生导电性，随着湿度的增加，电离作用增强，可动离子的浓度增大，电极间电阻减小，反之，电极间的电阻增大，通过测量湿敏电阻值的变化，就可得到相应的湿度值。感湿膜是高分子电解质，其电阻值的对数与相对湿度呈近似线性关系。

三、实训设备和器材

实训设备和器材包括直流稳压电源、电桥、湿敏传感器、水、棉球、电压表和差动放大器等。

四、实训内容和步骤

（1）观察湿敏电阻的结构（它是在一块特殊的绝缘基底溅射了一层高分子薄膜而形成的）。

（2）按图 10-24 所示接线。旋钮初始位置：直流稳压电源置±2 V 挡、F/V 表置 2 V 挡。

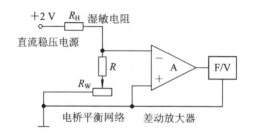

图 10-24 测量电路图

（3）取两种不同潮湿度的海绵或其他易吸潮的材料，分别轻轻地与传感器接触，观察电压表数字变化。此时，电压表的指示（　　），也就是 R_H 阻值变（　　），说明 R_H 检测到了湿度的变化，而且随着湿度的不同，阻值变化也不一样。

五、注意事项

（1）R_H 的通电稳定时间、脱湿时间与环境的湿度、温度有关。

（2）取湿材料潮湿即可，不可太湿，以防湿度饱和，延长脱湿时间。

拓展训练　酒精测试仪的设计

随着汽车数量的增加与普及率的提高，汽车在国民经济和人类家庭生活中的作用越来越大，但交通事故也成倍增长，具相关部门统计在各类交通事故中，酒后驾驶车辆是造成事故的主要原因之一。目前世界上绝大多数国家都通过使用呼吸酒精测试仪对驾驶员进行现场检测来确定其体内酒精浓度的多少。此外，酒精测试仪还可以测定某一特定环境（如酒精生产车间）下的酒精浓度，以避免发生火灾。

为了保证行车安全，防止酒后驾车，试以气敏传感器作为检测元件，设计一个酒精测试仪，传感器遇到酒精气体后，阻值发生变化，测量电压发生变化，超过设定值后电路报警；使用 LCD 显示器来显示酒精浓度和输入的相关信息。

第11章 新型传感器

☞ **学习目标**

（1）了解光纤的结构、光纤传感器的调制原理和应用。

（2）了解超声波的基础知识、超声波传感器的结构和技术参数，掌握超声波传感器的典型应用。

（3）掌握红外辐射的特点、红外探测的机理和红外传感器的应用。

（4）了解生物传感器的基础知识、生物传感器的原理及应用。

11.1 光 纤 传 感 器

光纤传感器是 20 世纪 70 年代发展起来的新型传感器，和传统传感器相比，有着重大的差别。传统传感器以机-电量转换为基础，以电信号为变换和传输的载体，利用导线输送电信号。光纤传感器则以光学量转换为基础，以光信号为变换和传输的载体，利用光导纤维输送光信号。

光纤传感器的迅猛发展开始于 1977 年，至今已成功研制出多种光纤传感器，可测量位移、速度、加速度、液位、压力、流量、振动、温度、电流、电压、磁场和核辐射等。

11.1.1 光纤的结构

光导纤维简称光纤，是一种多层介质结构的对称圆柱体，它用比头发丝还细的石英玻璃丝制成，包括纤芯、包层和涂敷层，其结构如图 11-1 所示。纤芯材料的主体是二氧化硅，里面掺杂了极微量的其他材料，如二氧化锗、五氧化二磷等。掺杂其他材料的目的是为了提高材料的光折射率。纤芯的直径为 $5~\mu m \sim 75~\mu m$。纤芯外面为包层，可以是一层、两层（内外包层）或者更多层结构，总直径在

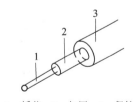

1—纤芯；2—包层；3—保护层

图 11-1 光纤传感器的结构

$100~\mu m \sim 200~\mu m$ 之间。包层的材料一般为纯二氧化硅，为了降低包层对光的折射率，也可掺杂其他微量元素。外层涂料对光纤起保护作用，并增加机械强度；外层加装不同颜色的塑料套管，除起保护作用外，还可方便地辨认不同的光纤型号。

众所周知,光在空间是沿直线传播的。在光纤中,光的传输限制在光纤中,并且光纤的传输是基于光的全内反射而进行的。设有一段圆柱形的光纤,如图 11-2 所示,它的两个端面均为光滑的平面。当光线射入一个端面并与圆柱的轴线成 θ_i 角时,在端面发生折射进入光纤后,又以 φ_i 角入射至纤芯与包层的界面,光线有一部分透射到包层,一部分反射回纤芯。但当入射角 θ_i 小于临界入射角 θ_c 时,光线就不会投射出界面,而全部被反射,光在纤芯和包层的界面上反复逐次全反射,呈锯齿波形状在纤芯内向前传播,最后从光纤的另一端射出,这就是光纤的传光原理。

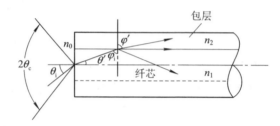

图 11-2 光纤的传光原理

11.1.2 光纤传感器的类型、调制原理与特点

1. 光纤传感器的类型

光纤传感器按其传感器原理分为两大类:一类是传光型(也称非功能型)光纤传感器,另一类是传感型(也称功能型)光纤传感器。传光型光纤传感器多数使用多模光纤,传感型光纤传感器常使用单模光纤。

1)传光型光纤传感器

在传光型光纤传感器中,光纤仅作为传播光的介质,对外界信息的"感觉"功能是依靠其他物理性质的功能元件来完成的。传感器中的光纤是不连续的,其间接有其他介质的敏感元件,如图 11-3 所示。光纤在传感器中仅起传光作用。

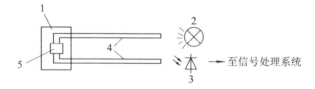

1—被测对象;2—光源;3—光探测器;4—光纤;5—光敏感元件

图 11-3 传光型光纤传感器组成示意图

2)传感型光纤传感器

传感型光纤传感器利用对外界信息具有敏感能力和检测功能的光纤(或特殊光纤)作为传感元件。在这类传感器中,光纤不仅起传光的作用,而且还通过光纤在外界因素(弯曲、相变)的作用下,其光学特性(光强、相位、偏振态等)的变化来实现传和感的功能。因此,传感器中的光纤是连续的,如图 11-4 所示。

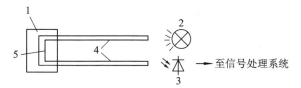

1—被测对象；2—光源；3—光探测器；4—光纤；5—光纤敏感元件

图 11-4　传感型光纤传感器组成示意图

2. 光纤传感器的调制原理

光纤传感器以光学测量为基础，因此光纤传感器首先要解决的问题是如何将被测量的变化转换成光波的变化。实际上，只要使光波的强度、相位、频率或偏振态四个参数之一随被测量而变化，即可解决上述问题。通常，把光波随被测量的变化而变化称为对光波进行调制。调制方式可分为光强调制、相位调制、波长调制和频率调制。

1）光强调制

光强调制是利用被测量直接或间接改变光纤中光的强度，再通过光强的变化来测量外界物理量的。

例如，微弯光纤传感器可构成声传感器或应变传感器。在这类传感器中，传感元件由可使光纤发生微弯曲变形器件组成。例如，一对锯齿板，如图 11-5(a)所示，相邻齿之间的距离决定着变形器的空间频率。当锯齿板受到压力作用时，产生位移，使得夹在其中的光纤微弯曲，从而引起光强调制。因为这时在纤芯中传输的光有部分耦合到包层中，如图 11-5(b)所示。原来光束以大于临界角的角度在纤芯中传输为全内反射；但在微弯处，光束以小于临界角的角度入射到界面，部分光逸出并散射入包层。因此，通过检测纤芯或包层模的光功率就能测得力、位移或声压等物理量。

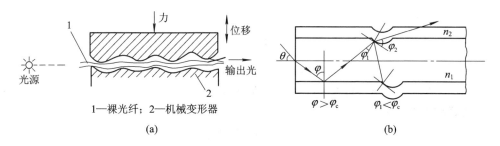

1—裸光纤；2—机械变形器

(a)　　　　　　　　　　　　(b)

图 11-5　微弯光纤传感器

(a) 微弯光纤传感器原理图；(b) 光纤微弯曲对传播光的影响

锯齿板位移小时，光强与位移的关系是线性的，否则是非线性的。这类传感器由于其光路是完全密封的，因此不受环境因素的影响，且成本低，精度高，每微米位移的光功率变化为 5%，检测位移分辨力为 0.01 μm。

2）相位调制

相位调制是利用外界因素对光纤中光相位的影响来探测各种物理量的。利用一些被测量引起光纤中光相位变化的原理组成的传感器，具有灵敏、灵活、多样的特点。光纤测温传感器就是利用光纤内传输的相位随温度参数的改变而改变的原理制成的。

只要利用适当的仪器检出光纤中光信号相位的变化就可以测定温度。由于应变或压力会改变光纤的传输特性,使光信号相位变化,因此可以检测应变和压力。

光纤测温计是一种极灵敏的仪器,当参考光路平稳时,可测出 1/100℃ 的变化。

3) 波长调制

波长调制是利用外界因素改变光纤中光的波长,通过检测波长的变化来测量各种物理量的。波长调制技术比光强调制技术用得少,其原因是解调技术比较复杂,通常要使用分光仪。但是,采用光学滤波或双波长检测技术后,可使解调技术简化。波长调制技术的优点是对引起光纤或连接器损耗增加的某些器件的稳定性不敏感。波长调制广泛用于液体浓度的化学分析、磷光和荧光现象分析、黑体辐射分析,以及用在光学滤波器上。

4) 频率调制

频率调制是利用外界因素改变光的频率,通过检测光的频率变化来测量外界物理量的。传光型光纤传感器采用频率调制技术,即光纤只起传光作用。频率调制基于被测物体的入射光频率与其反射光的多普勒效应,当光源发射出的频率为 f_1 的光波照射到运动物体上时,从该运动物体反射的光波频率发生变化,此时频率为 f_2。在图 11-6 中,S 为光源,N 为运动物体,M 为观察者所处的位置。若物体的运动速度为 v,其运动方向与 NS 和 MN 的夹角分别为 θ_1 和 θ_2,则从 S 发出的光频率为 f_1,经过运动物体后将出现散射现象,观察者在 M 处观察到运动物体反射的频率为 f_2,根据多普勒原理,得

$$f_2 = \frac{f_1}{1-(v/c)} \approx f_1(1+v/c) \tag{11-1}$$

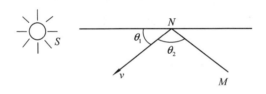

图 11-6 多普勒原理示意图

根据这一原理可以制成光纤激光多普勒测振仪,测量灵敏度非常高。同时,频率调制还可应用于血液流量测量,制成光纤多普勒血液流量计。

3. 光纤传感器的特点

光纤传感器的特点如下:

(1) 传光性能、电气绝缘性能好,不受电磁干扰,可在强电磁干扰下完成传统传感器不能完成的某些参量的测量,特别是电流、电压测量,损耗小于 0.2dB/km。

(2) 质量轻、体积小、可挠性好,光波传输无电能和电火花,在恶劣环境下,不会引起被测介质的燃烧、爆炸,光纤耐高压、耐腐蚀,因而能在易燃、易爆和强腐蚀性的环境中安全工作。

(3) 频带宽、动态范围大,对被测对象不产生影响,可进行非接触式、远距离测量,有利于提高测量精确度。

光纤传感器和传统传感器相比,也有一些明显的缺点。例如:缺少兼容的执行机构,需要把光纤传感器输出的光信号转变成电信号,才能输入大多数装置和系统;现场连接困难,技术复杂,成本高,远不如电气接头简便、便宜。

11.1.3 　光纤传感器的应用

位移与其他机械量相比，既容易检测，又容易获得高的检测精度，所以常将被测对象的机械量转换成位移来检测，如将压力转换为膜片的位移，加速度转换成重物的位移等。这种方法不但结构形式多，而且很简单，因此位移传感器是机械量传感器中最基本的传感器。光纤位移传感器又分为传输型光纤位移传感器和传感型光纤位移传感器，这里仅介绍传输型光纤位移传感器。

利用反射式光纤位移传感器测微小位移的原理图如图 11-7(a)所示。反射式光纤位移传感器利用光纤传送和接收光束实现无接触测量。光源经一束多股光缆把光传送到传感器端部，并发射到被测物体上；另一束多股光缆把被测物反射出来的光接收并传递到光敏元件上。这两束多股光缆在接近目标之前汇合成 Y 形。汇合是将两束光缆里的光纤分散混合而成的。图 11-7(a)中用白圈代表发射光纤，黑点代表接收光纤，汇合后的端面仔细磨平抛光。由于传感器端部与被测物体间距离 d 的变化，因此反射到接收光纤的光通量不同，可以反映传感器与被测物体间距离的变化。图 11-7(b)是接收相对光强与距离 d 的关系，可见峰值左面的线段有很好的线性，可以检测位移。光缆中的光纤往往多达数百根，可测量几百微米的小位移。

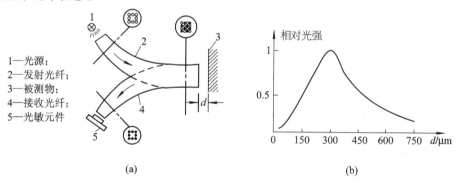

图 11-7 　反射式光纤位移传感器
(a)原理图；(b)接收相对光强与距离的关系特性曲线

图 11-8(a)所示的是利用挡光原理测位移的示意图，图 11-8(b)所示的是利用改变斜切面间隙大小测位移的示意图。这两种方法更为简单，但可测范围及线性不如反射法。

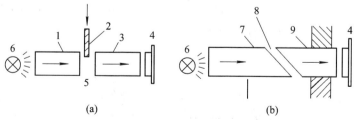

1—光纤1；2—挡板；3—光纤2；4—光敏元件；5—缝隙；6—光源；
7—可动光纤；8—斜切间隙；9—固定光纤

图 11-8 　光纤位移传感器的其他形式
(a)利用挡光原理测位移；(b)利用改变斜切面间隙大小测位移

光纤位移传感器测量范围为 0.05 mm～0.12 mm，分辨力为 0.01 mm。光纤微位移传感器可测量位移为 0.08 nm，动态范围为 110 dB。

11.2 超声波传感器

人们可以听到的声音频率为 20 Hz～20 kHz，即为可听声波，超出此频率范围的声音，即 20 Hz 以下的声音为低频声波，20 kHz 以上的声音为超声波，如图 11-9 所示。

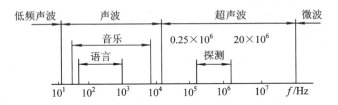

图 11-9 声波的频率界限图

超声波是一种机械振动波，它波长短、绕射现象小，且方向性好、传播能量集中，能定向传播。超声波在传播过程中衰减很小，遇到不同的媒介，大部分能被反射回来。超声波对液体、固体的穿透能力很强，尤其是对不透光的固体，它可以穿透几十米的深度。利用超声波的这些特性可以制成超声波传感器。另外，超声波在空气中的传播速度较慢，为 340 m/s，这就使得超声波传感器的使用变得非常简单。超声波在工业、国防、医学、家电等领域应用广泛。

11.2.1 超声波传感器的工作原理与结构

1. 超声波传感器的工作原理

超声波传感器是利用压电效应原理工作的。压电效应分为正压电效应和逆压电效应。超声波传感器是可逆元件。超声波发送器就是利用逆压电效应原理工作的。图 11-10 所示为采用双压电晶片超声波传感器示意图。若在发送器的双压电晶片(谐振频率为 40 kHz)上施加频率为 40 kHz 的高频电压，压电陶瓷片 1、2 就根据所加的高频电压极性伸长与缩短，发射频率为 40 kHz 的超声波。超声波以疏密波形式传播，传送给超声波接收器。超声波接收器是利用正压电效应原理工作的，即在压电元件的特定方向上施加压力，元件就发生应变，产生一面为正极、另一面为负极的电压。

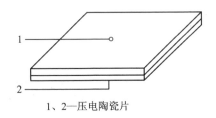

1、2—压电陶瓷片

图 11-10 双压电晶片超声波传感器示意图

超声波的指向性好，不易发散，能量集中，因此穿透本领大，在穿透几米厚的钢板后能量损失不大。

超声波在遇到两种介质的分界面(例如钢板与空气的交界面)时，能产生明显的反射和折射现象，这一现象类似于光波。超声波的频率越高，其声场指向性就越好，与光波的反射、折射特性就越接近。

超声波的传播速度如表 11 - 1 所示，温度越高，声速越慢。

表 11 - 1　常用材料的密度、声阻抗与声速(环境温度为 0℃)

材　料	密度 ρ /10^3 kg · m^{-1}	声阻抗 z /10 MPa · s^{-1}	纵波声速 c_L /(km/s)	横波声速 c_S /(km/s)
钢	7.8	46	5.9	3.23
铝	2.7	17	6.3	3.1
铜	8.9	42	4.7	2.1
有机玻璃	1.18	3.2	2.7	1.2
甘油	1.26	2.4	1.9	—
水(20℃)	1.0	1.48	1.48	—
油	0.9	1.28	1.4	—
空气	0.0012	0.0004	0.34	—

超声波传感器的典型外形和表示符号如图 11 - 11 所示。

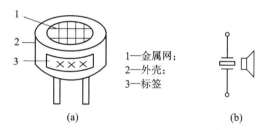

1—金属网；
2—外壳；
3—标签

(a)　　　　　　　　　　(b)

图 11 - 11　超声波传感器的典型外形和表示符号

(a) 典型外形；(b) 表示符号

2. 超声波传感器的结构

超声波传感器是实现声电转换的装置，又称为超声波探头。超声波传感器有发送器和接收器，但一个超声波传感器也可兼有发射和接收功能。超声波探头按其结构可分为直探头、斜探头、双探头和液浸探头。超声波探头按其工作原理又可分为压电式超声波探头、磁致伸缩式超声波探头、电磁式超声波探头等。在实际应用中，以压电式超声波探头最为常见。常用超声波探头的结构如图 11 - 12 所示。

1) 以固体为传导介质的超声波探头

用于固体介质的单晶直探头(俗称直探头)的结构如图 11 - 12(a)所示。发射超声波时，将 500 V 以上的高压电脉冲加到压电晶片上，利用逆压电效应，使晶片发射出一束频率落在超声波范围内、持续时间很短的超声振动波，垂直透射到图 11 - 12(a)中的试件内。

双晶直探头的结构如图 11 - 12(b)所示。它由两个单晶探头组合而成，装配在同一壳体内。其中，一片晶片发射超声波，另一片晶片接收超声波。双晶探头的结构虽然复杂，但检测精度比单晶直探头高，且超声信号的反射和接收的控制电路较单晶直探头简单。

有时为了使超声波能倾斜入射到被测介质中，可选用斜探头，如图 11 - 12(c)所示。压电晶片粘贴在与底面成一定角度(如 $30°$、$45°$等)的有机玻璃斜楔块上。当斜楔块与不同材料的被测介质(试件)接触时，超声波产生一定角度的折射，倾斜入射到试件中去，折射角可通过计算求得。

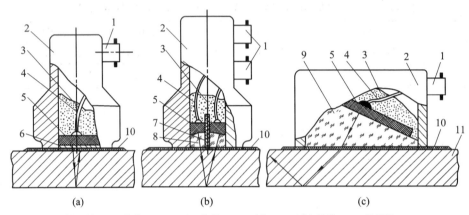

1—接插件；2—外壳；3—阻尼吸收块；4—引线；5—压电晶体；6—保护膜；
7—隔离层；8—延迟块；9—有机玻璃斜楔块；10—耦合剂；11—试件

图 11 - 12　超声波探头的结构

(a) 单晶直探头；(b) 双晶直探头；(c) 斜探头

2) 以空气为传导介质的超声波探头

空气传导型超声波发生器与接收器的结构如图 11 - 13 所示。空气传导的超声波发射器和接收器的有效工作范围可达几米至几十米。为获得较高灵敏度，并避开环境噪声干扰，空气超声波探头选用 40 kHz 的工作频率。

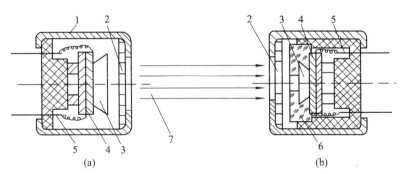

1—外壳；2—金属丝网罩；3—锥形共振盘；4—压电晶片；5—引脚；
6—阻抗匹配器；7—超声波束

图 11 - 13　空气传导型超声波发射器与接收器的结构

(a) 超声波发射器；(b) 超声波接收器

无论是直探头还是斜探头，一般不能直接将其放在被测介质(特别是粗糙金属)表面来回移动，以防磨损及杂乱反射波造成的干扰和衰减。为此，必须将接触面之间的空气排挤掉，使超声波能顺利地入射到被测介质中。

在工业中，经常使用一种称为耦合剂的液体物质，使之充满"接触层"，起到传递超声波的作用。常用的耦合剂有水、机油、甘油、水玻璃、胶水、化学糨糊等。

11.2.2　超声波传感器的应用

1. 超声波探伤

由于高频超声波具有波长短，不易产生绕射，碰到杂质或分界面就会有明显的反射，而且方向性好，能成为射线而定向传播，在液体、固体中衰减小，穿透本领大等特性，因此超声波已成为无损探伤方面的重要工具。

1) 直探头探伤

直探头探伤示意图如图 11-14 所示。将直探头涂抹耦合剂后，在工件上来回移动。探头发出 5 MHz 左右的超声波(始脉冲 T)，以一定速度向工件内部传播。如工件中没有缺陷，则超声波传到工件底部便产生反射，反射波到达表面后再次向下反射，周而复始，在荧光屏上出现始脉冲 T 和一系列底脉冲，B 波(底脉冲 B)的高度与材料对超声波的衰减程度有关，因此可以用来判断试件的材质、内部晶体的微观缺陷。

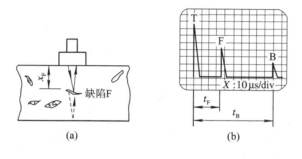

图 11-14　直探头探伤示意图

(a) 有缺陷时超声波的反射；(b) 有缺陷时的显示波形

如工件中有缺陷，一部分声脉冲在缺陷处产生反射，另一小部分继续传播到工件底面产生反射，在荧光屏上除出现始脉冲 T 和底脉冲 B 外，还出现缺陷脉冲 F，如图 11-14(b) 所示。

荧光屏上的水平亮线为扫描线，其长度与工件的厚度成正比。通过判断缺陷脉冲在荧光屏上的位置可确定缺陷在工件中的深度。

通过缺陷脉冲幅度的高低差别可以判断缺陷的大小。如缺陷面积大，则缺陷脉冲 F 的幅度就高，而 B 脉冲的幅度就低。通过移动探头还可确定缺陷大致的长度和走向。

2) 斜探头探伤

斜探头探伤示意图如图 11-15 所示。在直探头探伤时，当超声波束中心线与缺陷截面垂直时，探测灵敏度最高。但如遇到图 11-15 所示方向的缺陷时，就不能真实反映缺陷的大小，甚至有可能漏检。这时若用斜探头探测，可提高探伤效率。

如果整块试件均没有大的缺陷，则横波在钢板的上下表面之间逐次反射，直至到达试件的端面为止。所以，只要调节显示器的 X 轴扫描时间，就可以很快地将整个试件粗检一遍。在有怀疑的位置，再用直探头仔细探测。

图 11-15(b)所示为两块钢板电弧焊的焊缝中存在焊渣时的缺陷波形。

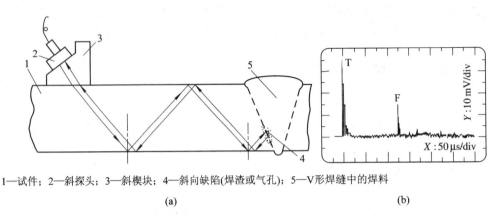

1—试件；2—斜探头；3—斜楔块；4—斜向缺陷(焊渣或气孔)；5—V形焊缝中的焊料

(a)   (b)

图 11-15   斜探头探伤示意图

（a）横波在试件中的传播；（b）缺陷回波

2. 超声波测物位

超声波物位传感器是利用超声波在两种介质的分界面上的反射特性而制成的。如果从发射超声波脉冲开始，到接收换能器接收到反射波为止的这个时间间隔已知，就可以求出分界面的位置，利用这种方法可以对物位进行测量。根据发射和接收换能器的功能，传感器可分为单换能器和双换能器。单换能器的传感器发射和接收超声波使用同一个换能器，而双换能器的传感器发射和接收各由一个换能器担任。

图 11-16 所示为几种超声波物位传感器的结构示意图。超声波发射和接收换能器可设置在液体介质中，让超声波在液体介质中传播，如图 11-16(a)所示。由于超声波在液体中的衰减比较小，所以即使发射的超声波脉冲幅度较小也可以传播。超声波发射和接收换能器也可以安装在液面的上方，让超声波在空气中传播，如图 11-16(b)所示。这种方式便于安装和维修，但超声波在空气中的衰减比较大。

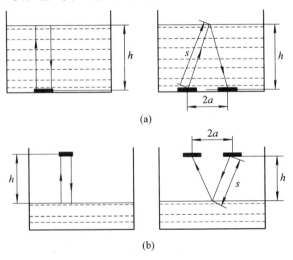

(a)

(b)

图 11-16   几种超声波物位传感器的结构示意图

（a）换能器设置于液面下；（b）换能器设置于液面上

对于单换能器来说，超声波从发射器到液面，又从液面反射到换能器的时间为

$$t = \frac{2h}{c} \tag{11-2}$$

则

$$h = \frac{ct}{2} \tag{11-3}$$

式中：h——换能器距液面的距离；

c——超声波在介质中传播的速度。

对于双换能器，超声波从发射到接收经过的路程为 $2s$，而

$$s = \frac{ct}{2} \tag{11-4}$$

因此液位高度为

$$h = \sqrt{s^2 - a^2} \tag{11-5}$$

式中：s——超声波从反射点到换能器的距离；

a——两换能器间距之半。

从以上公式中可以看出，只要测得超声波脉冲从发射到接收的时间间隔，便可求得待测的物位。

超声波物位传感器具有精度高和使用寿命长的特点，但若液体中有气泡或液面发生波动，便会产生较大的误差。在一般使用条件下，它的测量误差为 $\pm 0.1\%$，检测物位的范围为 10^{-2} m～10^4 m。

3. 超声波测厚度

图 11-17 所示为便携式超声波测厚仪示意图，它可用于测量钢及其他金属、有机玻璃、硬塑料等材料的厚度。

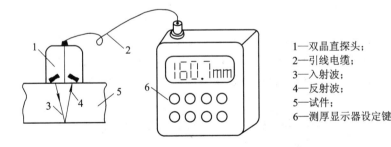

1—双晶直探头；
2—引线电缆；
3—入射波；
4—反射波；
5—试件；
6—测厚显示器设定键

图 11-17　便携式超声波测厚仪示意图

从图 11-17 可以看到，双晶直探头左边的压电晶片发射超声波脉冲进入被测试件，在到达试件底面时，被反射回来，并被右边的压电晶片所接收。这样只要测出从发射超声波脉冲到接收超声波脉冲所需的时间 t（扣除经两次延迟的时间），再乘上被测体的声速常数 c，就是超声波脉冲在被测件中所经历的来回距离，从而可以求出厚度 δ，即

$$\delta = \frac{1}{2}ct \tag{11-6}$$

4. 超声波防碰撞电路

超声波防碰撞电路可安装于汽车尾部，用于汽车倒车时防碰撞报警。该电路也可以用

于家庭、仓库、金融部门的防盗报警,当小偷进入 2 m～3 m 范围时,就开始报警。

图 11-18 所示为超声波防碰撞电路,电路采用 LM1812 并由时基电路Ⅱ来控制 LM1812 的发射和接收(LM1812 既发射又接收)。控制距离可用 5 kΩ 的电位器来调节,一般可控制 2 m～3 m。

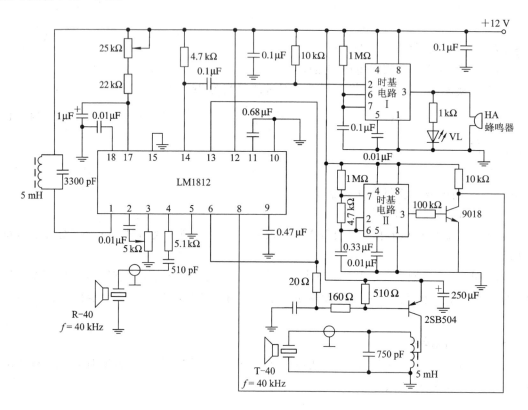

图 11-18 超声波防碰撞电路

时基电路Ⅰ组成单稳态电路,当达到报警距离时,时基电路Ⅰ的 2 引脚输入一低电平 (相当于 $U_{cc}/3$),单稳态电路被触发,3 引脚输出高电平,VL 点亮的同时,电子蜂鸣器 HA 也发声报警。本电路超声波发射/接收传感器采用 T/R-40 系列。

11.3 红外传感器

红外线是一种十分丰富的波谱资源,目前已在工业、农业、国防、日常生活、医疗卫生等方面得到了广泛应用,如红外线加热、红外线治疗仪、红外线通信、金融保安监控系统、红外线遥控等。红外线遥控只是红外线众多应用中的一个分支。如家用电器中的电视机遥控器、空调遥控器等,都采用了红外线遥控技术。

11.3.1 红外辐射

红外线是一种不可见光,是太阳光谱的一部分,实质上是一种电磁波。由图 11-19 所示的电磁波谱可知,和可见光相邻的红外线(包括极远红外线、远红外线、中红外线和近红外线)的波长范围在 $0.75~\mu m \sim 1000~\mu m$ 之间,其中近红外线波长范围在 $1~\mu m \sim 3~\mu m$。硅光电器件对光波最敏感的区域在 $0.80~\mu m \sim 0.95~\mu m$ 范围内,在这个波段内,利用砷化镓和砷铝化镓材料制成的红外发光二极管发射波段,可以作为红外线遥控器的主要光源。

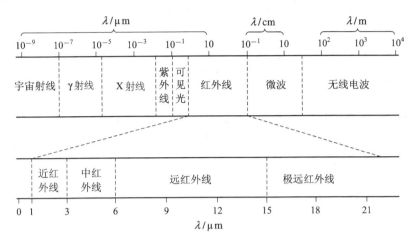

图 11 - 19　电磁波谱

红外辐射是由于物体(固体、液体和气体)内部分子的转动及振动而产生的。这类振动过程是物体受热而引起的,只有在绝对零度($-273.16℃$)时,一切物体的分子才会停止运动。所以在绝对零度时,没有一种物体会发射红外线。换言之,在常温下,所有的物体都是红外辐射的发射源,如火焰、汽车、飞机、动植物和人体等都是红外辐射源。

红外线和所有的电磁波一样,具有反射、折射、散射、干涉及吸收等性质,但它的热效应非常大。红外线在真空中传播的速度为 3×10^8 m/s,而在介质中传播时,由于介质的吸收和散射作用使它产生衰减。红外线的衰减遵循如下规律,即

$$I = I_0 e^{-Kx} \qquad (11-7)$$

式中:I 为通过厚度为 x 的介质后的通量;I_0 为射到介质时的通量;e 为自然对数的底;K 为与介质性质有关的常数。

金属对红外辐射衰减非常大,一般金属材料基本上不能透过红外线。大多数的半导体材料及一些塑料能透过红外线。液体对红外线的吸收较大,如 1 mm 厚的水对红外线的透明度很小,当厚度达到 1 cm 时,水对红外线几乎完全不透明。气体对红外辐射也有不同程度的吸收,如大气(含水蒸气、二氧化碳、臭氧、甲烷等)对红外辐射就存在不同程度的吸收。气体对波长为 $1~\mu m \sim 5~\mu m$ 和 $8~\mu m \sim 14~\mu m$ 之间的红外线是比较透明的,对其他波长的透明度相对较差。而介质的不均匀、晶体材料的不纯洁、有杂质或悬浮小颗粒等,都会引起红外辐射的散射。

温度越低的物体,辐射的红外线波长越长。由此,在工业上和军事上根据需要有选择地接收某一范围的波长,即可达到测量的目的。

11.3.2　红外传感器的类型与原理

红外传感器是将红外辐射能转换成电能的一种光敏器件,通常称为红外探测器。常见的红外探测器有两类:热探测器和光子探测器。

热探测器是利用入射红外辐射引起敏感元件的温度变化，进而使其有关物理参数发生相应变化的原理制成的。通过测量有关物理参数的变化可确定探测器所吸收的红外辐射。热探测器的优点是响应波段宽，可以在室温下工作，使用方便。但由于热探测器响应时间长，灵敏度低，一般只用于红外辐射变化缓慢的场合。这类传感器主要有热释电红外线传感器和红外线温度传感器两大类。

光子探测器是利用某些半导体材料在红外辐射的照射下产生光子效应，使材料的电学性质发生变化的原理制成的。通过测量电学性质的变化，可以确定红外辐射的强弱。光子探测器按照工作原理的不同可分为外光电探测器和内光电探测器两种。内光电探测器又可分为光电探测器、光电伏特探测器和光磁电探测器三种。光电探测器的主要特点是灵敏度高、响应速度快、响应频率高，但必须在低温下工作，而且探测波段较窄。这类传感器主要有红外二极管、红外三极管等。

11.3.3　红外传感器的应用

1. 红外线测温仪

红外线测温仪是利用热辐射体在红外波段的辐射通量来测量温度的。当物体的温度低于1000℃时，它向外辐射的不再是可见光而是红外光，可用红外探测器检测其温度。如采用分离出所需波段的滤光片，可使红外线测温仪工作在任意红外波段。

图11-20所示的是目前常见的红外线测温仪方框图。它是一个光、机、电一体化的红外线测温系统。图中的光学系统是一个固定焦距的透射系统，滤光片一般采用只允许$8\ \mu m \sim 14\ \mu m$的红外辐射能通过的材料。步进电机带动调制盘转动，将被测的红外辐射调制成交变的红外辐射线。红外探测器一般为(钽酸锂)热释电探测器，透镜的焦点落在其光敏面上。被测目标的红外辐射通过透镜聚焦在红外探测器上，红外探测器将红外辐射变换为电信号输出。

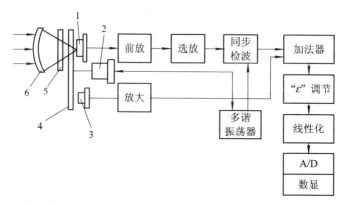

1—红外探测器；2—步进电机；3—温度传感器；4—调制盘；5—滤光片；6—透镜

图11-20　红外线测温仪方框图

2. 红外线防盗报警器

红外线防盗报警器采用反射式红外探测组件(其最大探测距离可达$12\ m$)来触发报警器，当检测到盗情时，报警器会发出逼真的"狗叫"声，提醒主人有异常情况发生。

　　红外线防盗报警器电路由电源电路、红外线探测电路、音效发生器和音频放大输出电路组成，如图 11‑21 所示。电源电路由电源变压器 T、整流桥堆 UC、滤波电容 C_4 及 C_6 和 7812 三端稳压集成电路组成。红外线探测电路由红外线反射式探测模块 IC_1、电阻器 R_1、稳压二极管 VS_1 组成。音效发生器由音效集成电路 IC_2、电阻器 R_2 及 R_3 和稳压二极管 VS_2 组成。音频放大输出电路由音频功率放大集成电路 IC_3、电容器 $C_1 \sim C_3$ 及 C_5 和扬声器 BL 组成。$R_1 \sim R_4$ 选用 1/4 W 金属膜电阻器或碳膜电阻器。C_1、$C_3 \sim C_5$ 均选用耐压值为 16 V 的铝电解电容器；C_2 选用独石电容器或涤纶电容器；C_6 选用耐压值为 25 V 的铝电解电容器。VS_1 和 VS_2 选用 1/2 W、3 V 的硅稳压二极管。IC_1 选用 TX05D 型红外线反射传感模块组件；IC_2 选用 KD5608 音效集成电路；IC_3 选用 LM386 音频功率放大集成电路。BL 选用 2 W、8 Ω 的电动式扬声器。T 选用 8 W、二次电压为 15 V 的电源变压器。

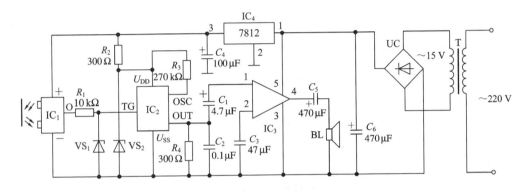

图 11‑21　红外线防盗报警器电路

　　交流 220 V 电压经 T 降压、UC 桥式整流、C_6 滤波后，一路为 IC_3 提供 15 V 脉动直流电压；一路经 IC_4(7812)稳压后，为 IC_1 提供 ＋12 V 工作电压，＋12 V 电压还经 R_2 限流降压和 VS_2 稳压后，为 IC_2 提供 ＋3 V 的工作电压。

　　正常情况下，IC_1 输出低电平，IC_2 不能触发工作，扬声器 BL 不发声。当有外人进入 IC_1 的警戒探测区域时，IC_1 发射的红外线信号经人体反射回来。IC_1 接收到人体反射回来的红外信号并对该信号进行处理后，输出高电平触发信号，IC_2 受触发而工作，输出音效电信号。该电信号经 IC_3 功率放大后，驱动 BL 发出响亮的"狗叫"声，提示主人有异常情况发生。

3. 热释电红外线人体探测器

1) 热释电红外线灯光自动控制

　　红外线灯控器由热释电红外线传感器作为人体接近感知器件，实现"人来灯亮，人走灯灭"的功能，特别适合在宾馆、机关、居民住宅楼楼道及家庭中使用。

　　热释电红外线灯光自动控制电路如图 11‑22 所示。它主要由热释电红外线传感器、S‑01 红外线处理集成电路、控制电路及电源等组成。集成电路 IC_1 内部包括放大器、比较器、状态控制器以及延时器等。在 IC_1 外部连接的 R_2、R_{W1} 及 R_L 是专为白天自动关灯而设置的调节装置。R_L 为光敏电阻，它的阻值随光照而改变。白天 R_L 的阻值在几百欧姆至几千欧姆之间，夜晚将增大到 1 MΩ 以上。调节 R_{W1} 阻值的大小，可以在夜幕降临时使 IC_1 的 2 引脚输出高电平。IC_1 外接的 R_{10}、C_{10} 为延时网络，延时为 2 min。

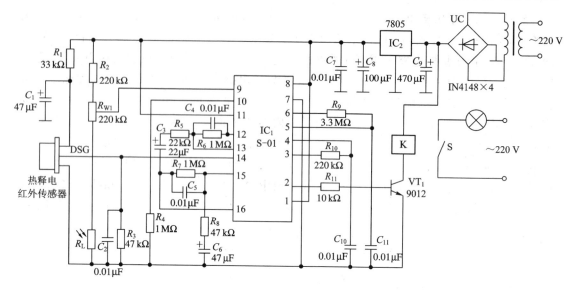

图 11-22 热释电红外线灯光自动控制电路

当热释电红外传感器检测到人体红外信号时，它将输出微弱的电信号送至 IC_1 的 10 引脚，经 IC_1 内部两级放大器放大后，再经电压比较器与其设定的基准电压进行比较，输出高电平，经延时处理后由 IC_1 的 2 引脚输出，驱动 VT_1 使继电器 K 工作，其常开触点 S 接通电灯电源，点亮电灯。当人离去时，2 min 后灯光自行熄灭。该电路还有连续触发的功能，当灯处于导通点亮状态时，如果再出现第二次触发，则延时重新开始，以保持灯亮。若现场有人一直停留而不离去，电灯就会持续点亮而不熄灭。

2) 热释电自动门控制电路

热释电自动门控制电路如图 11-23 所示。人体移动探测采用 HN911 新型热释电红外线探测模块。VF 用作延时控制，通过调节电位器 R_W 可改变延时控制的时间。MOC3020 光耦合器起交直流隔离作用。当无人行走时，HN911 的 1 引脚为低电平，VF 无控制信号输出，双向晶闸管 VTH 关断，负载电动机不工作，门处于关闭状态。当有人接近自动门时，HN911 检测到人体辐射的红外能量，1 引脚为高电平，双向晶闸管 VTH 导通，负载电动机工作，自动门打开。当自动门运行到位时，由限位开关 SQ 切断电源。由于 HN911 的 2 引脚输出的电平正好与其 1 引脚电平相反，故可用 2 引脚的输出控制自动门的关闭。

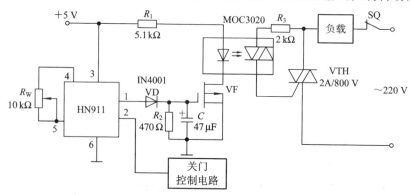

图 11-23 热释电自动门控制电路

11.4　生物传感器

11.4.1　概述

1. 生物传感器的概念

生物传感器是一门由生物、化学、物理、医学、电子技术等多种学科互相渗透成长起来的高新技术。因其选择性好、灵敏度高、分析速度快、成本低、在复杂的体系中可在线连续监测，特别是它的高度自动化、微型化与集成化的特点，使其在近几十年获得蓬勃而迅速的发展。生物传感器在国民经济的各个部门，如食品、制药、化工、临床检验、生物医学、环境监测等有广泛的应用前景。特别是分子生物学与微电子学、光电子学以及微细加工技术、纳米技术等新学科、新技术的结合，改变了传统医学、环境科学、动植物学的面貌。生物传感器的研究开发，已成为世界科技发展的新热点，形成 21 世纪新兴的高技术产业的重要组成部分，具有重要的战略意义。

1967 年 S. J. 乌普迪克等制出了第一个生物传感器葡萄糖传感器。将葡萄糖氧化酶包含在聚丙烯酰胺胶体中加以固化，再将此胶体膜固定在隔膜氧电极的尖端上，便制成了葡萄糖传感器。当改用其他的酶或微生物等固化膜时，可制得检测其对应物的其他传感器。

生物传感器是指使用固定化的生物分子结合换能器，用来侦测生物体内或生物体外的环境化学物质或与之起特异性交互作用后产生响应的一种装置。生物传感器也定义为"一种含有固定化生物物质（如酶、抗体、全细胞、细胞器或其联合体）并与一种合适的换能器紧密结合的分析工具或系统，它可以将生化信号转化为数量化的电信号。"

2. 生物传感器的特点

与传统的传感器技术相比，生物传感器具有如下特点：

（1）测定范围广泛。根据生物反应的特异性和多样性，理论上可制成测定所有生物质的传感器。

（2）生物传感器使用时一般不需要样品的预处理，样品中的被测组分的分离和检测同时完成，且测定时一般不需加入其他试剂。

（3）采用固定化生物活性物质作敏感基元（催化剂），价值昂贵的试剂可以重复多次使用，克服了过去酶分析试剂费用高和化学分析繁琐复杂的缺点。

（4）测定过程简单迅速。这类传感器主要是在无试剂条件下操作（缓冲液除外），因此，较传统的生物学或化学分析法操作简单、迅速、准确，响应快，样品用量少。

（5）准确度和灵敏度高。一般相对误差不超过 1%。由于生物敏感膜分子的高度特异性和灵敏性，对一些含量极低的检测对象也能检测出来。

（6）生物传感器的体积小，可以连续在线监测，容易实现自动分析。

（7）专一性强，只对特定的底物起反应，而且不受颜色、浊度的影响。

（8）可进入生物体内。如安放于静脉或动脉中的葡萄糖传感器，能持续不断地检测血糖含量，并将指令传给植入人体的胰岛素泵，控制胰岛素的释放量，从而使糖尿病人得到解放。

（9）传感器连同测定仪的成本远低于大型的分析仪器，便于推广普及。

3. 生物传感器的分类

1）根据传感器输出信号的产生方式分

根据传感器输出信号的产生方式的不同，可将生物传感器分为亲和型生物传感器、代谢型生物传感器、催化型生物传感器。

2）根据生物传感器中信号检测器上的敏感物质分

生物传感器与其他传感器的最大区别在于生物传感器的信号检测器中含有敏感的生命物质。这些敏感物质有酶、微生物、动植物组织、细胞器、抗原和抗体等。根据敏感物质的不同，生物传感器可分为酶传感器、微生物传感器、组织传感器、细胞器传感器、免疫传感器等。生物学工作者习惯于采用这种分类方法。

3）根据生物传感器的信号转换器分

生物传感器中的信号转换器与传统的转换器并没有本质的区别。例如：可以利用电化学电极、场效应晶体管、热敏电阻、光电器件、声学装置等作为生物传感器中的信号转换器。据此可将生物传感器分为电化学生物传感器、半导体生物传感器、测热型生物传感器、测光型生物传感器、测声型生物传感器等。电子工程学工作者习惯于采用这种分类方法。

11.4.2 生物传感器的工作原理

生物传感器是对生物物质敏感并将其浓度转换为电信号进行检测的仪器。

生物传感器的传感原理如图 11-24 所示，其构成包括两部分：生物敏感膜和换能器。被分析物扩散进入固定化生物敏感膜层，经分子识别发生生物学反应，产生的信息继而被相应的化学换能器或物理换能器转变成可定量和可处理的电信号，再经检测放大器放大并输出，从而可知待测物的浓度。

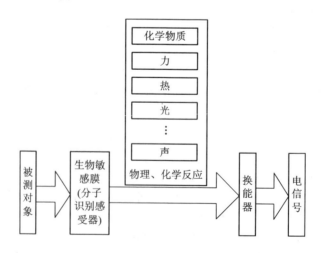

图 11-24 生物传感器原理图

某些情况下，被测定分子发生生化反应产生的信号太弱，使换能器无法有效工作时，需要将反应信号通过生物放大原理进行处理。所以，生物传感器的主要组成包括生物分子特异性识别、生物放大及信号转换与处理。

1. 生物分子特异性识别

生物感受器是一种可以识别目标分析物的生物材料。生物传感器是以生物活性单元（酶、抗体、核酸和细胞等）作为敏感基元（分子识别元件）、以化学电极等作为传感器且对被测信号具有高度选择性的一类传感器，它通过物理的或化学的传感方式捕捉目标物和敏感基元之间的反应，并将反应的程度用离散或连续的电信号表达出来。敏感基元是生物传感器的核心，是传感器进行选择性检测的基础，它直接决定传感器的功能与质量，按所选材料不同，有酶膜、全细胞膜、组织膜、细胞器膜、免疫功能膜等，如表 11-2 所示。

表 11-2　生物传感器的分子识别元件

分子识别元件	生物活性单元
酶膜	各种酶类
全细胞膜	细菌、真菌、动植物细胞
组织膜	动植物组织切片
细胞器膜	线粒体、叶绿体
免疫功能膜	抗体、抗原、酶标抗原等

生物传感器生物分子特异性识别是指固定于生物感受器中的生物分子能选择性地与待测样品中的目的成分特异性结合而不受待测样品中其他物质干扰的性质。固定于生物感受器中的生物分子包括酶、抗原（抗体）、细胞、微生物、动植物组织、DNA 等，它们发生生物分子特异性识别的原理也不尽相同。酶分子实现特异性识别的主要原理是酶分子只能与其特定底物、辅酶、抑制剂结合，而不与其他分子结合。酶分子特异性识别的功能是由酶分子的活性中心所决定的。细胞、组织实现特异性结合本质上也是酶分子的特异性识别。抗原（抗体）的特异性结合是由抗原抗体反应的特异性决定的，而 DNA 分子是通过碱基互补的特性实现分子识别的。

生物传感器的分子识别元件首先通过干燥等技术制成生物敏感膜，再通过化学或物理手段束缚在换能器的表面上。进行的固定化方法有吸附法（包括物理吸附法和化学吸附法）、共价法（包括重氮法、叠氮法、缩合法、溴化氰法和烷化法等）、交联法（包括酶交联法、辅助蛋白交联法、吸附交联法和载体交联法）和包埋法（包括基质包埋法和微胶囊包埋法等）。

2. 生物放大

生物放大是指模拟和利用生物体内的某些生化反应，通过对反应过程中产量大、变化大或易检测物质的分析来间接确定反应中产量小、变化小、不易检测物质的（变化）量的方法。通过生物放大原理可以大幅度提高分析测试的灵敏度。

生物传感器常用的生物放大作用有酶催化放大、酶溶出放大、酶级联放大、脂质体技术、聚合酶链式反应和离子通道放大等。

3. 信号转换与处理

固定在生物感受器上的生物分子与测定目标分子完成分子识别后会发生特定的生物化学反应，并伴随可被换能器捕获的一系列量的变化，如化学变化（含量、离子强度、pH 值、气体生成等）、热焓变化、光变化、颜色变化。换能器将这些量变信号捕获后转化成易于测量的电信号。其中把化学变化转化成电信号，根据要转化信号类型选用不同的换能器，生物化学上常用的有 Clark 氧电极(测定氧气量的变化)、过氧化氢电极(测定过氧化氢量变化)、氢离子电极(测量 pH 值变化)、氨敏电极(测量氨气生成量)、二氧化碳电极(测定二氧化碳生成量)以及离子敏场效应晶体管(测定离子强度变化)。把热焓转化为电信号需要借助热电偶装置。把光信号转化为电信号需要借助光纤和光电倍增管。

生物传感器中的信号处理方法多种多样,生物活性元件引起的变化不同,所采用信号处理方法也不同,见表 11-3。为了将被检测信号的变化有效地取出,一般需要把生物敏感元件和信号处理装置一体化。利用一体化技术可以促进传感器响应的高速化、高灵敏化和微型化。

表 11-3 生物传感器的信号处理方法

由生物活性元件引起的变化(生物学反应信息)	信号处理方法(换能器的选择)
电极活性物质的生成或消耗	电流检测电极法
离子性物质的生成或消耗	电位检测电极法
膜或电极电荷状态的变化	膜电位法、电极电位法
质量变化	压电元件法
阻抗变化	电导率法
热变化(热效应)	热敏电阻法
光谱特性变化(光效应)	光纤和光电倍增管

4. 几种主要的生物传感器

1) 酶传感器

酶传感器是最早出现的生物传感器,其应用十分广泛。这类传感器由固定化活性物质酶和基础电极组成。酶与被测的有机物或无机物反应,形成一种能被电极响应的物质。依据信号转换器的类型,酶传感器大致可分为酶电极(主要包括离子选择电极、气敏电极、氧化还原电极等电化学电极)、酶场效应晶体管传感器(FET-酶)和酶热敏电阻传感器等。常见的酶传感器见表 11-4。

表 11-4 酶 传 感 器

测定项目	酶	固定化方法	使用电极	稳定性/天	测定范围/(mg/mL)
葡萄糖	葡萄糖氧化酶	共价	氧电极	100	$1\sim5\times10^2$
胆固醇	胆固醇酯酶	共价	铂电极	30	$10\sim5\times10^3$
青霉素	青霉素酶	包埋	pH 电极	7~14	$10\sim1\times10^3$
尿素	尿素酶	交联	铵离子电极	60	$10\sim1\times10^3$
磷脂	磷脂酯	共价	铂电极	30	$10^2\sim5\times10^3$
乙醇	乙醇氧化酶	交联	氧电极	120	$10\sim5\times10^3$
尿酸	尿酸酶	交联	氧电极	120	$10\sim1\times10^3$
L-谷氨酸	谷氨酸脱氨酶	吸附	铵离子电极	2	$10\sim1\times10^4$
L-谷酰胺	谷酰胺酶	吸附	铵离子电极	2	$10\sim1\times10^4$
L-酪氨酸	L-酪氨酸脱羧	吸附	二氧化碳电极	20	$10\sim1\times10^4$

　2）组织传感器

　　组织传感器是以动植物组织薄片中的生物催化层与基础敏感膜电极结合而成的,该催化层以酶为基础,基本原理与酶传感器相同。常见的组织传感器见表 11-5。

表 11-5　组 织 传 感 器

测定项目	组织膜	基础电极	稳定性/天	线性范围
谷氨酸	木瓜	CO_2	7	$2 \times 10^4 \sim 1.3 \times 10^{-2}$ mol/L
尿素	夹克豆	CO_2	94	$3.4 \times 10^{-5} \sim 1.5 \times 10^{-3}$ mol/L
L-谷氨酰胺	肾	NH_3	30	$1 \times 10^{-4} \sim 1.1 \times 10^{-2}$ mol/L
多巴胺	香蕉	O_2	14	
丙酮酸	玉米芯	CO_2	7	$8 \times 10^{-5} \sim 3 \times 10^{-3}$ mol/L
过氧化氢	肝	O_2	14	$5 \times 10^{-3} \sim 2.5 \times 10^{-1}$ U/mL

　3）微生物传感器

　　微生物大致可分为好氧微生物和厌氧微生物。好氧微生物呼吸时要消耗氧,生成二氧化碳,因此,把固定有好氧微生物的膜和氧电极或二氧化碳组合起来就构成呼吸活性测定型生物传感器。呼吸活性测定型生物传感器是以同化有机物前后呼吸的变化量(用氧电极电流的差来测定)为指标来测定试样溶液中有机化合物浓度的传感器。

　　微生物传感器分为两类:一类是利用微生物在同化底物时消耗的呼吸作用,一类是利用不同的微生物含有不同的酶。

　　基于不同类型的信号转换器,常见的微生物传感器有电化学型、光学型、热敏电阻型、压电高频阻抗型和燃料电池型等。常见的微生物传感器见表 11-6。

表 11-6　微生物传感器

测定项目	微生物	测定电极	检测范围/(mg/L)
葡萄糖	荧光假单胞菌	O_2	5~200
乙醇	芸苔丝孢酵母	O_2	5~300
亚硝酸盐	硝化菌	O_2	51~200
维生素 B12	大肠杆菌	O_2	
谷氨酸	大肠杆菌	CO_2	8~800
赖氨酸	大肠杆菌	CO_2	10~100
维生素 B1	发酵乳杆菌	燃料电池	0.01~10
甲酸	梭状芽胞杆菌	燃料电池	1~300
头孢菌素	费式柠檬酸细菌	pH	
烟酸	阿拉伯糖乳杆菌	pH	

11.4.3　生物芯片

　　生物芯片技术被喻为 21 世纪生命科学的支撑技术,是便携式生化分析仪器的技术核心，是 20 世纪 90 年代中期以来影响最深远的重大科技进展之一。所谓生物芯片，是通过微加工技术和微电子技术在固体芯片表面构建微型生物化学分析系统，将成千上万与生命相关的信息集成在一块面积约为 1 cm² 的硅、玻璃、塑料等材料制成的芯片上，在待分析样品中的生物分子与生物芯片的探针分子发生相互作用后，对作用信号进行检测和分析，以达到基因、细胞、蛋白质、抗原以及其他生物组分准确、快速的分析和检测。

根据芯片上固定探针的不同，生物芯片包括基因芯片、蛋白质芯片、细胞芯片、组织芯片。

1. 基因芯片

基因芯片也称 DNA 芯片，它是在基因探针基础上研制而成的。所谓基因探针，只是一段人工合成的碱基序列，在探针上连接一些可检测的物质，根据碱基互补的原理，利用基因探针到基因混合物中识别特定基因。它将大量探针分子固定于支持物上，然后与标记的样品进行杂交，通过检测杂交信号的强度及分布来进行分析。基因芯片的突出优点是整个检测过程快速高效，其被广泛用于 DNA 测序、基因表达分析、法医鉴定等。

2. 蛋白质芯片

蛋白质芯片以蛋白质代替 DNA 作为检测目的物。蛋白质芯片与基因芯片的原理基本相同，但其利用的不是碱基配对而是抗体与抗原结合的特异性，即免疫反应来实现检测。检测的原理是依据蛋白质分子、蛋白与核酸、蛋白与其他分子的相互作用。

3. 细胞芯片

细胞芯片由裸片、封装盖板和底板组成，裸片上密集分布有 6000～10 000 乃至更高密度不同的细胞阵列，封装于盖板与底板之间。细胞芯片能够通过控制细胞培养条件使芯片上所有细胞处于同一细胞周期，在不同细胞间生化反应及化学反应结果可比性强；一块芯片上可同时进行多信息量检测。细胞芯片能够精确地控制细胞膜微孔的开启与关闭，因此可以在完全不影响周围细胞的情况下，对目标基因或细胞进行基因导入、蛋白质提取等研究；通过计算机孔子微型装置中的芯片，可以达到控制该健康细胞活动的目的。细胞芯片能够精确调节电压，以便激活不同的人体组织细胞。将细胞芯片转入人体，可取代或修复病变的细胞组织，解决多种人类疾病难题。

4. 组织芯片

组织芯片是基因芯片技术的发展和延伸，它可以将数十个甚至上千个不同个体的临床组织标本按预先设计的顺序排列在一张玻璃芯片上进行分析研究，是一种高能量、多样本的分析工具，使科研人员能同时对上千种正常状态或疾病状态，以及疾病发展的不同阶段的自然病理生理状态下的组织样本进行某一个或多个特定的基因或与其相关的表达物进行研究。组织芯片对基因和蛋白质与疾病关系的研究具有重要意义，有广阔的市场前景。

生物芯片反应主要包括芯片制备、样品制备、生物分子反应和芯片信号检测与分析四个步骤。生物芯片技术将生命科学研究中涉及的许多不连续的分析步骤(如样品制备、化学反应和分析检测等)利用微电子、微机械、化学、物理、传感器、计算机等技术，使样品检测、分析过程连续化、集成化、微型化、自动化，具有信息量大、快速、成本低、污染少、用途广等特点。生物芯片技术在农业、生物、食品、医学、环境科学等领域具有广阔应用前景。

11.4.4 生物传感器应用实例

作为一门在生命科学和信息科学之间发展起来的交叉学科，生物传感器因其具有选择性好、灵敏度高、分析速度快、成本低、在复杂的体系中可在线连续监测，特别是高度自动化、微型化与集成化的特点，使得它在发酵工艺、环境监测、食品工业、临床医学、军事及军事医学等方面得到了广泛应用（如图11-25所示）。

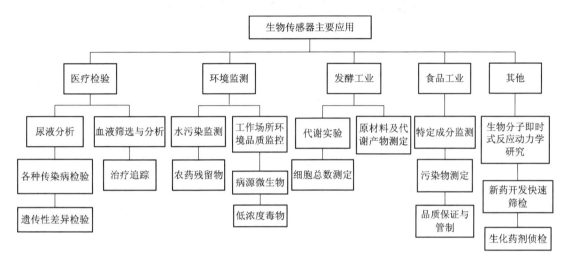

图 11-25　生物传感器的主要应用领域

1. 生物传感器在医学领域的应用

医学领域的生物传感器发挥着越来越大的作用。生物传感技术不仅为基础医学研究及临床诊断提供了一种快速简便的新型方法，而且因为其专一、灵敏、响应快等特点，在军事医学方面也具有广阔的应用前景。

1）临床医学

在临床医学中，酶电极是最早研制且应用最多的一种传感器，目前，已成功地应用于血糖、乳酸、维生素C、尿酸、尿素、谷氨酸、转氨酶等物质的检测。其原理是：用固定化技术将酶装在生物敏感膜上，检测样品中若含有相应的酶底物，则可反应产生可接受的信息物质，指示电极发生响应可转换成电信号的变化，根据这一变化，就可测定某种物质的有无和多少。利用具有不同生物特性的微生物代替酶，可制成微生物传感器。在临床中应用的微生物传感器有葡萄糖、胆固醇等传感器。若选择适宜的含某种酶较多的组织来代替相应的酶，则制成的传感器称为生物电极传感器。如用猪肾、兔肝、牛肝、甜菜、南瓜和黄瓜叶制成的传感器，可分别用于检测谷酰胺、鸟嘌呤、过氧化氢、酪氨酸、维生素C和胱氨酸等。图11-26为在临床中应用的快速葡萄糖分析仪。

DNA传感器是目前生物传感器中报道最多的一种，主要用于临床疾病诊断，它可以帮助医生从DNA、RNA、蛋白质及其相互作用层次上了解疾病的发生、发展过程，有助于对疾病的及时诊断和治疗。此外，DNA传感器可用于药物检测。Brabec等人利用DNA传感器研究了常用铂类抗癌药物的作用机理并测定了血液中该类药物的浓度。

图 11-26 快速葡萄糖分析仪

2）军事医学

军事医学中，对生物毒素的及时快速检测是防御生物武器的有效措施。生物传感器已应用于监测多种细菌、病毒及其毒素，如炭疽芽胞杆菌、鼠疫耶尔森菌、埃博拉出血热病毒、肉毒杆菌类毒素等。

2000 年，美军报道已研制出可检测葡萄球菌肠毒素 B、蓖麻素、土拉弗氏菌和肉毒杆菌等 4 种生物战剂的免疫传感器。检测时间为 3 min～10 min，灵敏度分别为 10 mg/L、50 mg/L、5×10^5 cfu/mL、5×10^4 cfu/mL。Song 等人制成了检测霍乱病毒的生物传感器。该生物传感器能在 30 min 内检测出低于 1×10^{-5} mol/L 的霍乱毒素，而且有较高的敏感性和选择性，操作简单。该方法能够用于具有多个信号识别位点的蛋白质毒素和病原体的检测。

此外，在法医学中，生物传感器可用作 DNA 鉴定和亲子认证等。

2. 在空间生命科学发展中的应用

空间飞行对生命系统产生重大影响的问题很多。如调查在微重力环境和空间飞行中对大鼠生命的影响，必须在一段长时间内允许它们相对自由行动中进行。这些研究用现在的仪器检测技术和数据收集系统是无法做到的，而可植入的生物传感器和微型生物遥测术的结合在这方面有着巨大的发展潜力。关于它的研究将推动现代医学和空间生命科学的迅速发展。

3. 在环境监测中的应用

传统的环境监测通常采用离线分析方法，其操作复杂，所需仪器昂贵，且不适宜进行现场快速监测和连续在线分析。环境污染问题日益严重，生物传感器在建立和发展连续、在线、快速的现场监测体系中发挥着重要作用。

1）水质监测

生化需氧量（BOD）是衡量水体有机污染程度的重要指标。BOD 的研究对于水质监测及处理都是非常重要的，此研究也成为水质检测科技发展的方向。BOD 的传统标准稀释法所需时间长，操作繁琐，准确度差，而 BOD 传感器不仅能满足实际监测的要求，并具有快速、灵敏的特点。自 1977 年首次将丝孢酵母菌分别用聚丙酰胺和骨胶原固定在多孔纤维素膜上，利用 BOD 微生物传感器测定水中 BOD 以来，此项技术得到了迅速的发展。目前，已有可用于测定废水中 BOD 值的生物传感器和适于现场测定的便携式测定仪。图 11-27 为德国研发的环境废水 BOD 分析仪。随着 BOD 快速测定研究的不断深入，研究发现 BODst（快速 BOD 测定值）还可作为在线监测生物处理过程的一个重要参数。

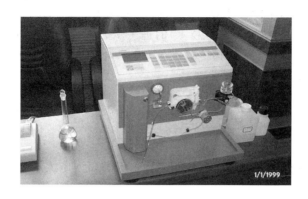

图 11-27　德国研发的环境废水 BOD 分析仪

2）大气质量监测

生物传感器可监测大气中的 CO_2、NO、NH_3 及 CH 等。Antonelli M 等人采用地衣组织研制了一种传感器，有望用于对大气、水和油等物质中苯的浓度的监测。用多孔渗透膜、固定化硝化细菌和氧电极组成的微生物传感器，可测定样品中亚硝酸盐含量，从而推知空气中 NO 的浓度，其检测极限为 1×10 mol/L。

11.4.5　生物传感器的发展趋势

近年来，随着生物科学、信息科学和材料科学发展成果的推动，生物传感器技术飞速发展。今后一段时间里，生物传感器的研究工作将主要围绕选择活性强、选择性高的生物传感元件，提高信号检测器及信号转换器的使用寿命，生物响应的稳定性和生物传感器的微型化、便携式等问题。可以预见，未来的生物传感器将具有以下特点：

1. 功能多样化

未来的生物传感器将进一步涉及医疗保健、疾病诊断、食品检测、环境监测、发酵工业的各个领域。目前，生物传感器研究中的重要内容之一就是研究能代替生物视觉、嗅觉、味觉、听觉和触觉等感觉器官的生物传感器，这就是仿生传感器，也称为以生物系统为模型的生物传感器。

2. 微型化

随着微加工技术和纳米技术的进一步发展，生物传感器将不断的微型化，各种便携式生物传感器的出现使人们在家中进行疾病诊断，在市场上直接检测食品成为可能。

3. 智能化、集成化

未来的生物传感器必定与计算机紧密结合，自动采集数据、处理数据，更科学、更准确地提供结果，实现采样、进样、结果一条龙，形成检测的自动化系统。同时，芯片技术将愈加进入传感器，实现检测系统的集成化、一体化。

4. 低成本、高灵敏度、高稳定性、高寿命

生物传感器技术的不断进步，必然要求不断降低产品成本，提高灵敏度、稳定性和寿命。这些特性的改善也会加速生物传感器市场化、商品化的进程。在不久的将来，生物传感器会给人们的生活带来巨大的变化，它具有广阔的应用前景。

随着技术的发展，基于细胞受体和自由振荡等现象的新原理的生物传感器也不断涌现。相信随着一些关键技术(如固定化技术)的进一步完善，随着人们对生物体认识的不断深入，随着各学科的不断发展，生物传感器在未来必会有更大的作为。

本 章 小 结

本章主要介绍光纤、超声波、红外线和生物这四类新型传感器的工作原理、结构类型，以及它们在工程测量和生产、生活中的应用情况。

光纤传感器主要利用光纤特殊的传光性能，通过某种手段将被测信号转换成特定的光线，然后在光纤中进行无损传输。因此，光纤在检测中主要还是作为光信号的传输介质来使用的。实际上，光纤传感器是作为第三元件，通过它把被测量转换成脉冲信号，实现位移、振动频率、转速等的测量。

超声波在传播过程中强大的穿透力在结构件的内部质量检测的控制和医疗仪器中得到了广泛应用。超声波控制器有专门的超声波发射器和接收器，它的常用发射中心频率在40 kHz左右。超声波控制属于近距离传播，传播距离为10 m～15 m。

红外传感器利用某些特殊材料吸收物体辐射出来的红外线而产生微弱的电信号，从而实现对被测物体的温度测量或者对被测物体的监控。随着红外技术的不断成熟，其应用也逐渐广泛，尤其是在遥控遥测领域得到了广泛应用。

生物传感器是对生物物质敏感并将其浓度转换为电信号进行检测的仪器。生物传感器是一门由生物、化学、物理、医学、电子技术等多种学科互相渗透成长起来的高新技术。其构成包括两部分：生物敏感膜和换能器。生物传感器因其具有选择性好、灵敏度高、分析速度快、成本低等特点而在发酵工艺、环境监测、食品工业、临床医学、军事及军事医学等方面得到了广泛应用。

思考题与习题

11-1 光纤传感器的性能有何特殊之处？主要有哪些应用？

11-2 用超声测厚仪测量工件的厚度，若已知超声波在工件中的声速 $c=5640$ m/s，测得的时间间隔 t 为 22 μs，试求其工件厚度。

11-3 根据学过的知识设计一个超声波探伤实用装置(画出原理框图)，并简要说明它探伤的工作过程。

11-4 常用的光探测型红外传感器有哪些？

11-5 红外线光电开关有哪些优越的开关特性？

11-6 简述生物传感器的工作原理。生物传感器的特点有哪些？

基础训练 光纤传感器测位移

一、实训目的

(1) 了解反射式光纤位移传感器的原理。

(2) 熟悉光纤传感器的应用及测位移的方法。

二、实训原理

反射式光纤位移传感器是一种传输型光纤传感器,其原理如图 11 - 28(a)所示。光纤采用 Y 型结构,两束光纤一端合并在一起组成光纤探头,另一端分为两支,分别作为光源光纤和接收光纤。光从光源耦合到光源光纤,通过光纤传输,射向反射面,再被反射到接收光纤,最后由光电转换器接收,转换器接收到的光源与反射体表面的性质及反射体到光纤探头距离有关。当反射表面位置确定后,接收到的反射光光强随光纤探头到反射体的距离的变化而变化。显然,当光纤探头紧贴反射面时,接收器接收到的光强为零。随着光纤探头离反射面距离的增加,接收到的光强逐渐增加,到达最大值点后又随两者的距离增加而减小。

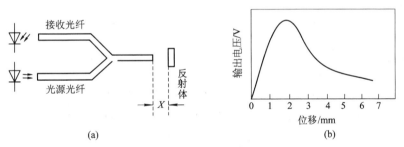

(a)   (b)

图 11 - 28 反射式光纤位移传感器的原理及输出特性曲线

(a) 原理;(b) 输出特性曲线

三、实训设备和器材

实训设备和器材包括直流电源、电压表、Y 型光纤传感器、振动平台、测微头和反射面等。

四、实验内容和步骤

(1) 观察光纤位移传感器结构,它由两束光纤混合后,组成 Y 型光纤,探头固定在 Z 型安装架上,将二根光纤尾部端面对住自然光照射,观察探头端面,探头端面为半圆双 D 结构。

(2) 了解振动平台在实验仪上的位置(实验仪台面上右边的圆盘,在振动台上贴有反射纸作为光的反射面)。

（3）按图 11 - 29 所示接线。因光/电转换器内部已安装好，所以可将电信号直接经差动放大器放大。电压表的切换开关置 2 V 挡，开启主、副电源。

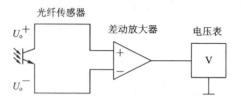

图 11 - 29　测量电路图

（4）旋转测微头，使光纤探头与振动台面接触，调节差动放大器增益至最大，调节差动放大器零位旋钮使电压表读数尽量为零，旋动测微头使贴有反射纸的被测体慢慢离开探头，观察电压表读数"小—大—小"的变化。

（5）旋转测微头使电压表指示重新回零；旋转测微头，每隔 0.05 mm 读出电压表的读数，并将其填入表 11 - 7 中。

（6）作出 U_o - X 曲线，计算灵敏度 $S = \Delta U / \Delta X$ 及线性范围。

表 11 - 7　实验数据记录表

X/mm									
U_o/V									

五、注意事项

（1）实验时应保持反射纸的洁净，并使反射面与光纤端面平行。

（2）工作时，光纤端面不宜长时间直照强光，以免内部电路受损。

（3）注意背景光对实验的影响，光纤勿成锐角曲折。

拓展训练　入侵探测报警系统的设计

入侵探测与报警技术是将先进的科学技术（如传感器技术、电子技术、计算机技术、通信技术等）应用于探测非法入侵和防止盗窃等犯罪活动的重要技术手段。

由入侵探测与报警技术组成的入侵探测报警系统是各种类型的安全防范报警技术系统中应用最广泛的一种，它可以协助人们担任防入侵、防盗等警戒工作。

入侵探测器是专门用来探测入侵者的移动或其他动作的由电子及机械部件所组成的装置。各种类型的入侵探测器利用不同的原理来探测目标，如人体移动、玻璃破碎、物体振动、门窗开关、声音等，探测器电路将获取到的这些信息进行适当的处理和逻辑判断，再向报警控制器输出启动报警信号。

试用超声波传感器设计一种入侵探测报警系统，画出电路图，并说明其工作原理及特点。

第 12 章 检测技术的综合应用实例

☞ 学习目标

(1) 了解检测技术在现代汽车中的应用。

(2) 了解检测技术在机器人中的应用。

(3) 了解检测技术在数控机床中的应用。

(4) 了解检测技术在智能楼宇中的应用。

12.1 检测技术在现代汽车中的应用

随着对汽车的行驶状态的全面监控、舒适性要求的提高、废气排放标准的制约以及微电子技术的发展，汽车中几乎应用了所有类型的传感器。在 20 世纪 60 年代，汽车上仅有机油压力传感器、油量传感器和水温传感器，它们与仪表或指示灯连接；进入 70 年代后，为了治理排放，又增加了一些传感器来控制汽车的动力系统(因为同期出现的催化转换器、电子点火和燃油喷射装置需要这些传感器来维持一定的空燃比以控制排放)；80 年代，防抱死制动装置和气囊提高了汽车安全性；今天，传感器在汽车中已是无处不在。在动力系统中，有用来测定各种流体温度和压力(如进气温度、气道压力、冷却水温和燃油喷射压力等)的传感器，有用来确定各部分速度和位置(如车速、节气门开度、凸轮轴、曲轴、变速器的角度和速度、排气再循环阀的位置等)的传感器，还有用于测量发动机负荷、爆燃、断火及废气中含氧量的传感器以及确定座椅位置的传感器。在防抱死制动系统和悬架控制装置中，有用来测定车轮转速、路面高差和轮胎气压的传感器。在防撞系统中，控制保护前排乘员的气囊不仅需要较多的碰撞传感器和加速度传感器，还需要乘员位置、体重等传感器来保证其及时、准确地工作。还有其他很多传感器，如保证车厢内环境舒适度的各种温度、湿度、风量传感器等。有统计指出，在一辆家用普通轿车上大概用到几十到近百只传感器，而在一些豪华轿车上，传感器的数量可达到二百余只，可以说传感器已经成为衡量汽车档次高低的一个重要标准。

12.1.1 汽车上的压力传感器

在众多汽车传感器中，压力传感器使用量最多，发展得也最快。汽车上至少有两个系统需要测量与控制压力：一是发动机，如润滑系统的机油压力检测和电子燃油喷射系统中进气管的压力检测；二是制动系统，如储气装置、刹车控制装置和刹车助力装置等。在现阶段广泛应用的压力传感器主要有 LVDT(线性变化差动变压器)式、压电式、半导体式和电容式等压力传感器。随着半导体技术的发展，压阻效应的厚膜电阻也应用得越来越多。下面对汽车机油压力检测传感器和爆震检测传感器作简要介绍。

1. 汽车机油压力检测传感器

机油压力是发动机的重要参数之一，是需要随时检测的一个重要参数。传统的机油压力传感器通过螺纹固定安装在发动机的机油管路上，该传感器由一个波纹膜片和一个滑线电位器组成。当汽车发动机的机油压力发生变化时，传感器内部的波纹膜片产生位移，带动电位器上的触点滑动，从而改变其电阻值。该电位器通过导线与安装在汽车仪表盘上的油压指示表连接。当电位器的阻值改变时，油压指示表内部线圈通过的电流发生变化，从而带动指针偏转，指示出机油压力。这种机油压力测量装置中采用的滑线电位器具有机械触点，而汽车又存在较大的颠簸和振动，容易引起压力传感器失效，使汽车油压表的可靠性受到严重影响。

近年来有研究采用厚膜压力传感器来检测机油压力。厚膜压力传感器是 20 世纪 80 年代出现的新型应变式压力传感器，利用印刷烧结在陶瓷弹性体上的厚膜电阻的压阻效应研制而成。在陶瓷弹性膜片上直接印刷、烧结 4 个厚膜电阻，并通过导带连接成电桥。当所测量的液位压力作用在陶瓷弹性体上时，弹性膜片产生挠曲变形，与此同时，印烧在弹性膜片上的厚膜电阻也产生同样大小的应变，其中 2 个厚膜电阻受压应变，阻值减小，另 2 个受拉应变，阻值增大。这样，所测的压力值即被转换成桥路输出电压，而且其大小和压力成正比。

机油压力传感器安装在发动机的主油道上，当发动机运行时，压力测量装置将检测到的机油的压力信号转变为电信号送至信号处理电路，经过电压放大和电流放大，通过信号线将放大后的压力信号连接至油压指示表显示出来。

2. 爆震检测传感器

爆震是由于气缸压力和温度异常升高而导致部分混合气不等火焰传播就自行着火燃烧的现象。汽油发动机获得最大功率和最佳燃油经济性的有效方法之一就是增大点火提前角，但是点火提前角过大又会引起发动机爆震。爆震的危害主要是噪声大，而且会导致发动机使用寿命缩短甚至损坏。因此，常通过检测发动机是否发生爆震来控制点火提前角，使发动机工作在爆震的临界状态，从而提高发动机热效率，增加发动机的动力性和燃油经济性。压电式传感器是较常用的一种检测爆震的传感器。

发动机爆震时产生压力波，其频率范围为 1 kHz～10 kHz。压力波传给气缸体，使其金属质点产生振动加速度。压电式爆震传感器是通过该振动施加在压电元件上产生的交变电压信号来工作的。

图 12-1 所示为非共振型压电式爆震传感器的结构图，该传感器由压电元件、平衡块及导线等构成。当发动机缸体的振动传到爆震传感器壳体时，壳体与平衡块之间产生相对运动，从而使夹在中间的压电元件所承受的推压力变化。于是，随着压电元件承受推压作用力而产生电压，在控制组件上可检出频率达到 7 kHz

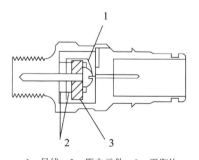

1—导线；2—压电元件；3—平衡块

图 12-1　爆震传感器的结构图

左右时爆震所产生的电压，通过该电压值的大小可判定爆震强度。

图 12 - 2 所示是爆震控制处理时间图。因为爆震仅在燃烧期间发生，所以为了避免干扰引起的误检测，只在爆震判定期间进行判定处理。利用传感器检测到的电压，由微机程序完成爆震的控制。在检测到爆震时，即当传感器输出电压幅度大于判定基准值时，立即把点火时刻变成滞后角；而在无爆震时则采用提前角反馈控制形式，这样可以准确控制点火提前角。

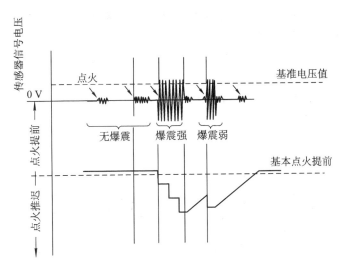

图 12 - 2　爆震控制处理时间图

12.1.2　汽车上的温度传感器

温度传感器是车用传感器中用得比较多的一种传感器（一辆汽车通常要装十几只温度传感器），主要用来检测发动机的温度、吸入气体的温度、冷却液的温度、燃油的温度、大气及排气的温度。

温度传感器有线绕电阻式、热敏电阻式和热电偶式三种主要类型。三种类型的传感器各有特点，其应用场合也略有区别。线绕电阻式温度传感器的精度高，但响应特性差；热敏电阻式温度传感器的灵敏度高，响应特性较好，但线性差，适应温度较低；热电偶式温度传感器的精度高，测量温度范围宽，但需要配合使用放大器和冷端补偿。现在汽车上广泛使用的温度传感器是由具有负温度系数的热敏电阻做成的温度感应塞或温度表，它能将温度的变化转换为电阻的变化，并通过后续电桥电路测量出电阻变化量，从而得到温度的大小。电桥输出的电压信号与设定的阈值信号相比较，若温度过高，则输出报警信号。

已实用化的产品有热敏电阻式温度传感器（通用型，$-50℃\sim130℃$，精度 1.5%，响应时间 10 ms；高温型，$600℃\sim1000℃$，精度 5%，响应时间 10 ms）、铁氧体式温度传感器（ON/OFF 型，$-40℃\sim120℃$，精度 2.0%）、金属或半导体膜空气温度传感器（$-40℃\sim150℃$，精度 2.0%、5%，响应时间 20 ms）等。

12.1.3　汽车上的测速传感器

速度与加速度的测量是衡量汽车运行状态的重要参数。测速传感器种类繁多，有敏感车轮旋转的、敏感动力传动轴转动的,还有敏感差速从动轴转动的。测速传感器多采用非接触式,以磁性测量方式为主。已经实用化的测速传感器主要有电磁发电机式传感器、磁阻式传感器、霍尔元件式传感器、磁性舌簧开关式传感器、光学式传感器和振动式传感器。

当车速高于 100 km/h 时,一般测量方法误差较大,需采用非接触式光电速度传感器,测速范围为 0.5 km/h～250 km/h,重复精度为 0.1%,距离测量误差小于 0.3%。

1. 霍尔转速传感器

霍尔转速表是目前汽车上应用较多的一种测速传感器。它的工作原理基于霍尔效应,即在霍尔元件上通入电流 I,并将其置于垂直于电流方向的磁场 B 中,则与磁场 B 和电流方向均垂直的表面上会产生霍尔电势 U_H,且 $U_H = K_H BI$。如果改变垂直于霍尔元件的磁场的强度,就能使其输出霍尔电势发生改变。

固定在车轮轴上的霍尔齿轮式转速传感器是常用的测速传感器之一,由齿轮、霍尔元件和一块永久磁铁组成,其工作原理如图 12-3 所示。

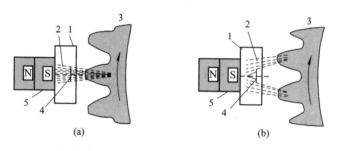

1—塑料外壳;2—磁力线;3—齿轮圈;4—霍尔元件;5—磁体

图 12-3 霍尔齿轮式转速传感器的工作原理

(a) 磁力线集中;(b) 磁力线分散

霍尔元件与磁体相连,齿轮随车轮一起转动。当齿对准霍尔元件时,磁力线集中穿过霍尔元件,如图 12-3(a)所示,此时穿过霍尔片的磁场强度比较大,可产生较大的霍尔电势,放大、整形后输出为高电平;反之,当齿轮的空挡对准霍尔元件时,磁力线分散,如图 12-3(b)所示,此时霍尔电势比较小,放大、整形后输出为低电平。在车轮转动的过程中,霍尔元件输出周期变化的高低电平信号。根据齿的个数和输出高低电平的频率就能得到车轮的转速。

利用霍尔元件测量转速的方法很多,如利用线性霍尔元件或开关型霍尔元件,其基本原理都是使穿过霍尔片的磁场发生变化从而引起霍尔电势的变化。

在汽车防抱死装置(ABS)中,速度传感器是十分重要的部件。ABS 主要由测速齿轮传感器、压力调节器和控制器组成。在制动过程中,控制器不断接收测速齿轮传感器发出的和车轮转速相对应的脉冲信号并进行处理,得到车辆的滑移率和减速信号,并按其控制逻辑及时、准确地向制动压力调节器发出指令;调节器及时、准确地做出响应,使制动气室执行充气、保持或放气指令,调节制动器的制动压力以防止车轮抱死,达到抗侧滑、甩尾,提高制动安全及制动过程中的可驾驭性的目的。在这个系统中,霍尔传感器作为车轮转速传感器,是制动过程中的实时速度采集器,是 ABS 中的关键部件之一。

2. 加速度传感器与安全气囊的控制

加速度传感器可测量沿其敏感轴方向的线性加速度大小。汽车中的加速度传感器主要用于汽车安全气囊控制系统、防抱死控制系统和牵引控制系统中，为控制系统提供加速度参数。其中采用的传感器主要有三种形式：压阻式加速度传感器、压电式加速度传感器和电容式加速度传感器。下面以电容式硅微加工加速度传感器为例来介绍其测量原理及利用加速度传感器控制安全气囊的方法。

利用微电子加工技术可以将一块多晶硅加工成多层结构。在硅衬底上，制造出三个多晶硅电极，组成差动电容 C_1、C_2，如图 12-4 所示。图中的底层多晶硅 2 和顶层多晶硅 4 固定不动。中间层多晶硅 3 是一个可以上下微动的振动片，其左端固定在衬底上，所以相当于悬臂梁。当中间层多晶硅 3 感受到上下振动时，C_1、C_2 呈差动变化。与加速度测试单元封装在同一壳体中的信号处理电路将 ΔC 转换成直流输出电压。它的激励源也做在同一壳体内，所以集成度很高。由于硅的弹性滞后很小，且悬臂梁的质量很轻，所以频率响应可达 1 kHz 以上，允许加速度范围可达 10 m/s² 以上。如果在壳体内的三个相互垂直方向安装三个加速度传感器，即可测量三维方向的振动或加速度。

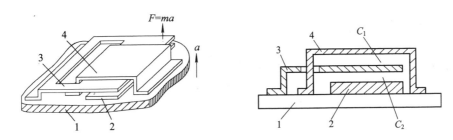

1—衬底；2—底层多晶硅(下电极)；3—中间层多晶硅(中间电极)；4—顶层多晶硅(上电极)

图 12-4　电容式硅微加工加速度传感器结构原理图

加速度传感器安装在汽车上，可以作为碰撞传感器。当发生碰撞时，汽车的加速度是一个绝对值很大的负值，当用加速度传感器测得的负加速度值超过设定值时，系统的微处理器据此判断发生了碰撞，于是启动汽车前部的折叠式安全气囊，安全气囊迅速充气而膨胀，托住驾驶员及前排乘员的胸部和头部，起到一定的安全防护作用。

加速度传感器是安全气囊控制系统中的一个关键传感器。现在的安全气囊系统向智能化方向发展，它利用多传感器提供信息，包括座椅下的压力传感器、安全带里的张力传感器等。这些传感器的综合使用，可在加速度传感器检测到有碰撞发生时能够准确判断出乘员的位置，使安全气囊更好地发挥作用。

12.1.4　汽车上的位置和转角传感器

位置传感器主要用于检测节气门在加、减速状态的开度。计算机根据传感器输出的信号可判定发动机的工作状况，并以此为依据调节燃油喷射量。转角传感器设置于车轮转向机构的被测物上，用于连续检测汽车转向角度。常用的位置和转角传感器为滑动变阻器式传感器和码盘式传感器，其中滑动变阻器式传感器应用较为广泛。这种传感器的特点是便于检测转动的绝对角度，并以电压信号输出所测量值，因而简捷易行。不仅如此，还可将传感器直接固定在发动机上，因而环境适应性好。如图 12-5 所示为节气门位置传感器的结构和电路原理图。

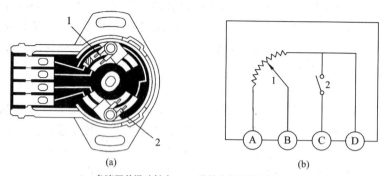

1—怠速开关滑动触点；2—线性电位计滑动触点

A—基准电压；B—节气门开度信号；C—怠速信号；D—接地

图 12-5　节气门位置传感器的结构和电路原理图

(a) 结构；(b) 电路

12.1.5　汽车上的防撞传感器

用于防撞控制的传感器主要有超声波传感器和激光传感器(通常被称为防撞雷达)等。如图 12-6 所示的是基于超声波检测的倒车防撞雷达示意图。

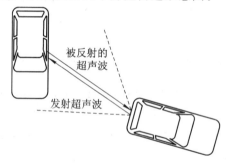

图 12-6　基于超声波检测的倒车防撞雷达示意图

倒车雷达的工作原理是：在倒车时，利用超声波回波测距原理，由装置于车尾保险杠上的探头发送超声波信号，后面若有障碍物存在，超声波碰到障碍物后会发生反射，反射波被此声波探头接收转变为电信号输出给计算机，计算机根据发射超声波到接收到回波信号的时间差以及超声波在空气中传播的速度，即可计算出车体与障碍物之间的实际距离，再提示给驾驶者，使停车和倒车更容易、更安全。

倒车雷达的提示方式可分为液晶、语言和声音三种；接收方式分为无线传输和有线传输等。超声波式的防撞雷达采用超声波信号，穿透能力比较强，不易受到雨雪天气的影响。但超声波式传感器有效测量范围仅为几米，在中距离(15 m～250 m)下测量误差大，高速行驶时也会因来不及反应而使失误率高，故该传感器适用于车速低和距离短的倒车中。

12.1.6　汽车上使用的其他传感器

1. 流量传感器

流量传感器在汽车中主要用于发动机控制系统，如确定燃烧条件、控制空燃比和启动点火等。这类传感器主要有卡曼涡街式空气流量传感器、可动叶片式空气流量传感器、铂薄膜电阻式空气流量传感器、离子漂移式空气流量传感器、超声波式空气流量传感器、浮子式燃料流量传感器和静电电容式燃料流量传感器等。

2. 气体浓度传感器

气体浓度传感器主要用于检测车体内的气体和废气排放，其中最主要的是氧传感器。实用化的气体浓度传感器有氧化锆传感器（使用温度 $-40℃\sim900℃$，精度 1%）、氧化锆浓差电池型气体传感器（使用温度 $300℃\sim800℃$）、固体电解质式氧化锆气体传感器（使用温度 $0℃\sim400℃$，精度 0.5%）和二氧化钛氧传感器。和氧化锆传感器相比，二氧化钛氧传感器具有结构简单、轻巧、便宜，且抗铅污染能力强的特点。

3. 提高舒适度、安全性的传感器

提高舒适度、安全性的传感器的工作条件不像发动机和底盘那么恶劣，一般工业用传感器稍加改进就可以应用。提高舒适度、安全性的传感器主要有用于自动空调系统的温度传感器、湿度传感器、风量传感器、日照传感器等，用于门锁控制中的防盗传感器和用于亮度自动控制中的光传感器等。

4. 导航系统用传感器

随着基于 GPS/GIS（全球定位系统和地理信息系统）的导航系统在汽车上的应用，导航系统用传感器得到了迅速发展。这类传感器主要用于检测汽车所在的位置以及到达目的地的方位。实用化的导航系统用传感器主要有确定汽车行驶方向的罗盘传感器、电磁式方位传感器和陀螺仪式方位传感器以及方向盘转角传感器等。

12.1.7　汽车传感器的发展趋势

由于汽车传感器在汽车电子控制系统中的重要作用和快速增长的市场需求，世界各国对其理论研究、新材料应用和新产品开发都非常重视，一些性能高、结构新颖的车用传感器不断问世，如光纤维传感器和精巧型的传感器等。这些新型传感器的出现，不仅极大地提高了车用传感器的性能，而且也使汽车各系统的元器件数量大大减少，并使整个系统更加轻便和可靠。

未来的汽车用传感器技术总的发展趋势是微型化、多功能化、集成化和智能化；发展方向主要是新结构、新材料和新工艺的应用，并朝着高性能、高可靠性和低成本的目标前进。

12.2　检测技术在机器人中的应用

机器人实质上是靠自身动力和控制能力来实现各种功能的一种机器，它被定义为：是计算机控制的、能模拟人的感觉、手工操作和具有自动行走能力的并可以完成一定工作的装置。机器人主要用于取代或协助人类工作，例如制造业、建筑业，或是危险的工作。目前，机器人在工业、医学、军事等领域中均有重要用途。机器人一般由执行机构、驱动装置、检测装置和控制系统组成。

检测装置就是机器人的"感官"。它的作用是实时检测机器人的运动及工作情况,根据需要反馈给控制系统,与设定信息进行比较后,对执行机构进行调整,以保证机器人的动作符合预定的要求。检测装置的主要组成部分就是传感器。该传感器可分为两类:一类是内部信息传感器,用于检测机器人各部分的内部状况,如各关节的位置、速度、加速度等,并将所测得的信息作为反馈信号送至控制器,形成闭环控制;另一类是外部信息传感器,用于获取有关机器人的作业对象及外界环境等方面的信息,以使机器人的动作能适应外界情况的变化,使之达到更高层次的自动化,甚至使机器人具有某种"感觉",向智能化方向发展。例如,视觉、声觉等外部传感器提供工作对象、工作环境的有关信息,利用这些信息构成一个大的反馈回路,从而可大大提高机器人的工作准确度。

12.2.1 机器人的内部传感器

内部传感器主要用于测量机器人的自身状态,具体的检测对象有关节的线位移和角位移,还有振动、方位角和倾斜角、加速度、内部电机转子的位置和速度等物理量。要求内部传感器的测量精度高、响应速度快、测量范围宽。在内部传感器中最重要的是位置传感器和速度传感器,现已有多种类型大量生产。倾斜角、方位角和振动传感器作为机器人内部传感器的时间不长,其性能尚需进一步改进。

位置传感器多采用电码盘和旋转变压器,速度传感器多采用测速发电机和旋转变压器。近年来,国外机器人制造厂家已经在使用一种集光电码盘及旋转变压器功能为一体的混合式光电位置传感器,伺服电动机可与位置及速度检测器、制动器、减速机构组成伺服电动机驱动单元。

1. 位置和角度传感器

机器人内部的位置和角度传感器有两种:一种是开关型的,即检测预先设定的位置或角度,只有 ON/OFF 两个状态值,这种类型的传感器用于检测机器人的起始原点、越限位置或确定位置;另一种是实现连续的位置和角度测量,如用在内部电机上的转子位置测量等。

微型带电气触点的开关及利用发光二极管和光敏元件配合制作的光电开关等,都是通过比较检测位置与设定值的大小来判断开关状态的。

实现连续测量的位置和角度传感器主要有电位器式传感器、旋转变压器和各种类型的编码器。

2. 速度和角速度的测量

速度和角速度的测量是驱动器反馈控制中必不可少的环节,有时也利用测位移传感器间接测量速度,但在低速时这种方法存在不稳定的风险,高速时测量精度又比较低。常用的内部速度与角速度的测量传感器为测速发电机和旋转变压器。

测速发电机是输出电动势与转速成比例的微型电机,其原理是利用电磁感应定律,即处于恒定磁场中的线圈发生位移时,线圈内交链磁通发生变化,就会在线圈内感生出电动势,其感生电动势的大小与磁通变化率成正比,即 $E = \mathrm{d}\Phi/\mathrm{d}t$。测速发电机的绕组和磁路经精确设计,使输出电动势 E 和转速 n 呈线性关系,即 $E = Kn$,K 是常数。改变旋转方向时,输出电动势的极性也相应改变。当被测机构与测速发电机同轴连接时,只要检测出输出电动势,就能获得被测机构的转速。

常用的测速发电机按其构造可以分为直流测速发电机、交流测速发电机和感应式交流测速发电机。

3．加速度的测量

随着机器人的高速化、高精度化的发展，由机械运动部分刚性不足所引起的振动问题日益突出。为了解决振动问题，有时在机器人的运动手臂等位置安装加速度传感器，测量振动加速度，并把它反馈到驱动器上。常用的加速度传感器有应变式加速度传感器、伺服加速度传感器和利用压电材料制作的压电加速度传感器。

4．方位角传感器

机器人方位角的测量能使机器人获得自己所在方位的信息。常用的方位角传感器有电子罗盘和陀螺仪。

电子罗盘可以检测机器人与地球南北极之间的角度，从而获得机器人的朝向，但是精度很低，而且任何磁性物体都会造成罗盘失灵，比如扬声器，所以要配合其他传感器，比如与编码器一起使用才能获得比较好的定位效果。

陀螺仪是一种比较先进的定位仪器，又分为机械陀螺仪和光电陀螺仪两种，可以检测绝对朝向，但是价格过高，只在飞机上采用。目前较好的光电陀螺仪能提供 100 kHz 的采样频率，同时提供 0.0001(°)/s 的分辨率，但是价格较昂贵。

机器人定位系统也可以采用 GPS 系统（全球卫星定位系统）。GPS 系统分为标准 GPS 系统和差分 GPS 系统。标准 GPS 系统能提供 15 m 的误差定位，而差分 GPS 系统能提供高达 1 m 内的误差定位。如果再考虑相位差信号，则最新的 GPS 设备能提供精确到 10 cm 的定位坐标。

5．其他内部传感器

除了上述的内部传感器之外，还可以根据机器人的不同要求而安装不同功能的内部传感器，如一些倾斜角测量传感器等。这些内部传感器都在不断完善之中，以便更好地用于机器人中。

12.2.2　机器人的外部传感器

外部传感器主要用于检测作业对象及环境或机器人与它们的关系。在机器人上安装的触觉传感器、力觉传感器、距离传感器、视觉传感器、超声波传感器和听觉传感器等大大改善了机器人的工作状况，使其能够更充分地完成复杂的工作。外部传感器多为集多种学科于一身的产品，有些方面还在探索之中，随着外部传感器的进一步完善，机器人的功能将越来越强大。下面按照外部传感器的功能对其进行简单介绍。

1．触觉传感器

触觉是接触、冲击、压迫等机械刺激感觉的综合，可以用来进行机器人抓取。利用触觉可进一步感知物体的形状、软硬等物理性质。对机器人触觉的研究，只能集中于扩展机器人能力所必需的触觉功能。一般把检测感知和外部直接接触而产生的接触觉、滑觉及接近觉等感知量的传感器称为机器人触觉传感器。

（1）接触觉。接触觉是通过与对象物体彼此接触而产生的，所以最好使用手指表面高密度分布触觉传感器阵列，它柔软易于变形，可增大接触面积，并且有一定的强度，便于抓握。接触觉传感器可检测机器人是否接触目标或环境，用于寻找物体或感知碰撞。目前常用的接触觉传感器有机械式传感器、弹性式传感器、光纤触觉传感器等。

① 机械式传感器：利用触点的接触与断开获取信息，通常采用微动开关来识别物体的二维轮廓，但由于结构关系，无法组成高密度列阵。

② 弹性式传感器：由弹性元件、导电触点和绝缘体构成。例如：采用导电性石墨化碳纤维、氨基甲酸乙酯泡沫、印制电路板和金属触点构成的传感器，碳纤维被压后与金属触点接触，开关导通；由弹性海绵、导电橡胶和金属触点构成的传感器，导电橡胶受压后，海绵变形，导电橡胶和金属触点接触，开关导通；由金属和铰青铜构成的传感器，被绝缘体覆盖的青铜箔片被压后与金属接触，触点闭合，开关导通。

③ 光纤触觉传感器：这种传感器有两种形式。

一种是采用非功能性光纤构成的光纤触觉传感器，它由一束光纤构成的光缆和一个可变形的反射表面组成。光通过光纤束投射到可变形的反射材料上，反射光按相反方向通过光纤束返回。如果反射表面是平的，则通过每条光纤所返回的光的强度是相同的。如果反射表面因与物体接触受力而变形，则反射的光强度不同。用高速光扫描技术进行处理，即可得到反射表面的受力情况。

另一种是采用光纤微弯损耗制成的光纤触觉及光纤握力觉传感器，它可以安装于机器人触须及机械爪握持面上检测握力。一般把光纤夹在两块具有相同周期波纹微弯板之间，当垂直于光纤轴线的应力作用于波纹板时，光纤发生弯曲，传输光有一部分泄漏到包层中去，造成沿光纤轴传输的光能量的损耗，从而产生光强度调制。纤芯中输出的光强度的大小与受力大小有关，可以通过输出光光强的变化得到压力的变化量。

（2）接近觉。接近觉是一种粗略的距离感觉。接近觉传感器的主要作用是在接触对象之前获得必要的信息，用来探测在一定距离范围内是否有物体接近、物体的接近距离和对象的表面形状及倾斜等状态，一般用"1"和"0"两种形式表示，在机器人中，主要用于对物体的抓取和躲避。接近觉一般采用非接触式测量元件，如光学接近传感器、电涡流接近传感器和电容耦合式传感器等。

① 光学接近传感器：其结构如图 12-7 所示，该传感器由发光二极管和光敏晶体管组成。发光二极管发出的光经过反射被光敏晶体管接收，接收到的光强与传感器和目标间的距离有关，输出信号 U_{out} 是距离 x 的函数，即 $U_{out} = f(x)$。

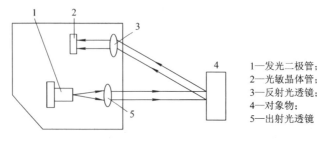

1—发光二极管；
2—光敏晶体管；
3—反射光透镜；
4—对象物；
5—出射光透镜

图 12-7　光学接近传感器

若发射信号为红外信号，则当它被调制成某一特定频率时，不受电磁波的干扰，可大大提高信噪比。红外传感器经常被应用在多关节机器人避障系统中，用来构成大面积机器人的"敏感皮肤"。如红外传感器覆盖在机器人手臂表面，用于检测机器人手臂运行过程中接近的各种物体。传感器发出的光的波长大约在几百纳米范围内，是短波长的电磁波。另外，红外线（指中、远红外线）不受周围可见光的影响，故可在昼夜进行测量，这是目前比较常用的一种接近觉传感器。

② 电涡流接近传感器：通过向外发射高频变化的电磁场，对周围的目标引起电涡流。电涡流的大小与传感器和目标物体之间的距离有关，电涡流产生的磁场与传感器的磁场方向相反。两个磁场相互叠加，就会减少传感器的电感和阻抗。采用适当的电路把阻抗的变化转换成电压的变化，就能计算出目标物体的距离。

电涡流接近传感器尺寸较小，可靠性较高，价格也较便宜，不但可以作为接近觉传感器，检测障碍物的存在和物体距离，而且可以采用适当的方法检测力、力矩或压力。此类传感器测量精度比较高，能够检测 0.02 mm 的微量位移，测量还具有方向性。但是，这种传感器的缺点是作用距离较短（一般不超过 13 mm）。另外，此类传感器仅适用于物体为固态导体的检测。

③ 电容耦合式传感器：当物体接近传感器时，该传感器的电容值发生改变，电容的改变可使振荡器起振或产生相移改变，以此来检测物体的存在。此类传感器性能稳定、可靠和耐用，缺点是由于传感器的分辨率很低，在其测量的范围内不能分辨出物体的维数。

（3）滑觉。机器人在抓取不知属性的物体时，其自身应能确定最佳握紧力的给定值。当握紧力不够时，要检测被握紧物体的滑动，利用该检测信号，在不损害物体的前提下，考虑最可靠的夹持方法，实现此功能的传感器称为滑觉传感器。

滑觉传感器有滚动式滑觉传感器、球式滑觉传感器和振动式滑觉传感器三种。物体在传感器表面上滑动时和滚轮或环相接触，把滑动变成转动。滚动式滑觉传感器又分为磁力式滑觉传感器和光学式滑觉传感器，如图 12 - 8 所示。

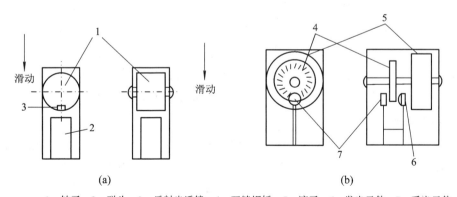

1—转子；2—磁头；3—反射光透镜；4—开缝钢板；5—滚子；6—发光元件；7—受光元件

图 12 - 8　滚动式滑觉传感器

（a）磁力式；（b）光学式

在磁力式滑觉传感器中，滑动物体引起滚轮滚动，用磁铁和静止的磁头，或用光传感器进行检测。这种传感器只能检测到一个方向的滑动。球式传感器用球代替滚轮，可以检测各个方向的滑动。振动式滑觉传感器表面伸出的触针能和物体接触，物体滚动时，触针与物体接触而产生振动,这个振动由压电传感器或磁场线圈结构的微小位移计检测。

(4) 热触觉。热触觉传感器可根据物体的传热性的不同来区分物体。不同的物体具有不同的传热性。例如,人手接触金属制品时,由于人手的热量被金属迅速传走使人感到凉,从而断定所接触到的物体是金属;反之,若人手接触的是木制品,人手不可能像接触金属那样被迅速传走热量,故人不感觉凉,从而断定所接触的物体是非金属。但人手通过感觉仅能识别有限的几类物体,实现精确地分类各种物体还得靠机器人热触觉传感器。近年来,国内外学者已在热触觉传感器方面开展了较深入的研究,并已研制成功了能在水下识别钢、玻璃、皮革等 10 种物体的热触觉传感器。

图 12 - 9 所示的是水下机器人热触觉传感器的热敏元件及其电路示意图。图中:r_1 是用做识别物体的热敏元件,它接触水中物体表面;r_2 是用做检测环境温度的热敏元件,它悬于水中。

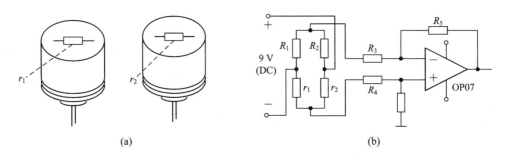

图 12 - 9　水下机器人热触觉传感器的热敏元件及其电路示意图
(a) 热敏元件;(b) 测量电路原理图

传感器通电工作时,电源使标称阻值相同的热敏元件的温度均高于水环境温度。当接触到物体时,物体将 r_1 的热量带走,导致 r_1 温度变化,不再与 r_2 的温度相同,从而使 r_1、r_2 的电阻值不同,电桥失去平衡,输出一个与 r_1 的阻值变化成比例的模拟电压。实验表明,为了提高识别率,应避免水很快带走热敏元件的热量。解决这一问题的有效方法是对所设计的传感器电路加一个开关,在热敏元件接触物体后才通电工作。因为不同的物体导致不同的模拟电压输出,故根据输出电压的大小即可区分出不同材质的物体。

2. 力觉传感器

力觉是指对机器人的指、肢和关节等运动中所受力的感知,主要包括腕力觉、关节力觉和支座力觉等。根据被测对象负载的不同,力觉传感器可分为测力传感器(单轴力传感器)、力矩表(单轴力矩传感器)、手指传感器(检测机器人手指作用力的超小型单轴力传感器)和六轴力觉传感器。根据力的检测方式的不同,力觉传感器可分为检测应变或应力的应变片式力觉传感器、利用压电效应的压电元件式力觉传感器、用位移计测量力引起的弹性元件位移的差动变压器和电容位移计式力觉传感器等。其中应变片式被机器人广泛采用。

在选用力觉传感器时,首先要注意其额定值,其次是分辨率。另外,在机器人上实际安装使用力觉传感器时,一定要事先检查操作区域,清除障碍物。这对实验者的人身安全、对保证机器人及外围设备不受损害有重要意义。

3. 距离传感器

距离传感器可用于机器人导航和回避障碍物，也可用于机器人对空间内的物体进行定位及确定其一般形状特征。目前最常用的测距法有超声波测距法和激光测距法两种。

（1）超声波测距法：超声波是频率 20 kHz 以上的机械振动波，可利用发射脉冲和接收脉冲的时间间隔推算出距离。超声波测距法的缺点是波束较宽，其分辨力受到严重的限制，因此，主要用于导航和回避障碍物。

（2）激光测距法：利用回波法或激光测距仪推算出距离。回波法的工作原理是：氦氖激光器固定在基线上，在基线的一端由反射镜将激光点射向被测物体，反射镜固定在电动机轴上，电动机连续旋转，使激光点稳定地对被测目标扫描，CCD（电荷耦合器件）摄像机接收反射光，采用图像处理方法检测出激光点图像，并根据位置坐标及摄像机光学特点计算出激光反射角，利用三角测距原理即可算出反射点的位置。

4. 视觉传感器

视觉传感器是通过光学装置和非接触式传感器自动地接收及处理一个真实物体的图像以获得所需信息或用于控制机器人运动的装置。

视觉传感器获取的信息量要比其他传感器获取的信息量多得多，但目前还远未能使机器人视觉具有与人类完全一样的功能，一般对于视觉传感器的研制仅限于完成特殊作业所需要的功能。

视觉传感器把光学图像转换为电信号，即把入射到传感器光敏面上按空间分布的光强信息转换为按时序串行输出的电信号——视频信号，而该视频信号能再现入射的光辐射图像。固体视觉传感器主要有三大类型：第一种是电荷耦合器件（CCD）；第二种是 MOS 图像传感器，又称自扫描光电二极管阵列（SSPA）；第三种是电荷注入器件（CID）。目前在机器人避障系统中应用较广的是 CCD 摄像机，它又可分为线阵和面阵两种。线阵 CCD 摄取的是一维图像，而面阵 CCD 可摄取二维平面图像。

视觉传感器摄取的图像经空间采样和模/数转换后变成一个灰度矩阵，送入计算机存储器中，形成数字图像。为了从图像中获得期望的信息，需要利用计算机图像处理系统对数字图像进行各种处理，将得到的控制信号送给各执行机构。但这种传感器的使用主要有三方面缺陷：一是受光线条件和工作范围限制；二是此类传感器驱动电路复杂，价格昂贵；三是实时性差。

5. 其他外部传感器

除以上介绍的机器人外部传感器外，还可根据机器人特殊用途安装听觉传感器、味觉传感器及电磁波传感器，而安装这些传感器的机器人主要用于科学研究、海洋资源探测或食品分析、救火等特殊用途。这些传感器多数处于开发阶段，有待进一步完善，以丰富机器人的专用功能。

12.3　检测技术在数控机床中的应用

数控机床是一种装有程序控制系统的自动化机床，能够根据已编好的程序，使机床动作并加工零件。数控机床具有高精度、高速度、高效率及安全可靠的特点，在制造业技术设备更新中正迅速地在企业得到普及。传感器是数控机床的关键部件之一，正是各种各样新传感器的产生，才使数控机床加工有可能实现自动化。在数控机床上应用的传感器有很多，主要有光电编码器、直线光栅、接近开关、温度传感器、霍尔传感器、电流传感器、电压传感器、压力传感器、液位传感器、旋转变压器、感应同步器、速度传感器等，用于检测机床工作过程中的位置、直线位移和角位移、速度、压力、温度等参数。

由于数控机床工作的特点，要求用在数控机床上的传感器应具有高可靠性和较强的抗干扰能力，满足使用时的精度和响应速度，使用和维护方便并能适合机床车间的环境，且成本低等特点。不同种类的数控机床对传感器的要求也不尽相同，一般来说，大型数控机床要求以速度响应为主，中型和高精度数控机床要求以精度为主。

12.3.1　位移的检测

在数控机床上用于位移检测的传感器主要有编码器、光栅、感应同步器等。

1. 编码器的应用

在数控机床上用编码器来测量位移或转速是比较常见的。编码器可分为光电式、接触式和电磁式三种，其中，光电式应用比较多。在使用中除了可以直接测量角位移和角速度外，有时也通过丝杠-螺母、齿轮-齿条等传动机构来间接测量直线位移。

编码器在数控机床上使用时有增量式光电编码器和绝对式光电编码器两种。增量式光电编码器能够把机械转角变成电脉冲，输出电脉冲的周期数就能反映被测轴转过的角度，而其频率值就反映了转速的大小。如图 12-10 所示，在机床的 X 轴和 Z 轴端部分别配有光电编码器，用于角位移测量和数字测速，并通过丝杠螺距间接反映拖板或刀架的直线位移。

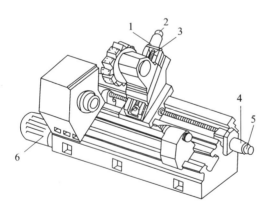

1—X 轴进给伺服电动机；
2、5—光电编码器；
3—滚珠丝杠；
4—Z 轴进给伺服电动机；
6—主轴电动机

图 12-10　光电编码器的应用

图 12-11 所示为绝对式光电编码器在定位加工中的应用。将工件均布在转盘上，工件编号与编码器的输出相对应。在加工过程中，控制器可以利用角编码器的输出来控制电动机的转动，使转盘转过适当的角度，实现工件的定位加工。

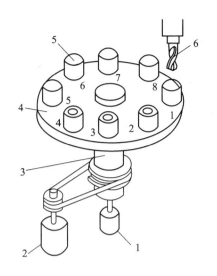

1—绝对式光电编码器；
2—电动机；
3—转轴；
4—转盘；
5—工件；
6—刀具

图 12－11 绝对式光电编码器在定位加工中的应用

2．光栅的应用

光栅是利用光的透射和反射现象制作而成的。光栅按结构的不同，可分为长光栅和圆光栅两种，常用于位移测量。光栅的分辨力较高，测量精度比光电编码器高，适用于动态测量。数控机床在进给驱动中，常将光栅尺固定在床身上，其产生的脉冲信号直接反映了拖板的实际位置。用光栅检测工作台位置的伺服系统是全闭环控制系统。

3．感应同步器的应用

感应同步器是利用两个平面形绕组的互感随位置不同而变化的原理制成的。感应同步器按结构的不同，可分为直线式感应同步器和旋转式感应同步器两种。直线式感应同步器由定尺和滑尺两部分组成，定尺安装在机床床身上，滑尺安装在移动部件上，随工作台一起移动；旋转式感应同步器的定子为固定的圆盘，转子为转动的圆盘。感应同步器具有精度高、分辨力高、抗干扰能力强、使用寿命长、维护简单、长距离位移测量、工艺性好、成本较低等优点。直线式感应同步器目前被广泛地应用于大位移静态与动态测量中，例如三坐标测量机、程控数控机床、高精度重型机床及加工中心测量装置等；旋转式感应同步器则被广泛地用于机床和仪器的转台以及各种回转伺服控制系统中。

12.3.2 位置的检测

位置传感器可用做检测位置和反映某种状态的开关。与位移传感器不同，位置传感器有接触式和接近式两种。

1．接触式传感器的应用

接触式传感器的触头由两个物体接触挤压而动作。常见的接触式传感器有行程开关、二维矩阵式位置传感器等。行程开关结构简单、动作可靠、价格低廉。当某个物体在运动过程中碰到行程开关时，其内部触头会动作，从而完成控制。如在加工中心的 X、Y、Z 轴方向两端分别装有行程开关，则可以控制移动范围。二维矩阵式位置传感器安装于机械手掌内侧，用于检测机械手与某个物体的接触位置。

2. 接近开关的应用

接近开关是指当物体与其接近到设定距离时就可以发出"动作"信号的开关,它无需和物体直接接触。接近开关有很多种类,主要有自感式、差动变压器式、电涡流式、电容式、干簧管式、霍尔式等。接近开关在数控机床上的应用主要是刀架选刀控制、工作台行程控制等。

(1)刀架选刀控制。如图 12 - 12 所示,从左至右的四个凸轮与接近开关 SQ1~SQ4 相对应,组成四位二进制编码,每一个编码对应一个刀位,如 0111 对应 7 号刀位;接近开关 SQ5 用于奇偶校验,以减少出错。刀架每转过一个刀位就发出一个信号,该信号与数控系统的刀位指令进行比较,当刀架的刀位信号与指令刀位信号相符时,表示选刀完成。

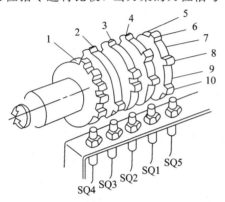

1—凸轮4; 2—凸轮3; 3—凸轮2; 4—凸轮1;
5—刀位7(0111); 6—刀位8(1000);
7—刀位9(1001); 8—刀位10(1010);
9—刀位11(1011); 10—刀位12(1100)

图 12 - 12 刀架选刀控制

数控加工中心的选刀控制系统也常利用绝对式光电编码器来实现。刀库号与绝对式光电编码器的输出二进制数据相对应,如转到 7 号刀库位置,则绝对式光电编码器输出 0111。控制器根据编码器的输出信号来判断刀库的位置,从而实现在使用多刀具加工复杂工件过程中的选刀控制。

(2)工作台行程控制。工作台行程控制中可以利用接触式的行程开关,也可以利用非接触式的接近开关(如霍尔接近开关)。霍尔接近开关是利用磁场的变化引起输出霍尔电势的变化来工作的。如图 12 - 13 所示,将小磁体固定在运动部件上,当部件靠近霍尔元件时带动磁体靠近霍尔元件,使霍尔元件感受到的磁感应强度增大,其输出的霍尔电势随之增加,控制系统根据霍尔电势的大小来判断工作台是否到位。

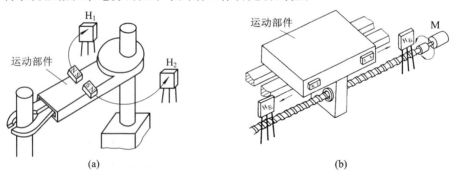

图 12 - 13 工作台行程控制
(a)接近式;(b)滑过式

12.3.3　速度的检测

速度传感器是一种将速度转变成电信号的传感器,既可以检测直线速度,也可以检测角速度。常用的速度传感器有脉冲编码器和测速发电机等。在数控机床中,速度传感器一般用于数控系统伺服单元的速度检测。脉冲编码器是通过输出脉冲的频率值来计算角速度的,故在使用时需配以定时器;测速发电机的输出电压则直接与转速严格呈线性关系,输出电压与转速比的斜率大,且有交流和直流两类可满足不同需要。

12.3.4　压力的检测

数控机床中使用的压力传感器主要有压电式压力传感器、压阻式压力传感器和电容式压力传感器等。

电容式压力传感器的电容量是由电极面积和两个极板间的距离决定的,因其具有灵敏度高、温度稳定性好、压力量程大等特点而得到了迅速发展。在数控机床中,可用电容式压力传感器对工件夹紧力进行检测,当夹紧力小于设定值时,工件松动,系统发出报警,停止走刀。另外,还可用压力传感器检测车刀切削力的变化。再者,压力传感器还在润滑系统、液压系统、气压系统中被用来检测油路或气路中的压力。当油路或气路中的压力低于设定值时,其触点会动作,将故障信号送给数控系统。

12.3.5　温度的检测

在数控机床的加工过程中,电动机的旋转、移动部件的移动、切削等都会产生热量,且温度分布不均匀,造成温差,使数控机床产生热变形,影响零件加工精度。为了避免温度产生的影响,可在数控机床的某些部位上装设温度传感器,当它感受到温度信号后就转换成电信号并送给数控系统进行温度补偿或过热保护。常见的温度传感器有以铂、铜为主的热电阻传感器以及以半导体材料为主的热敏电阻传感器和热电偶传感器等。

此外,在电动机等需要过热保护的地方,应埋设温度传感器,过热时通过数控系统进行过热报警。

12.3.6　其他检测

1. 刀具磨损的检测

刀具磨损到一定程度会影响工件的尺寸精度和表面粗糙度,因此,对刀具磨损要进行监测。监测刀具磨损的方法目前有很多,大致可分为直接测量法和间接测量法两大类。直接测量法主要有光学法、接触电阻法、放射性法等。间接测量法主要有温度测量法、振动分析法、声发射(AE)法、主电机功率或电流监测法等,其中,比较常用的方法是声发射法和主电机功率或电流监测法。

物体在状态改变时自动发出声音的现象称为声发射。如材料或构件受外力或内力作用产生变形或断裂时,就以弹性波的形式释放出应变能量,这是一种声物理现象,用 AE (Acoustic Emission)表示。在金属切削过程中产生声发射信号的信号源有工件的断裂、工件与刀具的磨损、切削的变形、刀具的破损及工件的塑性变形等。由于 AE 信号提供了工件、刀具等状态变化的有关信息，所以可以根据机床结构内部发出的应力波来判断结构内部的损伤程度。AE 信号的检测是一种动态无损检测技术，声发射源往往就是材料破损的位置。声发射信号一般用压电式传感器拾取，经放大、滤波后由计算机或波形分析仪进行分析。

2. 伺服电机输出电流的检测

由于数控机床要求较宽的调速范围，因此，输出电流的频率变化范围较大，一般的电流互感器不能满足要求，故在使用时常采用体积小、响应速度快、准确度和线性度高的霍尔电流互感器对输出电流进行检测。利用霍尔器件测量电流是一种非接触式的测量方法。

当电流通过一根长的直导线时，在导线周围要产生磁场。磁场的大小与导线中流过的电流成正比，该磁场可通过软磁材料来聚集，并采用霍尔器件进行检测。由于磁感应强度的大小与霍尔器件的输出有良好的线性关系，因此可利用霍尔器件检测电流的大小。

3. 液位的检测

检测液位的传感器包括音叉式液位传感器、浮子浮球式液位传感器、浮球式液位传感器、电容式液位传感器等，主要用于机床的润滑系统对润滑油的液位检测。

随着数控机床的发展，对数控机床的加工精度和准确度要求越来越高，机床参数的检测和控制也越来越复杂，新的传感器不断出现并被用到数控机床上，使数控机床更加完善，自适应性更强。

12.4　检测技术在智能楼宇中的应用

我国智能建筑专家、清华大学张瑞武教授对智能建筑提出了下列比较完整的定义："智能建筑系统指利用系统集成方法，将智能型计算机技术、通信技术、信息技术与建筑艺术有机结合，通过对设备的自动监控、对信息资源的优化组合，所获得的投资合理、适合信息社会需要并且具有安全、高效、舒适、便利和灵活特点的建筑物。"智能建筑的核心是3A，即建筑设备自动化系统(BA)、通信自动化系统(CA)、办公自动化系统(OA)。其中建筑设备自动化系统是智能楼宇最基本的组成部分。

智能建筑中的建筑机电设备和设施就是楼宇自动化系统的对象和环境，其组成框图如图 12-14 所示。通常建筑机电设备和设施按功能划分为七个子系统，即电力供应系统、照明控制系统、环境控制系统、消防报警系统、保安监视系统、交通运输系统和广播系统。

楼宇自控系统最重要的工作单元就是传感器，它分布在大楼所有受控设备上，能及时、准确地反映受控设备的运行情况，并将检测到的数据传递给分布在各个楼层的现场控制器(DDC)，DDC 再把实时监控信息传输给由计算机组成的操作子站，通过组态软件对监测信息进行处理并发出控制信息，实现对楼宇机电设备和设施的实时监控。整个智能楼宇的正常运行离不开分布在各个节点的传感器。下面介绍传感器在主要监控节点的使用情况。

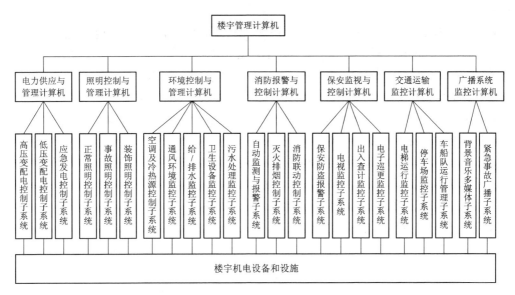

图 12-14 智能楼宇主要设备、设施组成框图

12.4.1 电力供应系统的监控

电力供应系统的监控主要包括高压侧部分、低压侧部分、应急发电部分和直流供电部分等的电压、电流及功率因数、开关分合状态等的检测。其中的传感器主要是用来检测变压器及电动机运行时的温度、无人值守高低压配电间的监视、应急发电部分所用柴油发电机的油位及用来检测电流、电压状态的一些互感器。

1. 温度的监测

为全面保证电气设备的正常工作,常常对变压器和配电屏(柜)内母排接点温度进行检测和监视。图 12-15 是配电柜母排接点温度检测、监视系统图。

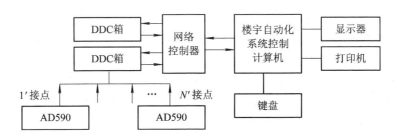

图 12-15 配电柜母排接点温度检测、监视系统图

目前大多数的配电屏(柜)都没有对屏内的铜母排接点温度的检测、监视的装置。配电屏大多数是封闭式,平时很难观察、检测到母排的工作温度。在用电高峰时,母排通过的电流大,发热量也大,用电低峰时通过的电流小,母排温度下降,出现热胀冷缩现象,甚至出现接点螺丝返松,致使母排接点之间接触不良;或因母排加工、安装时工艺粗糙,接点间有毛刺、金属屑或螺丝没上紧,造成接触不良。这些状况都会使接点间电流密度增大,发热厉害,甚至烧坏母排。因此,有必要对配电屏内的铜母排接点温度进行检测、

监视。

对于楼宇自动化系统,可选择集成温度传感器或方便与其进行信息传输的传感器。如可选择 AD590 集成温度传感器,将其安装于配电柜内母排负荷电流比较大的接点处(小电流的不必安装),并将其输出信号连接到现场控制器(DDC 箱),由 DDC 箱将传感器输入信号转换后,传输给楼宇自动化系统控制计算机。在控制计算机中配电柜监视网页上设定温度检测点的地址,并确认该输入信号,根据母排正常运行允许的最高温度,在控制计算机中设定母排接点极限温度报警值(通常母排正常运行的温度在 70℃ 以下,可将最高报警温度值设定为 80℃),控制计算机会自动检测、监视母排接点的运行温度。当母排接点的运行温度升高到报警值时,控制计算机发出报警(以声光报警、红色字幕显示),并自动打印出报警信息,以提醒管理人员及时到现场检查、处理。

2. 无人值守高低压配电间的监视

由于高低压配电间采用无人监守模式,故在高低压配电间内一般要设置 4～6 路图像传感器。采集到的配电间实时信息在监控室的显示屏上显示,并被记录下来。当发生火灾时,利用图像传感器的实时监视图像可判断火灾情况,有助于灭火工作。近年来,还有利用图像传感器和图像识别技术来判断高低压测开关开合状态的研究。

3. 其他传感器的使用

在电气部分使用的传感器还有在应急供电的柴油发电机油量检测中使用的液位传感器及用来检测电流、电压状态的一些互感器,如监测漏电的霍尔电流传感器等。

12.4.2　照明控制系统的监控

照明控制系统在智能楼宇中的用电设备是仅次于中央空调的第二用电大户。在保证照明稳定可靠的前提下对照明控制系统的集中监控还要考虑它的节能性。

照明控制系统主要包括公共区域照明和泛光照明两部分。

(1)公共区域照明指走廊、过道、楼梯间、车库等区域的照明,包括应急照明。

(2)泛光照明指为了大厦的美观,在晚间照射大厦外观,使大厦在晚间呈现出色彩斑斓的照明。泛光照明部分主要是采用定时开关的方法来实现的,而公共区域照明则分为室内照明和室外照明两部分。室内照明在灯光节能方式上采用灯光的调光控制,即根据自然光的亮度调节灯光的亮度,在一些场合还采用"人来灯亮,人走灯灭"的智能控制方式。而室外照明则多采用定时照明与自然光亮度检测相结合的方法。

在照明控制系统中采用的传感器主要用于检测自然光亮度和感应人的存在。特别是在室内照明控制中常常将两者相结合来控制照明灯的亮度。

检测自然光亮度较常用的传感器是光敏电阻和光敏晶体管。光敏电阻的阻值会随光的入射量的变化而变化,因主要成分为 CdS,故一般将光敏电阻称为 CdS 传感器。它在使用时比较方便,不需要电压、电流的放大电路,常常用在照明控制电路中作感光元件。光敏电阻将接收到的光亮度信息转换成 4 mA～20 mA 信号,将其传送给 DDC 控制器,DDC 控制器处理该信号,再输出控制信号给调光器,从而调节灯光亮度和控制开关。这样既可以为房间内的人员创造一个良好的视觉环境,又可以节约能源。

　　为了检测室内是否有人存在或是否有人通过，还常常在每个灯排上安装对人体进行检测的传感器。如果在一分钟内无人进入它的感应范围，则开始把亮度调小，直到 10 分钟后如仍无人进入感应区域，灯自动关闭。

　　常用的检测人体存在的传感器有热释电红外传感器、超声波传感器、反射式距离传感器（由红外发光二极管与位置检出元件组合而成）、声控开关和 CCD 图像传感器等。其中热释电传感器是目前比较常用的一种。

　　热释电红外传感器是一种能检测人或动物发射的红外线而输出电信号的传感器，其主要组成是热释电晶片和用于调制红外光的菲涅尔透镜，如图 12-16 所示。每一透镜单元都只有一个不大的视场角，当人体在透镜的监视视野范围中运动时，顺次地进入第一、第二单元透镜的视场，晶片上的两个反向串联的热释电单元将输出一串交变脉冲信号。当然，如果人体静止不动地站在热释电元件前面，热释电元件是"视而不见"的。

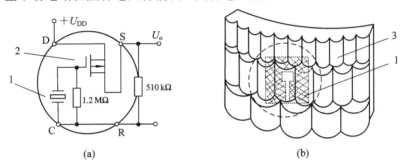

1—热释电晶片；2—场效应管；3—菲涅尔透镜

图 12-16　热释电传感器

（a）传感器内部电路；（b）菲涅尔透镜

　　现在将透镜与传感器电路相结合的小型化传感器的产品已实现商品化，如住宅中使用的灯内含有热电型红外传感器的内藏式灯具。部分室外照明设备尤其是路灯也实现了光照检测与定时控制相结合，并可利用 GPS 技术实现遥测、遥控、遥信等功能，达到节能目的。

12.4.3　通风和空调设备的监控

　　在智能楼宇的机电设备中，中央空调是第一用电大户，对中央空调的监控最终目标是在保证中央空调稳定运行的前提下，实现真正意义上的节能控制。中央空调的监控主要分为两部分：中央空调的水循环系统的监控和中央空调的空气调节系统的监控。

　　对中央空调的水循环系统的监控主要有：冷冻（热供）水泵，冷却水泵的变频监控、启停监控和故障监控；对冷却塔的启停、故障等项的监控；对出入水蝶阀工作状态的监控；对供冷、供热等参数的监测和调节。其中传感器主要用于测量供回水温度、压力和流量。

　　对中央空调的空气调节系统的监控主要包括：对风机、盘管、送（回）风门开度状态的监视和调节，对过滤网工作状态的监测，对加湿器工作状态的监控和调节。其中传感器主要用于监控室内外温度、新风与回风流量以及过滤网状态和湿度检测。总体来说，通风和空调设备的监控主要使用的传感器是温度传感器、流量传感器和压力传感器等。

1. 温度传感器

在通风和空调设备中，温度传感器是使用最多的传感器。在该系统中温度传感器的类型很多，主要有铂热电阻、负温度系数的热敏电阻和集成温度传感器(如 AD590)等。温度的检测是对冷、热水系统的供、加水温度，室内外温度，送风与回风温度等的检测。现场控制器 DDC 根据设备事先设定好的温度判断通过温度传感器检测出的实际的温度是否与设定的温度一致，如果小于设定温度，控制器输出减少，调节阀开度变小，水流量减小，温度上升，反之亦然，从而达到恒温的目的。

2. 流量传感器

流量传感器多用于测量水流量和新风与回风的流量。常用的流量传感器有浮子流量计、叶轮式流量计、节流式差压流量计、电磁式流量计和涡街流量计等。

3. 压力传感器

压力的检测主要用于检测送风压力、空气过滤器两端压差及差压式流量传感器的压差，DDC 根据压力传感器参数来调节风机运行状态、判断空气过滤器堵塞状态和循环水系统状态。

常用的压力传感器有压阻式压力传感器和电容式压力传感器等，其基本原理都是由于正负压室的压力差引起弹性敏感元件(如膜片或膜盒)的形变，该形变作用在传感器上产生电阻或电容的变化，根据电阻和电容的变化即可计算压力。如图 12-17 所示为电容式差压变送器。金属膜片与电镀金属表层组成一个差动电容传感器，金属膜片两侧压力 P_1 和 P_2 的不同会使金属膜片产生上下位移，引起电容变化。通过电容的变化就能间接测量 P_1 和 P_2 的压力差。

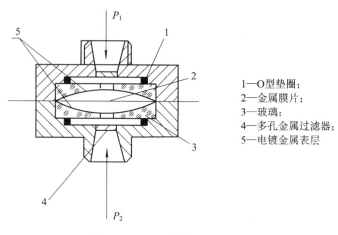

1—O型垫圈；
2—金属膜片；
3—玻璃；
4—多孔金属过滤器；
5—电镀金属表层

图 12-17　电容式差压变送器

12.4.4　给/排水系统的监控

给/排水系统中采用的传感器主要是液位传感器。通过液位传感器可检测生活水泵的高低液位、集水井的高低液位和消防水池的高低液位。当水箱液位低于设定最低水位值时，液位检测器向现场控制器 DDC 发出信号，DDC 接收到信号后启动生活水泵，给水箱补水。集水井的液位控制与生活水箱的控制相反，当液位达到高液位设定值时报警，启动水泵抽水。常用的液位传感器有浮力式液位计、差压式液位计、电容式液位计、超声波式液位计等。

1. 浮力式液位计

当一个物体浸放在液体中时，液体对它有一个向上的浮力，浮力的大小等于物体排开的那部分液体的质量。浮力式液位计就是基于液体浮力原理而工作的。常用的浮子或浮球式的恒浮力式液位计的浮子位置会随液位的升高而升高，通过机械连杆或其他测位移传感器检测出浮子的位移，即可求出液位的变化。

2. 差压式液位计

对于不可压缩的液体（其密度不变），液柱的高度与差压成正比，即 $P = \rho g h$。差压式液位计是利用容器内的液位改变时由液柱产生的差压也相应变化的原理而工作的。如图 12-18 所示，在容器下部取压点处的压力与上部空气的压力差可以通过差压计测得，该差压值与下取压口上的液体高度有关，设其高度为 H，大气压力为 P_0，则差压计输出

$$\Delta P = P_+ - P_- = (P_0 + \rho g H) - P_0 = \rho g H$$

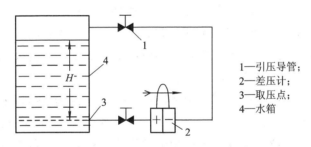

1—引压导管；
2—差压计；
3—取压点；
4—水箱

图 12-18　差压式液位计原理图

由差压计输出即可得到液位值 H，差压值可利用电容式或压阻式差压计等来测量。

3. 电容式液位计

电容式液位计是将液位的变化转换为电容量的变化，通过测量电容量的大小来间接测量液位高低的。

4. 超声波式液位计

超声波式液位计是利用回波测距的原理来进行液位测量的。DDC 控制器通过液位的检测来控制阀门和水泵，保证系统正常、可靠地运行。

在智能楼宇的给/排水系统中还有流量和压力的检测，与前所述类似，在此不再赘述。

12.4.5　安防系统的监控

智能楼宇的安防系统是保证生命财产安全的重要措施，它由消防系统、防盗门禁报警系统和电视监控系统等组成。

1. 消防系统

楼宇消防系统具有火灾自动报警、联动灭火等功能。通过安装在每个房间、过道等处

的传感器,自动捕捉被监测区域内火灾发生初期的烟雾和火苗信号。当信号达到报警值时便发出声、光报警,并自动接通有关设备,驱动相关灭火装置,实现火灾监测、报警和灭火的自动化。

用于检测火灾的传感器种类很多,常用的有感烟型火灾传感器和感温型火灾传感器两种。感烟型火灾传感器又有离子型和光电型两种。

(1) 离子型烟雾传感器。该传感器采用弱放射性物质——镭的同位素制成。这种放射性物质的射线中没有对人体有伤害的 γ、β 射线,只有放射能量很弱、穿透力很差的 α 射线,它在空气中的放射距离仅为 2 cm,一张纸就可以将其遮挡。α 射线能对空气产生电离作用,当空气靠近该放射源时,在 α 射线的轰击下即被电离。电离后的电子在电场的作用下飞向正极,而离子则撞向负极。正常情况下,由于空气的成分和密度一定,所以在电离室内空气的电离率是一定的,由此产生的电离电流也是恒定的。当有烟雾进入电离室后,空气的成分发生变化,电离产生的电流随之改变,当这种改变达到一定程度时,就产生了报警信号。

为避免因温度、湿度、气压等变化而引起的电离电流变化产生误报,常采用两个对称的电离室,一个电离室比较暴露,另一个电离室密闭,两室之间有狭缝,当外部环境缓慢变化时,两个电离室的变化随环境变化是相同的。若外部空气状况突变,两个电离室的空气状况就产生差异,突变越大,电离室产生的电离电流的差异就越大。通常火灾引起的烟雾是骤然增加的,因此,电离电流的差异就产生了报警信号。

离子型烟雾传感器的所有电子部分和敏感元件都装在敏感室内,处于防尘保护之下,其可靠性是得到充分保证的,通常可管辖的范围为室内 20 平方米到 40 平方米。

(2) 光电型烟雾传感器。常用的光电型烟雾传感器有遮光式光电型烟雾传感器和反射式光电型烟雾传感器两种。

遮光式光电型烟雾传感器的原理图如图 12-19 所示,其中 LED 二极管和光敏三极管

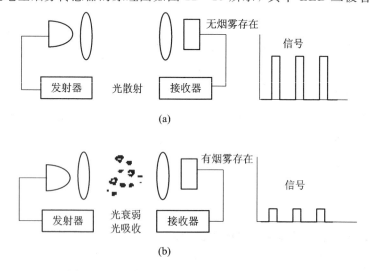

图 12-19 遮光式光电型烟雾传感器的原理图

(a) 无烟雾存在;(b) 有烟雾存在

放置排成一直线。无烟雾时，被检测光功率达到最大值，所以在接收器端有最大幅值脉冲信号。有烟雾时，根据烟雾性质，由发射器发射的光功率被吸收、反射、散射，结果引起接收到的脉冲信号衰减，当检测到信号低于设定值时报警。

反射式光电型烟雾传感器如图 12 - 20 所示，它由一对红外发光二极管和红外光敏三极管组成。在没有烟雾时，由于红外对管是相互垂直安装的，烟雾室内又涂有黑色吸光材料，所以红外 LED 发出的红外光无法到达红外光敏三极管。当烟雾进入烟雾室后，烟雾的固体粒子对红外光产生漫反射（图中只画出了几个微粒的反射示意），使部分红外光到达光敏三极管，产生光电流输出。根据光电流的大小即可判断烟雾是否达到阈值。

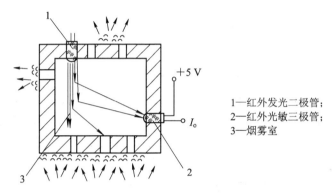

1—红外发光二极管；
2—红外光敏三极管；
3—烟雾室

图 12 - 20　反射式光电型烟雾传感器

光电型烟雾传感器感受火灾的功能范围较广，对于缓慢发展、闷燃型的火灾的感受能力比快速传播、明燃型火灾的感受能力更强，所以在储藏室、仓库中使用更为合适。它可管辖的范围为室内 20 平方米到 40 平方米。

（3）感温型火灾探测器。感温型火灾探测器可分为定温式探测器和差温式探测器两种。定温式探测器的报警环境温度是一个确定值，环境温度达不到这个确定值，探测器不报警。差温式探测器由两个热敏元件构成，一个直接暴露在环境中，一个被密闭起来。若环境温度突变，暴露的热敏元件测到了温度变化，而被覆盖的热敏元件不能很快测到温度的变化，于是这两个热敏元件测得的结果就产生了一个差值，此差达到阈值以后，探测器报警。

感温型火灾探测器的敏感元件只是到了 60℃ 左右才发出报警信号，不能对火灾作出早期报警，也不能探测烟气、煤气、燃烧物放出的颗粒或火焰，对于闷燃型、低热型（只发烟）的火灾，或是离火灾发生地点较远，或是火灾发生的热量旁通了，它都不能报警，所以在使用的时候需配合其他探测器使用。

这三种常用的火灾探测器一般都安装在天花板上。如果房间的某处有烟气产生，则由于烟气总是向上扩散的，传感器就会发出报警信号。

消防控制系统用的传感器除了这几种常用的检测火灾的传感器外，还有用于检测可燃性气体的气敏传感器、检测爆炸时产生的高压的压力传感器和检测明火的红外传感器等。而多传感器的综合应用是发展的趋势，使火灾检测更为及时、可靠。

2. 防盗门禁报警系统

防盗门禁报警系统一般由传感器、区域控制器和报警控制中心的计算机三个部分组成。其中，使用的传感器根据防范区域的不同，可分为点控制传感器、线控制传感器、面控制传感器和空间控制传感器。

（1）点控制传感器。点控制传感器的探测范围仅为一个点，当这个警戒点的警戒状态被破坏时，即发出报警信号。常用的点控制传感器有磁控开关和微动开关探测器、压力传感器等。这些传感器可以安装在门窗、柜台和保险柜等关键点上。

① 门窗的磁控开关由一条永久磁铁和一个常开触点的干簧管组成，一般把干簧管安装在被监视房门或窗门的门框上；把永久磁铁安装在门窗上。关门或关窗后，干簧管在磁场作用下接通。当门窗被打开时，干簧管触点断开，触发报警电路。

② 玻璃打碎探测器是用瞬干胶将厚 0.2 mm 左右、10 mm×20 mm 大小的压电薄膜传感器粘在玻璃上。在玻璃遭暴力打碎的瞬间，压电薄膜感受到剧烈振动，表面产生电荷，在两个输出引脚之间产生窄脉冲报警信号。

（2）线控制传感器。线控制传感器的警戒范围为一条直线，当警戒线上出现危险情况时，即发出报警信号。如主动红外入侵探测器或激光入侵探测器，先由红外源或激光器发出一束红外光或激光，被接收器接收，当红外光和激光被遮断时，接收器接收的光量减少，探测器即发出报警信号。常用的线控制传感器主要有主动红外、激光和感应式入侵探测器，用于一些关键出入口（如车库出入口）及门窗等区域。

（3）面控制传感器。面控制传感器的警戒范围为一个面（或为区域周界），当警戒面上出现危险情况时，即发出报警信号。常用的面控制传感器有振动入侵探测器、栅栏式被动红外入侵探测器、泄漏电缆探测器等。

振动入侵探测器主要由加速度传感器、位移传感器和速度传感器等组成，用于检测入侵者引起的振动。如基于应变电阻式的振动入侵传感器由固定在探测面上的悬臂梁和梁上粘贴的应变片组成，当探测面任何一点产生振动时，即引起梁的形变，从而应变片阻值变化，发出报警信号。

（4）空间控制传感器。空间控制传感器的警戒范围是一个空间，当警戒空间内的任意处出现入侵危害时，即发出报警信号。常用的空间控制传感器有声控入侵探测器、超声波入侵探测器、微波入侵探测器、被动或主动式红外入侵传感器、微波红外复合探测器等。

① 当入侵者在警戒空间移动时，被动式红外入侵传感器中的红外热释电传感器能把周围环境温度与移动被测物体表面温度差的变化检测出来，从而触发探测器的报警输出。

② 主动式红外入侵传感器是在警戒空间范围内布置红外发光管和红外光敏晶体管，没有入侵者时，光敏传感器能接收到稳定的红外光，有入侵者时，会产生遮光和反射等现象，使光敏传感器的输出产生变化。一般主动式红外入侵传感器根据红外发光管和红外光敏晶体管的布置位置分为遮光型和反射型两种。

③ 微波入侵探测器由微波发射器发射微波能量，在探测现场形成稳定的微波场，一旦移动的被测物体入侵，稳定的微波场便遭到破坏，微波接收器接收这一变化后，即输出报警信号。

3. 电视监控系统

电视监控系统的关键部件是基于图像传感器的摄像机，这些摄像机多安装在主要出入口及公共建筑的重要部位。管理中心可自动或手动切换系统图像,对摄像机云台及镜头进行控制,对所监控的重要部位及报警区域进行录像。在智能楼宇的可视对讲系统的摄像头也有图像传感器的身影。

随着技术的不断进步,很多新型、复合型传感器在智能楼宇中的应用越来越多,会使人类的生活变得更加舒适、节能、安全、便捷。

本 章 小 结

在汽车中应用的传感器有压力传感器、温度传感器、速度传感器、流量传感器、气体浓度传感器、位置和转角传感器等,主要用在检测动力系统的状态、保证行驶的安全和提高乘坐舒适度等方面。

在机器人中应用的传感器主要是用于内部信息检测的位置和速度传感器,以及用于实现机器人感知(包括触觉、力觉、视觉等)的多种传感器。这些传感器的应用使机器人可以进行一些拟人化的操作,在许多恶劣的环境中取代人的工作。

在数控机床中应用的传感器主要是用来测位移和位置的编码器、光栅、磁栅、感应同步器等,此外还有用于伺服系统检测的速度传感器,以及一些压力传感器、液位传感器等其他辅助测量的传感器。

传感器能检测智能楼宇的电力系统、照明系统、空调和通风系统、给/排水系统和安防系统等子系统的设备运行状况,并将检测到的数据传递给分布在各个楼层的现场控制器(DDC),是智能楼宇安全、可靠、节能的保障。

思考题与习题

12-1　试列举汽车中所应用的传感器及其作用。

12-2　试举例说明编码器在数控机床中的应用。

12-3　试列举机器人中所应用的传感器及其应用实例。

12-4　在智能楼宇中应用的火灾报警装置有哪些类型? 原理是什么? 有什么样的特点?

拓展训练　倒车防撞系统设计

汽车作为现代社会最主要的交通工具,数量越来越多,但是交通事故的发生频率逐年增长,其中因倒车发生的事故占很大的比例。汽车倒车防撞预警系统是指在汽车倒车过程中防止汽车发生碰撞障碍物的一种智能报警装置。它能自动发现可能与汽车发生碰撞的障碍物体,并且同时检测汽车与障碍物之间的距离,到达极限距离时发出报警信号,以避免碰撞的发生。

　　请利用所学的知识设计一个汽车倒车防撞预警系统，利用超声波的发射和接收自动检测汽车在倒车过程中的障碍物，用计时器计出超声波从发射到接收到遇到障碍物后反射声波的时间，通过公式计算出汽车与障碍物之间的距离，并通过数码显示模块将测得的距离显示出来，当汽车与障碍物之间的距离达到安全极限时，单片机控制声光报警模块发出报警信号，达到提醒司机防止撞车的目的。

第 13 章　现代检测系统

☞ **学习目标**

（1）了解现代检测系统的基本结构。

（2）了解常见干扰的种类及防护。

13.1　现代检测技术

数字信号处理技术、计算机技术、机电一体化技术、微机械和新材料技术的不断进步，大大促进了检测技术的发展。特别是近些年来，由于包括微处理器、单片机在内的大规模集成电路的成本和价格不断降低，功能和集成度不断提高，许多以单片机、微处理器或微型计算机为核心的现代检测系统（仪器）实现了智能化。这些现代检测系统（仪器）通常具有系统故障自测、自诊断、自调零、自校准、自选量程、自动测试、自动分选、数据处理和统计以及远距离数据通信与输入/输出等功能，并配有各种数字通信接口传递检测数据和各种操作命令等，可方便地接入不同规模的自动检测、控制与管理信息网络系统。与传统检测系统相比，现代检测系统具有更高的精度和性价比。

13.1.1　现代检测系统的基本结构

尽管计算机检测系统有不同的类型，但是就其共性来讲，一般包括硬件和软件两大部分。硬件主要由传感器、信号调理电路、数据采集电路、信号处理模块、信号记录、信号传输及信号显示等部分组成。现代检测系统一般组成框图如图 13-1 所示。

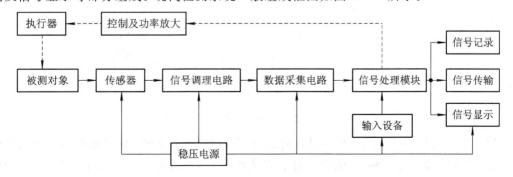

图 13-1　现代检测系统一般组成框图

现代检测系统的工作过程是：由传感器将被测非电量转换成电信号，然后输入给信号调理电路，在此部分完成信号的检波、放大、滤波等处理；经过处理的信号进入数据采集电路，由数据采集系统转换为数字量(A/D 转换)输入给微处理器或依次自动存储。信号处理模块是进行数据处理和各种控制的中枢环节，通常以各种型号的单片机、微处理器为核心来构建。对高频信号和复杂信号的处理，有时需增加数据传输和运算速度快、处理精度高的专用高速数据处理器(DSP)或直接采用工业控制计算机。由信号处理电路得到的被测对象的信息可以被记录、显示并传输。

软件主要实现信号的采集、处理与分析等功能，即实现硬件难以实现的功能。传感器的输出信号经过 A/D 转换，所获得的数字信号必须根据需要进行加工处理，如标度变换、非线性补偿、温度补偿、数字滤波等。在现代检测系统中，这些数据处理都是由软件完成的。软件设计的质量直接影响检测系统的性能。

13.1.2　计算机检测系统

在图 13-1 所示的现代检测系统中如果信号处理电路的核心是计算机，就组成了计算机检测系统。检测系统中使用的计算机类型有单片机、单板机、微型机和小型机等。

利用计算机组成的现代检测系统主要有两种形式：一种是能用于各种测量对象的通用计算机检测系统；另一种是构成针对专门测量对象的各类智能检测仪器。

在测试参数种类很多、数值很多的测试工作中，可以通过计算机接口电路将不同的检测仪器结合在一起，组成一个通用计算机自动检测系统。计算机在系统中完成数据采集、数据处理和检测过程自动控制等任务，这种通用的检测系统具有积木式的特点，可以根据需要组合成各种检测系统，对多种参数进行数据的自动采集和数字信号的自动分析与处理，并可通过编程改变检测功能来完成各种检测任务，因此，系统的适应性和通用性极强。

目前，基于计算机的检测系统分为三种类型。

第一种是计算机插卡式检测系统。即在计算机的扩展槽(通常 PCI、ISA 等总线槽，也可设计成便携式计算机专用的 PCMPCA 卡)中插入信号处理、模拟信号采集、数字输入/输出、DSP(数字信号处理芯片)等测试与分析板卡，构成通用或专用的测试系统，如图 13-2 所示。

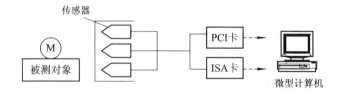

图 13-2　插卡式检测系统组成示意图

第二种是由仪器前端与计算机组合构成的仪器前端检测系统。仪器前端一般由信号调理、模拟信号采集、数字输入/输出、数字信号处理、测试控制等模块组成。由 VXI、PXI等专用仪器总线连接在一起构成独立机箱，并通过以太网接口、1394、并/串行接口等与计算机相连，构成通用或专用的检测系统的组成示意图如图 13-3 所示。

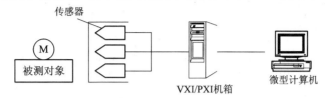

图 13-3　仪器前端检测系统组成示意图

　　第三种是由各种独立的可编程仪器（具有参数设置和控制功能的计算机接口）与计算机连接所组成的检测系统，这类系统又称为仪器控制系统。这类检测系统与前两类系统的最大区别在于程控仪器本身能够脱离开计算机运行，完成一定的测量任务。仪器控制系统组成示意图如图 13-4 所示。

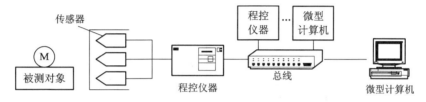

图 13-4　仪器控制系统组成示意图

　　上述三类计算机检测系统可以采用一般的测试分析软件构成计算机检测系统，也可以利用专门的软件系统构成虚拟仪器系统。

　　随着电子技术的不断发展，将 CPU、存储器、定时器/计数器、并行和串行接口、前置放大器及 A/D、D/A 转换器等电路集成在一块芯片上的超大规模集成电路芯片也在不断出现。它体积小，可以装入检测仪器中，将计算机技术与测量控制技术结合在一起，就组成了"智能化测量控制系统"，也就是智能仪器。

13.1.3　现代检测技术的应用

1. ST-3000 系列智能式压力传感器

　　美国霍尼韦尔公司推出的 ST-3000 系列传感器是将差压、静压和温度三种传感器集成在一块半导体基片上。如图 13-5 所示为 ST-3000 系列智能式压力传感器组成框图，它把传感器和信号调理器（即变送器）集成在一个硅片上，可以同时测量差压、静压和温度这三个参数，并具有压力校准和温度补偿功能。

　　ST-3000 系列智能式压力传感器的工作原理如下：

　　被测压力通过膜片作用在硅压敏电阻上，使电阻值发生变化，产生电桥电压。芯片中两个辅助传感器分别用于检测静压力和温度。所产生的差压、静压及温度信号经多路选择接 A/D 转换器，转换为数字信号传送信号调理部分。

　　信号调理部分是以微处理器为核心的。其中，ROM 用于存储主程序。PROM 中分别存储了 3 个传感器的温度与静压特性参数、温度与压力补偿曲线，以便进行静压校准和温度补偿。PROM 中还存储了传感器的型号、输入/输出特性、量程设定范围及阻尼时间常数设定范围。测量过程中的数据暂存在 RAM 中并可随时转存到 E^2PROM 中，保证突然断

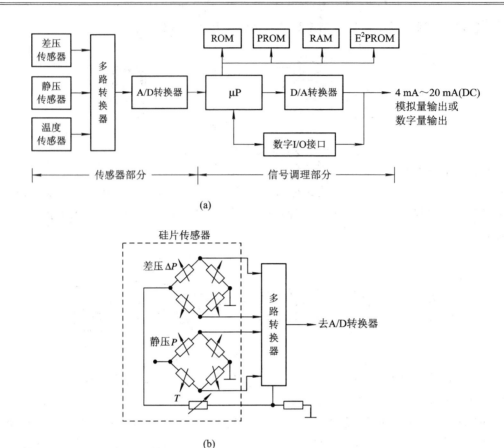

图 13 - 5　ST - 3000 系列智能式压力传感器组成框图

（a）原理框图；（b）输入电路

电时不会丢失，在恢复供电后，自动将 E^2PROM 数据送回 RAM 中，使传感器仍保持掉电前的工作状态。微处理器利用预先存入 PROM 中的特性参数对差压、静压及温度信号进行运算，得到不受环境因素影响的高精度压力测量数据，再经 D/A 转换为 4 mA～20 mA 的标准信号输出，也可经过数字输入/输出口直接输出数字信号。

ST - 3000 的量程宽，最小量程与最大量程之比可达 1：400，而一般模拟变送器仅为 1：10。用一台仪表可覆盖多台变送器的量程，其精度高达 ±0.1%。为了使传感器在整个环境变化范围内均能得到非线性补偿，厂家逐台进行差压、静压、温度试验，采集每个测量头的固有特性数据并存入各自的 PROM 中，通过计算机组成专用的三维测试调整系统。

2. 智能化多种气体探测报警装置

利用计算机组成的智能化多种气体探测报警装置以计算机为核心，能采集多个气敏传感器的输出数据并根据预设定值判断是否报警，还能对氧化物气体传感器的加热电流予以控制。

智能化多种气体探测报警装置系统框图如图 13 - 6 所示。该报警装置由设定键盘、数码显示器、传感器、数据采集板卡（包括多路模拟开关和 A/D 转换器）和计算机组成。

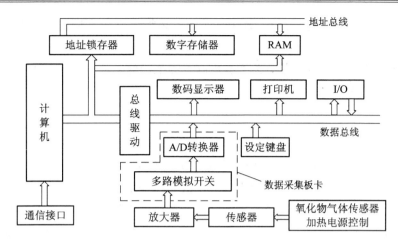

图 13-6　智能化多种气体探测报警装置系统框图

设定键盘、数码显示器和状态指示灯(发光二极管)在该探测报警装置的操作面板上。键盘有 16 个键,其中 10 个数字键、6 个功能键,每个功能键都具有一个以上的功能。通过键盘的各种操作,可以设定采样形式(以实现定点或连续采样显示),修改报警、预警值的参数,设置时间,随机打印或定时打印采样值等。数码显示有 6 位,采用轮流显示方式,第 1 位显示采样点号(与传感器编号对应),第 3~6 位显示采样点气体浓度。

系统工作时,首先是下位机对系统进行初始化。初始化程序主要是设置报警和预报警的浓度值;设定打印机状态,清零或预置所用寄存器;对重要的 I/O 和芯片及接口电路进行自检,判断系统是否处于正常状态。初始化后,系统通过计算机控制多路模拟开关,利用数据采集板卡依次采集各个传感器的输出数值,通过数据总线送入计算机中。在计算机中先进行数字滤波,再利用浓度调整程序进行数据处理(包括线性化和标度变换),将测量值转换成 10^{-6} 浓度值或 LEL‰(可燃气体在空气中遇明火种爆炸的最低浓度)值,并输出给数码显示器。计算机还将采样值与设定的报警和预报警的浓度值进行比较,在浓度超过设定值时发出报警信号并驱动声光报警装置报警。

智能化多种气体探测报警装置系统的计算机可以是 PLC、单片机,还可以是 STD 或 IPC 等工业控制计算机。该智能装置可通过通信接口与上位计算机相连,在上位计算机的控制下完成气体检测任务。如果将多个这样的智能化检测装置或智能仪表采用标准接口(如 IEEE-488)与计算机连接起来就组成了一个自动检测系统。自动检测系统采用一定通信方式,在上位计算机的控制下完成数据采集任务,并将数据发送给上位计算机。现代化工业生产中多使用计算机自动检测系统,利用远离现场处于控制室中的主控计算机和现场安装的各种智能仪表就可以监测工业现场中所需的参数信息,这大大改善了工作条件,提高了生产效率。

13.2　检测系统的抗干扰技术

传感器的传感部件、信号调理电路以及传输线,常是干扰入侵的部位。干扰会使有用信号的比例减小,造成检测误差。严重的干扰可使传感器不能正常工作,甚至发生破坏性事故。因此，在设计、制造及使用的各个环节上，必须注意采取措施，避免或排除干扰的影响。

为了有效地抑制和排除干扰，必须清楚地了解干扰的来源及其传输的途径，以便采取有效的措施加以防护。

13.2.1　干扰源

干扰是指影响测量结果或作用于控制系统的各种无用信号。

产生干扰信号的干扰源一般可分为外部干扰和内部干扰两种。

外部干扰主要来自自然界以及各种电气设备运行产生的干扰。各种自然现象，如闪电、雷击、宇宙射线、环境(温度、湿度等)变化均可产生自然干扰。各种电气设备运行产生的干扰是电磁干扰。

内部干扰主要是指测量电路内部各种元器件的噪声所引起的干扰。

13.2.2　干扰的作用方式

对传感器来说，构成干扰的噪声源主要有以下几种类型：

1. 串模干扰

串模干扰是指干扰信号与被测信号是按电热源的形式串联(或按电流源的形式并联)起来，成为被测信号的一部分，作用在输入端。

串模干扰对测试系统的影响大，会使测试系统的两个输入羰电压发生变化。串模干扰的产生原因主要有：外部高压供电线所产生的交变电磁场通过寄生电容耦合进传感器的一端；电源交变电磁场对传感器一端的漏电流耦合。防止串模干扰的措施一般有：尽量避免干扰场的形成，例如，使信号线远离动力线；针对已经形成的干扰声，可采用屏蔽、滤波和扭绞信号线等方法；合理布置导线，减少杂散磁场的产生；对变压器等电器元件进行磁屏蔽，主动隔离。

2. 共模干扰

共模干扰指干扰信号使两个输入端的电位相对于某一公共端一起涨落。共模干扰的产生原因主要有：

(1) 大功率设备的电磁场以电容或电感的形式耦合到传感器和传输导线中。

(2) 当电源绝缘不良而引起漏电或三相动力电网负载不平衡致使零线有较大的电流时，产生较大的地电流和地电位差，此时，如果系统有两个以上的接地点，则地电位差就会造成共模干扰。

(3) 电气设备的绝缘性能不良时，电源会通过漏电阻耦合到信号回路，形成干扰。

(4) 在交流供电的仪器中，交流电会通过原、副边绕组间的寄生电容、整流滤波电路、信号电路与地之间的寄生电容到地构成回路，形成干扰。

接地，采用差分放大器，提高差分放大器的输入阻抗或降低信号源内阻都可以大大削弱共模干扰的影响。

3．软件干扰

在计算机测试系统中，软件干扰主要体现在数据的采集和处理过程中。由于计算机处理器是高速度数字器件，所以它的运算器、控制器及控制寄存器易受电磁干扰，出现程序计数器 PC 值变化、数据采集误差增大、控制状态失灵、RAM 数据受干扰发生变化以及系统"死锁"等现象。软件干扰是计算机测试系统的特殊问题，不过较之硬件干扰易解决。

13.2.3　干扰的抑制方法

常用的抗干扰措施比较多，要想抑制干扰，必须对干扰做全面地分析、了解，要在消除或抑制噪声源、破坏干扰途径和削弱接收电路对噪声干扰的敏感性这三个方面采取措施。常用的抗干扰措施有屏蔽、隔离、接地、滤波、信号导线的扭绞和软件抗干扰技术等。

1．屏蔽

屏蔽的目的就是隔断"场"的耦合，抑制各种"场"的干扰。屏蔽技术利用金属材料对电磁波具有良好的吸收和反射能力来抗干扰，一般分为静电屏蔽、磁屏蔽和电磁屏蔽等。

在静电场的作用下，导体内部各点等电位，即导体内部各点等电位，导体内部无电力线。如果用一定厚度的金属材料做成外壳，并将其接地，那么屏蔽壳内的电力线不会传到外部，外部的电力线也不会传到屏蔽壳内部，这就是静电屏蔽。

磁屏蔽就是用高导磁材料(硅钢片、坡莫合金、镍铁钼等)使干扰磁力线在屏蔽体内构成回路，屏蔽体外漏磁通很少，从而抑制低频磁场的干扰。磁屏蔽主要是抑制低频磁场。

电磁屏蔽就是采用低电阻金属材料(铜、铝或镀银)做成屏蔽体，利用高频电磁场在屏蔽体内产生涡流的效应，一方面消耗电磁场能量，另一方面涡流产生反磁场抵消高频干扰磁场，从而达到电磁屏蔽的效果。电磁屏蔽主要是抑制高频电磁场的干扰。屏蔽体接地时可兼顾静电屏蔽，也可以不接地，视具体情况而定。

2．隔离

隔离就是通过阻止干扰回路的形成来抑制干扰，有电气隔离、磁隔离和光电隔离之分。

(1)电气隔离。为防止高电压、大电流、大功率等强电或长输线上产生的各种干扰信号进入测试系统内部，妨碍系统的正常工作，应将信息传输路径在电气上彼此隔离，即隔离前后两部分线路之间无电气上的连接，在电气上是互相独立的两个系统，各自有各自独立的电源和参考电位，靠非电方式(如磁、光等)来传送信息。

(2)磁隔离。常见磁隔离为隔离变压器。在两个电路之间设置隔离变压器，可以切断电路，实现前后电路的隔离。当信号经变压器耦合到负载时，两个电路的接地点之间不会产生共模噪声。

(3)光电隔离。光电隔离即采用光传递信息，从而实现电气隔离。光电隔离的电气绝缘性极佳，是一种较理想的隔离方法。常见的光电隔离器件有光电开关、光电隔离器、光缆、光触发可控硅及模拟信号光电隔离装置等。光电隔离一般用于直流或低频测量系统中。

在传感器的实际使用时，要判断是静电耦合干扰、高频电磁场干扰、低频磁通干扰，还是寄生电容干扰。不同的干扰,应采用不同的屏蔽措施,同时也要根据不同类型的传感器采用不同的屏蔽措施。

3. 接地

接地有两个目的:一是为了保证人身与设备的安全;二是为了消除干扰。在抗干扰技术上的"接地"指真正大地电位的"信号地"——参考 0 V 的静电位。

接地除了作为各级电路的电流通道之外,还是保证电路工作稳定、抑制干扰的重要环节。它可以是接地的,也可以是与大地隔绝的。通常将仪器设备中的公共参考端称为信号地线。

传感器中的接地线有四种,即保护接地线、信号地线、信号源地线和负载地线。

(1)保护接地线。将整个装置的外壳屏蔽层接大地,可以屏蔽电干扰,给高频干扰电压形成接地通路,以防止对测试系统或传感器的干扰。

(2)信号地线。信号地线指电信号系统中的基准电位端,不一定接大地。信号地一般分模拟信号地(AGND)和数字信号地(DGND)两种。模拟信号地指模拟信号的零信号电位公共线。数字信号地指数字信号的零信号公共线。为了防止脉冲电流在接地阻抗上产生的干扰信号对微弱的模拟信号产生影响,通常要把模拟信号地和数字信号地分开设置,再在电源地线上连接在一起。

(3)信号源地线。信号源地线是指传感器本身的零电位公共线。传感器作为整个测试系统的信号源一般安装在现场,而有时显示记录等装置会装在控制室内,所以两者的接地要求会有所不同。

(4)负载地线。负载电流一般比前级测量放大器的电流大很多,在地线上产生的干扰信号较大,因此要使两者在电气上绝缘,应采用磁耦合或光电耦合来传送信号。

上述四种地线应分别设置,在电位上需要连接时应合理选择相连位置,以消除各地线之间的相互干扰。

4. 滤波

即使采取了不同的抗干扰措施,仍会有不可忽视的噪声存在于有用信号中,因此,在传感器的接口电路中,应设置低通滤波器,滤除外界干扰引入的噪声。一般采用无源阻容低通滤波器,可有效地滤除串模干扰的影响。

5. 信号导线的扭绞

将信号导线扭绞在一起能使信号回路包围的面积大为减少,而且可以使两根信号导线到干扰源的距离大致相等,分布电容也能大致相同,所以能使由电场和磁场通过感应耦合进入回路的串模干扰大为减小。

6. 软件抗干扰技术

软件抗干扰技术是通过计算机程序去实现某种算法,达到抑制或排除干扰的功效。不少情况下单靠硬件抗干扰技术措施不能达到满意的效果,尤其是高精度的传感器或测试系统,必须由软件抗干扰技术补偿。实践证明,两者结合使用,可达到抗干扰的最佳效果。软件抗干扰的前提是具备计算机系统,所以软件抗干扰只对智能化各种传感器适用。

本 章 小 结

现代检测技术的基本结构包括传感器、信号调理电路、数据采集电路、信号处理模块、信号记录、信号传输及信号显示等部分，如果信号处理模块的核心是计算机，就是计算机检测系统。

检测系统中使用的计算机类型有单片机、单板机、微型机和小型机等。利用计算机组成的现代检测系统主要有两种形式：一种是能用于各种测量对象的通用计算机检测系统；另一种是构成针对专门测量对象的各类智能检测仪器。

干扰是指影响测量结果或作用于控制系统的各种无用信号。产生干扰信号的干扰源一般可分为外部干扰和内部干扰两种。外部干扰主要是指来自自然界的干扰以及各种电气设备运行产生的干扰；内部干扰主要是指由测量电路内部各种元器件的噪声所引起的干扰。

抗干扰措施有屏蔽、隔离、接地、滤波、信号导线的扭绞和软件抗干扰技术等。

思考题与习题

13-1　现代检测系统一般由哪几部分组成？

13-2　带计算机的检测系统可分为哪些类型？有哪些特点？

13-3　什么是自动测试系统？

13-4　为什么检测系统的设计必须考虑抗干扰问题？干扰的来源有哪些？

13-5　抑制干扰应从哪几个方面考虑？常用的抗干扰方法有哪些？

基础训练　自动测温系统

一、实训目的

（1）了解热电偶传感器的基本结构及工作原理。

（2）掌握热电偶冷端温度补偿的方法。

（3）掌握热电偶传感器与单片机的接口技术。

二、实训原理

温度是工业生产和控制过程中最常见、最基本的工艺参数之一，例如冶金、机械、电子、化工等各类工业生产和控制过程中广泛使用的各种加热炉、热处理炉、反应炉等，对工件的处理温度要求是严格控制的。微机检测和控制技术在这方面的应用，使温度控制技术指标得到了大幅度的提高。

基于热电偶的温度控制系统主要有热电偶传感器、测量放大电路、A/D 转换电路和显示电路等。

三、实训设备和器材

实训设备和器材包括镍铬-镍硅热电偶、测量放大电路、A/D 转换芯片、3 位 LED 数码管显示器和 89C51 单片机。

四、实训内容和步骤

1. 硬件设计

1）热电偶传感器选型

使用镍铬-镍硅热电偶，被测温度范围为 0℃～655℃，冷端补偿采用补偿电桥法，即采用不平衡电桥产生的电势来补偿热电偶因冷端温度变化而引起的热电势变化值，从而达到冷端补偿的自动完成。

2）测量放大电路

实际电路中，从热电偶输出的信号最多不过几十毫伏（<30 mV），且其中包含工频、静电和磁耦合等共模干扰，对这种电路放大就需要放大电路具有很高的共模抑制比以及高增益、低噪声和高输入阻抗，因此宜采用测量放大电路。由三个运放组成测量放大器，差动输入端 R_1 和 R_2 分别接到 A_1 和 A_2 的同相端。输入阻抗很高，采用对称电路结构，而且被测信号直接加到输入端，从而保证了较强的抑制共模信号的能力。A_3 实际上是一差动跟随器，其增益近似为 1。在此电路中，只要运放 A_1 和 A_2 性能对称（主要指输入阻抗和电压增益），其漂移将大大减小，具有高输入阻抗和共模抑制比，对微小的电压很敏感，适宜于测量远距离传输过来的信号，因而易于与微波输出的传感器配合使用。

实际电路中，A_1、A_2 采用低漂移高精度 OP-07 芯片，其输入失调电压温漂和输入失调电流温漂都很小，OP-07 采用超高工艺和"齐纳微调"技术，使其失调电压温漂和失调电流温漂都很小，广泛应用于稳定积分、精密加法、比较检波和微弱信号的精密放大等。OP-07 要求双电源供电，使用温度为 0℃～70℃，一般不需调零，如果需要调零可采用 R_W 进行调整。A_3 可以采用 741 芯片，它要求双电源供电，供电范围为 ±（3～18）V，典型供电为 ±15 V，一般应大于或等于 ±5 V，其内部含有补偿电容，不需外接补偿电容。

3）显示电路

采用 3 位 LED 数码管显示器，数码管的段控用 P1 口输出，位控由 P3.0、P3.1、P3.2 控制。数码管选用共阳极接法，当位控为"1"时，该数码管选通，动态显示用软件完成，节省硬件成本。

热电偶传感器测温系统硬件原理图如图 13-7 所示。

2. 软件设计

系统的软件包括主程序、温度测量转换程序、显示程序三大部分。其中温度测量转换程序是难点也是重点，主要完成按规定次数读取 A/D 转换值并求出其平均值，这样可以避免因电路偶然波动而引起的脉冲量的干扰，使显示数据平稳。还要进行零点校正，然后利用查表法将测量的电压值转换成温度值进行显示。

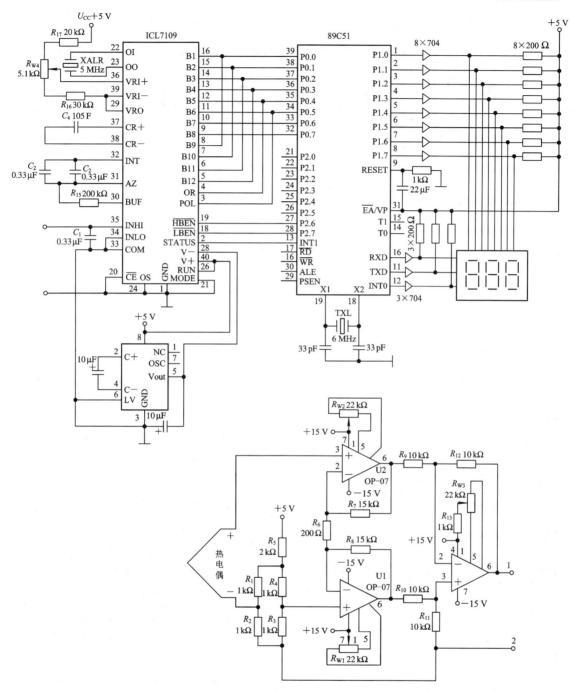

图 13-7　热电偶传感器测温系统硬件原理图

五、注意事项

如果要求系统具有打印功能，还要增加相应的接口，例如选用一片 8155 并行 I/O 接口芯片，再通过显示器接口、打印机接口分别与显示器、打印机连接即可。如果要求系统具有超限报警功能，则只要利用单片机未用的输出口接入报警电路即可。

附录 A　常用传感器的性能及选择

附表 A-1　几种模拟式位移传感器的特性

类　型		测量范围*/mm	测量误差	特　　点
电位器式		0～1	±0.01 mm	输出信号电平高，可不接放大器，可测量至 1000 mm 的大位移，测量误差不随测量范围扩大而增加
		−50～+50	±0.1 mm	电刷与电阻丝间产生接触电阻及磨损，引起噪声，影响寿命，响应速度低
电阻应变式		−0.03～+0.03	±1.5%	结构简单，能测微小位移，易受冲击、湿度和温度的影响电容
		0～100	±1.5%	
电容式	变极距型	−0.05～+0.05	±1%	灵敏度高，动态特性好，能进行非接触测量，可测微小位移，要考虑良好的屏蔽和密封，测量范围小
	变面积型	0～250	±0.01%	线性度好，测量范围大，适于测量较大位移，但要考虑良好的屏蔽
涡流式	阻抗变化型	0～100	±1%	线性度好
	电感变化型	0～1.5	±2.5%	测试不同材料时，仪器不需重新校准
电感式	变极距型	0～0.1	±2%	结构简单，灵敏度高，输出功率大，线性范围小，测量范围小，电磁吸力大
	螺管型	±125	±0.1%～±0.5%	灵敏度高，测量精确度高，可测大位移，但体积较大，响应速度低
差动变压器式		±625	2%	
光电式	非扫描型	±10	±1%	非接触测量，响应速度快，可用于测量快速变形、位移，对使用环境和光源有一定的要求
	扫描型	0～970	±4%	测量范围大，测量功能较多，对光源要求不高，抗干扰性能好，精度不高
	电荷耦合器件（CCD）	0～1500	±0.5%	测量范围大，扫描稳定，不易受外界振动和电磁场干扰，集成度高，功耗低，可用于图像识别和位移快速的动态测量　分辨力目前低于光学-机械扫描式传感器

注：* 表中测量范围仅举一、两种，并非是能达到的最大测量范围。

附表 A - 2 几种数字式位移传感器的特性

类型	节距 /μm	最小示值 /μm	示值误差*	最大工作速度 /(m/min)	特 点
光栅	10	0.5	$\pm(0.2\ \mu m + 2\times10^{-6}L)$ $\pm0.5''$(测角)	15	精度高，定性好，测量范围大 制造、调试较难，刻线要很精确，油污、灰尘会影响工作可靠性，应有防护罩
磁栅	200	1	$\pm(0.2\ \mu m + 5\times10^{-6}L)$ $\pm5''$(测角)	12	结构简单，精度较高，测量范围大，不怕油污 易受外界磁场影响，要进行磁屏蔽
感应同步器	2000	1	$\pm2.5\ \mu m/250\ mm \pm 1''$ (测角)	50	结构简单，精度较高，接长方便，对环境要求不高，寿命较长，应用广泛

注： * 指所能达到的示值误差，L 为被测量位移值，单位为 m。

附录 B　工业热电阻分度表

附表 B-1　铜热电阻 Cu₁₀₀ 分度表(ITS-90)

温度/℃	0	10	20	30	40	50	60	70	80	90
	电阻值/Ω									
−0	100.00	95.70	91.40	87.10	82.80	78.49	—	—	—	—
0	100.00	104.28	108.56	112.84	117.12	121.40	125.68	129.96	134.24	138.52
100	142.80	147.08	151.36	155.66	159.96	164.27	—	—	—	—

附表 B-2　铜热电阻 Cu₅₀ 分度表(ITS-90)

温度/℃	0	10	20	30	40	50	60	70	80	90
	电阻值/Ω									
−0	50.00	47.85	45.70	43.55	41.40	3924	—	—	—	—
0	50.00	52.14	54.28	56.42	58.56	6070	62.84	64.98	67.12	69.26
100	71.40	73.54	75.68	77.83	79.89	82.13	—	—	—	—

附表 B-3　铂热电阻 Pt₁₀₀ 分度表(ITS-90)

温度/℃	0	10	20	30	40	50	60	70	80	90
	电阻值/Ω									
−200	18.49	—	—	—	—	—	—	—	—	—
−100	60.25	56.19	52.11	48.00	43.37	39.71	35.53	31.32	27.08	22.80
−0	100.00	96.09	92.16	88.22	84.27	80.31	76.32	72.33	68.33	64.30
0	100.00	103.90	107.79	111.67	115.54	119.40	123.24	127.07	130.89	134.70
100	136.50	142.29	146.06	149.82	153.58	157.31	161.04	164.76	168.46	172.16
200	175.84	179.51	183.17	186.32	190.45	194.07	197.69	201.29	204.88	208.45
300	212.02	215.57	219.12	222.65	226.17	229.67	233.17	236.65	240.13	243.59
400	247.14	250.48	253.90	257.32	260.72	264.11	267.49	270.86	274.22	277.56
500	280.90	284.22	287.53	290.83	294.11	297.39	300.65	303.91	307.15	310.38
600	313.59	316.80	319.99	323.18	326.35	329.51	332.66	335.79	338.92	342.03
700	345.13	348.22	351.30	354.37	357.42	360.47	363.50	366.52	369.53	372.52
800	375.51	378.48	381.45	384.40	387.34	390.26	—	—	—	—

附录 C 工业热电偶分度表

附表 C-1 镍铬-镍硅(镍铝)热电偶分度表

分度号：K

温度/℃	0	10	20	30	40	50	60	70	80	90
	热电势/mV									
−0	−0.000	−0.392	−0.777	−1.156	−1.527	−1.889	−2.243	−2.582	−2.920	−3.242
+0	0.000	0.397	0.798	1.203	1.611	2.022	2.436	2.850	3.266	3.618
100	4.095	4.508	4.919	5.327	5.733	6.137	6.539	6.939	7.338	7.737
200	8.137	8.537	8.938	9.341	9.475	10.151	10.560	10.969	11.381	11.793
300	12.207	12.623	13.039	13.456	13.874	14.292	14.712	15.132	15.552	15.974
400	16.395	16.818	17.241	17.664	18.088	18.513	18.938	19.363	19.788	20.214
500	20.640	21.066	21.493	21.919	22.346	22.772	23.198	23.624	24.050	24.476
600	24.902	25.327	25.751	26.176	26.599	27.022	27.445	27.867	28.288	28.709
700	29.128	29.547	29.965	30.383	30.799	31.214	31.629	32.042	32.455	32.866
800	33.277	33.686	34.095	34.502	34.909	35.314	35.718	36.121	36.524	36.925
900	37.325	37.724	38.122	38.519	38.915	39.310	39.703	40.096	40.488	40.897
1000	41.264	41.657	42.045	42.432	42.817	43.202	43.585	43.968	44.349	44.729
1100	45.108	45.486	45.863	46.248	46.612	46.985	47.356	47.726	48.095	48.462
1200	48.828	49.192	49.555	49.916	50.276	50.663	50.990	51.344	51.697	52.049
1300	52.398	52.747	53.093	53.439	53.782	54.125	54.466	54.807		

附表 C－2　铂铑₁₀－铂热电偶分度表

分度号：S

温度/℃	0	10	20	30	40	50	60	70	80	90
	热电势/mV									
0	0.000	0.055	0.113	0.173	0.235	0.299	0.365	0.432	0.502	0.573
100	0.645	0.179	0.795	0.872	0.950	1.029	1.109	1.190	1.273	1.356
200	1.440	1.525	1.611	1.698	1.785	1.873	1.962	2.051	2.141	2.232
300	2.323	2.414	2.506	2.599	2.692	2.786	2.880	2.974	3.069	3.164
400	3.260	3.356	3.452	3.549	3.645	3.743	3.840	3.938	4.036	4.135
500	4.234	4.333	4.332	4.532	4.632	4.732	4.832	4.933	5.034	5.136
600	5.237	5.339	5.442	5.544	5.648	5.751	5.855	5.960	6.064	6.169
700	6.274	6.380	6.486	6.592	6.699	6.805	6.913	7.020	7.128	7.236
800	7.345	7.454	7.563	7.672	7.782	7.892	8.003	8.114	8.225	8.336
900	8.448	8.560	8.673	8.786	8.899	9.012	9.126	9.240	9.355	9.470
1000	9.585	9.700	9.816	9.932	10.048	10.165	10.282	10.400	10.517	10.635
1100	10.745	10.872	10.991	11.110	11.229	11.348	11.467	11.587	11.707	11.827
1200	11.947	12.067	12.188	12.308	12.429	12.550	12.671	12.792	12.913	13.034
1300	13.155	13.276	13.397	13.519	13.640	13.761	13.883	14.004	14.125	14.247
1400	14.368	14.489	14.610	14.731	14.852	14.973	15.094	15.215	15.336	15.456
1500	15.576	15.697	15.817	15.937	15.057	16.176	16.296	16.415	16.534	16.653
1600	16.771	16.890	17.008	17.125	17.243	17.360	17.477	17.594	17.711	17.826
1700	17.942	18.056	18.170	18.282	18.394	18.504	18.612			

参 考 文 献

[1] 胡向东，等. 传感器与检测技术[M]. 北京：机械工业出版社，2012.

[2] 熊诗波，黄长艺. 机械工程测试技术基础[M]. 北京：机械工业出版社，2006.

[3] 郁有文，等. 传感器原理及工程应用[M]. 3版. 西安：西安电子科技出版社，2008.

[4] 于彤. 传感器原理及应用[M]. 北京：机械工业出版社，2009.

[5] 李永霞. 传感器检测技术与仪表[M]. 北京：中国铁道出版社，2016.

[6] 俞志根. 传感器与检测技术[M]. 北京：科学出版社，2007.

[7] 陈艳红. 传感器与检测技术[M]. 南京：南京大学出版社，2010.

[8] 范晶彦. 传感器与检测技术应用[M]. 北京：机械工业出版社，2006.

[9] 叶明超. 自动检测与转换技术[M]. 北京：北京理工大学出版社，2009.

[10] 冯柏群. 检测与传感技术[M]. 北京：人民邮电出版社，2008.

[11] 来清民. 传感器与单片机接口及实例[M]. 北京：北京航空航天大学出版社，2008.

[12] 王化祥. 现代传感技术及应用[M]. 北京：化学工业出版社，2008.

[13] 贺良华. 现代检测技术[M]. 武汉：华中科技大学出版社，2008.

[14] 赵继文. 传感器与应用电路设计[M]. 北京：科学出版社，2002.

[15] 周乐挺. 传感器与检测技术[M]. 北京：机械工业出版社，2005.

[16] 梁森，王侃夫，黄杭美. 自动检测与转换技术[M]. 2版. 北京：机械工业出版社，2007.

[17] 王俊峰，孟令启. 现代传感器应用技术[M]. 北京：机械工业出版社，2007.

[18] 成圣林，侯成晶. 图解传感器技术及应用电路[M]. 北京：中国电力出版社，2009.